本书由"中央高校基本科研业务费专项资金"资助

《华侨大学哲学社会科学文库》编辑委员会

华侨大学 哲学社会科学文库·文学系列

《南齐书》词汇研究

RESEARCH ON THE LEXICON OF
BOOK OF THE SOUTHERN QI DYNASTY

洪晓婷 著

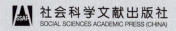
社会科学文献出版社
SOCIAL SCIENCES ACADEMIC PRESS (CHINA)

构建原创性学术平台　打造新时代精品力作

——《华侨大学哲学社会科学文库》总序

习近平总书记在哲学社会科学工作座谈会上提出："哲学社会科学是人们认识世界、改造世界的重要工具，是推动历史发展和社会进步的重要力量。"中国特色社会主义建设已经进入新时代，我国社会的主要矛盾已经发生变化，要把握这一变化的新特点，将党的十九大描绘的决胜全面建成小康社会、夺取新时代中国特色社会主义伟大胜利的宏伟蓝图变为现实，迫切需要哲学社会科学的发展和支撑，需要加快构建中国特色哲学社会科学。当前我国的哲学社会科学事业已经进入大繁荣大发展时期，党和国家对哲学社会科学事业的投入不断增加，伴随我国社会的转型、经济的高质量发展，对于哲学社会科学优秀成果的需求也日益增长，可以说，当代的哲学社会科学研究迎来了前所未有的发展机遇与挑战。

构建中国特色哲学社会科学，必须以习近平新时代中国特色社会主义思想为指导，坚持"以人民为中心"的根本立场，围绕我国和世界面临的重大理论和现实问题，努力打造体现中国特色、中国风格、中国气派的哲学社会科学精品力作，提升中华文化软实力。要推出具有时代价值和中国特色的优秀作品，必须发挥广大学者的主体作用，必须为哲学社会科学工作者提供广阔的发展平台。今天，这样一个广阔的发展平台正在被搭建起来。

华侨大学是我国著名的华侨高等学府，多年来始终坚持走内涵发展、特色发展之路，注重发挥比较优势，在为侨服务、传播中华文化的过程中，形成了深厚的人文底蕴和独特的发展模式。新时代，我校审时度势，积极融入构建中国特色哲学社会科学的伟大事业中，努力为学者发挥创造力、打造精品力作提供优质平台，一大批优秀成果得以涌现。依托侨校的天然优势，以"为侨服务、传播中华文化"为宗旨，华侨大学积极承担涉侨研究，努力打造具有侨校特色的新型智库，在海外华文教育、侨务理论与政策、侨务公共外交、华商研究、海上丝绸之路研究、东南亚国别与区域研究、海外宗教文化研究等诸多领域形成具有特色的研究方向，推出了以《华侨华人蓝皮书：华侨华人研究报告》《世界华文教育年鉴》《泰国蓝皮书：泰国研究报告》《海丝蓝皮书：21世纪海上丝绸之路研究报告》等为代表的一系列标志性成果。

围绕党和国家加快构建中国特色哲学社会科学、繁荣哲学社会科学的重大历史任务，华侨大学颁布实施《华侨大学哲学社会科学繁荣计划》，作为学校哲学社会科学的行动纲领和大平台，切实推进和保障了学校哲学社会科学事业的繁荣发展。"华侨大学哲学社会科学学术著作专项资助计划"是《华侨大学哲学社会科学繁荣计划》的子计划，旨在产出一批在国内外有较大影响力的高水平原创性研究成果。作为此资助计划的重要成果——《华侨大学哲学社会科学文库》已推出一批具有相当学术参考价值的学术著作。这些著作凝聚着华侨大学人文学者的心力与智慧，充分体现了他们多年围绕重大理论与现实问题进行的研判与思考，得到同行学术共同体的认可和好评，其社会影响力逐渐显现。

《华侨大学哲学社会科学文库》按学科划分为哲学、法学、经济学、管理学、文学、历史学、艺术学、教育学8个系列，内容涵盖马克思主义理论、哲学、法学、应用经济、国际政治、华商研究、旅游管理、依法治国、中华文化研究、海外华文教育、"一带一路"等基础理论与特色研究，其选题紧扣时代问题和人民需求，致力于解决新时代面临的新问题、新困境，其成果直接或间接服务于国家侨务事业和经济社会发展，服务于国家华文教育事业与中华文化软实力的提升。可以说，该文库是华侨大学展示自身哲学社会科学研究力、创造力、价值引领力的原创学术平台。

《华侨大学哲学社会科学繁荣计划》的实施成效显著，学校的文科整体实力明显提升，一大批高水平研究成果相继问世。凝结着华侨大学学者智慧的《华侨大学哲学社会科学文库》的陆续出版，必将鼓励更多的哲学社会科学工作者尤其是青年教师勇攀学术高峰，努力打造更多的造福于国家与人民的精品力作。

最后，让我们共同期待更多的优秀作品在《华侨大学哲学社会科学文库》这一优质平台上出版，为新时代决胜全面建成小康社会、开启全面建设社会主义现代化国家新征程做出更大的贡献。

我们将以更大的决心、更宽广的视野、更精心的设计、更有效的措施、更优质的服务，促进华侨大学哲学社会科学的繁荣发展，更好地履行"两个面向"的办学使命，早日将华侨大学建成特色鲜明、海内外著名的高水平大学！

华侨大学校长　徐西鹏

2018 年 11 月 22 日

目　录

绪　论[*]

一　萧子显与《南齐书》

《南齐书》是南朝齐梁皇族成员萧子显撰写的一部记载南齐历史的书。南齐（479—502）为齐高帝萧道成所建，是南北朝时期南朝的第二个政权，也是南朝中时间最短的一个政权，仅维持了 23 年。南齐政权建都于建康（今南京），统治的地区包括扬、南徐、豫、南兖等 23 个州，疆域大概北到淮河、汉水，西到今天的四川、云南一带。当时北方对峙的政权为北魏（386—534），南齐军事力量总体弱于北魏。

萧子显（约 489—537）^①，字景阳，南兰陵郡南兰陵县（今江苏常州西北）人，为齐高帝萧道成次子豫章王萧嶷的第八子，以文学知名当世。南齐亡后，入梁为官，官至侍中、吏部尚书。《南齐书》具体撰写于何时，历史上没有定论。台湾王淑娴（2012）推论萧子显约在梁武帝天监六年（507），时年 19 岁，启撰《齐史》，约在天监九年（510），时年 22 岁，表奏《南齐书》成。《南齐书》初名《齐书》，后亦称《齐史》，北宋时为区别于唐代李百药所撰的《齐书》，始改称为《南齐书》，而称后者为《北齐书》。

《南齐书》是现存的关于南朝齐的最早的史书，也是唯一一部由亡国者子孙自撰的史书。南齐初年，萧道成设置史官，命檀超、江淹等编集《国史》。梁代的沈约、吴均分别著有《齐纪》《齐春秋》。萧子显在撰写

　＊　为方便读者参考，《绪论》中出现的部分文献只在正文括号内注明出版或发表年份，不作为之后参考文献列出。

　①　一说 487 年生。

《南齐书》时，应当都能见到和参考这些史料。檀超、江淹的书稿没有流传下来，吴均的《齐春秋》被梁武帝焚毁，沈约的书也大约在 11 世纪以后就散佚了。《南齐书》全书六十卷，流传至今五十九卷，计帝纪八卷、志十一卷、传四十卷。刘知几《史通·序例》中说，《南齐书》原有序录，后人推论《南齐书》亡佚的一卷就是序录。除了序录，《南齐书》他卷亦有缺漏，据《廿二史考异》计，《南齐书》卷十五《州郡志下》、卷三十五《高十二王传》、卷四十四《徐孝嗣传》、卷五十八《高丽传》，各缺一页，卷五十九"史臣论"亦有缺文，但总体影响不大。

二　《南齐书》版本简介

《南齐书》现存的版本主要有：宋眉山刻元明递修明印二十一史本，称宋蜀刻大字本；明万历十六年至十七年南京国子监刻明清递修二十一史二千五百六十七卷本，称南监本；明万历二十六年北监本；明崇祯十年毛氏汲古阁刻清递修十七史一千五百七十四卷本，称汲古阁本；清乾隆四年武英殿刻二十四史三千二百五十卷本（据南北监本），称武英殿本；清同治十三年金陵书局本（据汲古阁本）；1930—1937 年，由张元济主持校勘，商务印书馆影印出版了"百衲本二十四史"，《南齐书》用宋眉山七史本，此称"百衲本"；中华人民共和国成立后，中华书局整理出版的《南齐书》是目前最为通行和权威的版本。该书由王仲荦点校，以宋蜀刻大字本为底本，参校南监本、北监本、汲古阁本、武英殿本、金陵书局本，还参校了《宋书》《南史》《通典》《册府元龟》《太平御览》《资治通鉴》《资治通鉴考异》等书的相关部分，并采用了周星诒、张元济、张森楷的《南齐书》校勘记，以及钱大昕的《廿二史考异》等书。

2005 年中华书局开始筹备"二十四史"及《清史稿》的修订工作。《南齐书》的修订由中山大学景蜀慧教授团队负责，修订以中国国家图书馆藏宋蜀刻大字本为底本，以台北"国家图书馆"藏南宋初刊宋元明嘉靖递修本、百衲本为参校本，以其他版本为通校本。修订在原点校本的基础上，"纠正原点校本的错讹遗漏，统一体例，弥补不足，对原点校本作适当修订和完善，在充分尊重原点校本成果的前提下，清理覆核了原点校本的全部校勘记"①。修订本于 2017 年出版。

本书研究以中华书局点校本为底本，参校修订本，同时参考清代和现当代学者的有关校勘与研究成果。

三 《南齐书》词汇研究价值

（一）《南齐书》是中古时期重要的史书文献

中古汉语是汉语史发展中的一个重要转折点，时间上承上古，下启近代，出现了许多新的语言质素，呈现崭新的面貌特征。

东汉末年以来，战乱频发、社会动荡、民族加速融合，这些都给汉语带来相当大的影响。南北朝对立和南朝内部动乱频发的特殊形势下形成的军事、政治、经济、文化制度以及汉末以来佛教文化的浸染、道教的崛起、儒释道三教的抵牾与融合，势必对当时的语言造成不同程度的影响，给语言打上特有的时代烙印。

这些变化给汉语的发展带来了怎样的影响，是汉语史学界历来所重视的。语言的要素中最易受影响的是词汇，通过对词汇细致的考察最能捕捉到这些变异因素。

《南齐书》是中古时期重要的史书文献，是研究中古汉语书面语和口语的重要语料。但其语言研究没有得到足够的重视，主要是因为历来史书语言研究的争议较大。一方面在于史书语言资料的时代鉴别问题比较复杂。因为史书"多是后人修纂，所据史料也往往要经过修史者的剪裁与鉴别，并进行文字上的加工，故作为语料其构成就很复杂，时间跨度也会拉大"②。

然而《南齐书》是唯一完整传世的南齐一代的史籍，其珍贵性不容忽视。虽然《南齐书》是南齐皇族萧子显入梁以后撰写的，但南朝齐历时仅23 年，南朝梁紧承南朝齐，所以《南齐书》可谓由当代人写当代史，语料内容与语料载体时间相一致，是史书文献中少有的"同时语料"，真实地反映了中古时期南朝汉语书面语和口语的面貌，值得深入研究。王魁伟早

---

① 点校本《南齐书》修订组：《点校本〈南齐书〉修订前言》，《南齐书》（点校本二十四史修订本），中华书局，2017 年，第 13 页。

② 王魁伟：《读太田辰夫〈中国语历史文法·跋〉》，《中国语文》1995 年第 2 期，第 158 页。

就指出"史书也可分为'同时'和'后时'两类：所谓'同时'史书，指的是修史者与该史书属于同一朝代。如《汉书》、《三国志》、《宋书》、《南齐书》及《魏书》等，这些应该是研究同期汉语史的重要语料"①。

另一方面则在于一般认为史书经常掺入编者的语言，即使保留下来的诏书、奏议、书信、论文等，也往往修辞化程度较高，因此其中能够反映当时汉语实际面貌的语言成分很有限。

然而"《南齐书》与《宋书》一样，多载诏书、符檄、奏疏及书启等文字，往往不作节录，前人对此亦有所批评。然而也因此保留了大量未经史家加工改写的原始材料，反映了当时历史的真实样貌，涉及田租赋役、刑狱、选举、吏治、朝廷政风等诸多方面，是深入研究南朝历史的重要史料。此外，由于萧子显的地位身份，除了亲历并从家族亲友处了解掌握到许多第一手史料外，也有较多机会接触到皇室所藏的图书档案，因此其书中对萧齐一代的各种制度、行政和朝廷人事，记述颇为准确，其史学价值未可低估"②。《南齐书》中保存的诏令、奏疏、手敕、书信、文章等大量原始文献资料以及书中所载的人物对话与言论，都是难以杜撰的，不仅是重要的史料，更是反映当时语言面貌的真实可靠的语料。

《汉书》《三国志》《宋书》《魏书》作为汉语史研究的重要语料已经得到不同程度的重视，而相比之下，《南齐书》的研究则显得薄弱，这无疑是非常遗憾的。

（二）《南齐书》词汇研究有利于南北朝南、北汉语差异研究

魏晋以降，南北政权割据长达数百年，汉族与南、北方的少数民族大融合，中原汉语分别与南北方的汉语方言和少数民族语言相接触、碰撞。北方民族的进逼迫使汉民族政治中心南移，使得以金陵为中心的广大南方地区得到前所未有的开发，南方内部不同的聚落、文化、方言等在此时获得了一次大融合的机会。南方特殊的地域文化势必影响到原先以北方为中心的汉语。当时的南方方言主要是古吴语，而古吴语本身又带有南方少数民族语言的底层特点。南朝的汉语不可避免地受到南方方言的影响，而北

---

① 王魁伟：《读太田辰夫〈中国语历史文法·跋〉》，《中国语文》1995 年第 2 期，第 159 页。
② 点校本《南齐书》修订组：《点校本〈南齐〉修订前言》，《南齐书》（点校本二十四史修订本），中华书局，2017 年，第 8—9 页。

朝的汉语又受到北方少数民族语言的影响，加之南北政权长期对峙，进而形成一定的语言地域差异。

南朝和北朝的汉语到底是否存在地域差异，存在怎样的地域差异，这些差异在后来发生了什么样的变化，对汉语的发展产生了什么样的影响，非常值得研究。《南齐书》是南朝的代表性语料，其时代、地域特殊性为汉语史研究提供了独特的观察视角，其词汇研究可为南北朝词汇比较打下基础。

（三）史书的语域广泛性和文体多样性有利于全面、真实地反映当时的语言面貌

董志翘说：“以前我们汉语史研究注重的是时（时代性）、空（地域性，方言）两个方面，而 21 世纪要能在中古、近代汉语词汇研究上深入下去，除了关注时空因素，还应注意各领域的词汇差别，不能眉毛胡子一把抓地统称为六朝词汇、唐代词汇、宋代词汇。”① 史书内容丰富多彩，涉及时代社会的方方面面，举凡政治、经济、文化、军事、社会风俗、人物言行等，覆盖的语域较广。史书语域的广阔性和语体的多样性可以避免语言的枯涩、单调和语域的狭窄、单一，能够较全面地反映南朝词汇的真实面貌。

《南齐书》的语体多样性为词汇研究提供了更细致的观察视角。真大成《魏晋南北朝史书词语论考》曾说：“魏晋南北朝史书并不囿于纯粹单一的体裁形态，而是具有十分丰富的文体特征。这些不同体裁、不同内容的材料又呈现出不同的语言特色，这样，在研究实践中可以避免某些语言现象只出现于某种主题或体裁的文献的局限。”② 《南齐书》的文体包含奏疏、诏令、手敕、诗歌、信札、俗谚、人物对话、史家述语、赞论等，雅俗兼备，文白夹杂，语用功能丰富。这为真实地观察当时的语言在不同场合的应用情况、考察书面语和口语的具体状况提供了绝佳的视角。同时，多样的语体差异还有助于新旧语言要素的区分。

① 董志翘：《中古近代汉语探微》，中华书局，2007 年，第 7 页，原载《21 世纪的中国语言研究》〔一〕，商务印书馆，2004 年。
② 真大成：《魏晋南北朝史书词语论考》，南京大学博士学位论文，2008 年。

（四）《南齐书》保存了不少宝贵、鲜活的方俗口语材料

方一新曾说："诚然，相对于六朝时口语化程度较高的部分译经、小说、乐府诗等作品而言，六朝史书的语言总是较为典雅规范，口语材料不很集中，有着史书特有的共性。但是也应该看到，史书尤其是东汉魏晋南北朝史书自有其独具魅力的一面。""书中更有浅白的对话，生动的叙事，其中不乏方俗口语词，利用这些门类齐全、风格多样的材料，可以考察汉魏六朝时期流行的部分语词的使用情况，探寻中古史书词汇的基本面貌和演变规律，并进而为从总体上把握汉魏六朝词汇的发展演变提供帮助和参考。"①《南齐书》手敕、供状、信札、对话等文体中还是保存了不少宝贵的、鲜活的方俗、口语词。

（五）有利于中古汉语词汇史研究、汉语词汇史和词汇学的基础研究

汉语词汇史必须建立在断代研究的基础上，而断代研究又须从专书词汇研究开始。郭在贻曾指出："关于汉语词汇史的研究，魏晋南北朝这一阶段向来是最薄弱的环节。"② 通过对《南齐书》词汇的描写与计量研究，呈现其词汇面貌，有利于中古汉语词汇史研究，从而有助于汉语词汇史、词汇学的基础研究。

同时，通过对《南齐书》的复音词计量分析，我们能观察到中古时期词汇的复音化的情况，有利于汉语复音化进程和复音化的动因及规律的研究。

（六）有利于汉语史语义演变的研究

通过对《南齐书》的词汇词义的描写、计量研究，加上进一步的共时、历时比较，我们能够观察到一些有价值的语言现象——特殊的时代、地域特征如何影响到语言，产生了哪些新的语言质素，而这些新的语言质素又如何在历史、地域中流变，并从中发现、总结一些规律性的东西，以期为汉语史的研究提供参考、借鉴。

（七）普方古结合，通过个案研究，探讨中古汉语对现代南方方言形成的影响，有利于汉语史和方言史研究

《南齐书》中一些具有中古汉语特点的语言质素在现代普通话中已然

---

① 方一新：《东汉魏晋南北朝史书词语笺释·前言》，黄山书社，1997年，第2页。
② 郭在贻：《郭在贻语言文学论稿》，浙江古籍出版社，1992年，第328—329页。

消失，但是在不少现代南方方言中依然活跃。对这些语言质素的历时和共时研究有利于汉语史和方言史的综合研究。

（八）有助于辞书编纂研究

目前已有的《南齐书》词语考释成果散见于各词语考释专著、部分学位论文和单篇论文。我们对其进行了初步收集和统计，其中可以为大词典补充新词新义或提前例证的不少于250条。从已有的词语考释上，已经可以看出该书词汇在词典编纂上具有相当重要的意义。

四 魏晋南北朝史书词汇研究概况

本书所说的魏晋南北朝史书，具体指的是《三国志》《晋书》《宋书》《南齐书》《梁书》《陈书》《魏书》《北齐书》《周书》《南史》《北史》十一部正史。

魏晋南北朝史书词汇研究早期主要集中在词语考释上，这方面的研究成果比较丰富，如唐长孺《魏晋南北朝史论拾遗·读史释词》、周一良《魏晋南北朝史札记》等。语言学家、训诂学家所做的词语考释，如曲守约《中古辞语考释》、蔡镜浩编著《魏晋南北朝词语例释》、方一新《东汉魏晋南北朝史书词语笺释》、刘百顺《魏晋南北朝史书语词札记》等。这方面的单篇论文也为数不少，如段观宋《魏晋南北朝史书语词考释》、郭在贻《魏晋南北朝史书语词琐记》、徐时仪《两汉魏晋南北朝史书词语考释》、宋闻兵《中古史书词义拾疑》等。

专门针对一部史书的词语进行考释的成果也不少，辞典、专著如张舜徽主编《三国志辞典》，吴金华《三国志校诂》、《三国志丛考》等。单篇论文如吴金华《〈三国志〉解诂》《〈三国志〉考释》《〈三国志〉拾诂》《〈三国志〉拾诂（续）》，万久富《〈晋书〉语词拾零》，蔡俊《〈晋书〉俗语札记》，王彦坤《〈晋书〉所见辞书未收词语考释》《〈晋书〉所见辞书未收词语续释》，王彦坤、李淑莲《〈晋书〉所见辞书未收词语考释再续》，张谊三《〈魏书〉词语选释》，黄征《〈魏书〉俗语词辑释》，王启涛《〈魏书〉语词小札》，等等。

但是词语考释仅是词汇研究的开始、第一步，不能仅限于此。方一新、王云路强调了《三国志》《后汉书》《宋书》《南齐书》《魏书》五部史书的词汇研究价值，提出将史书材料分为原始资料和其他资料两大类，并分析了这两类资料在类别、性质特点、词汇研究价值等方面的不同，提出史书词汇研究大有可为。然而这方面的成果目前还并不多，已有研究比较集中在《三国志》上，其他史书词汇研究成果则甚少。

针对这一时期史书词汇进行整体性研究的词汇学研究著作、博士论文，主要有高明《中古史书词汇论稿》（2008）描写中古史书词汇的基本概貌，真大成《魏晋南北朝史书词语论考》（2008）对魏晋南北朝史书的一些新词的源流进行了考证、梳理。

《三国志》的词汇研究成果最为丰富，专著与博士学位论文①有王彤伟《〈三国志〉同义词及其历时演变研究》（2010）、马丽《〈三国志〉称谓词研究》（2010）、倪永明《中日〈三国志〉今译与中古汉语词汇研究》（复旦大学博士学位论文，2006）、王文晖《〈三国志〉成语研究》（2004）、阎玉文《〈三国志〉复音词专题研究》（复旦大学博士学位论文，2003）。此外，还有吴金华《〈三国志〉双音节雅言词散论》（2007）、唐子恒《〈三国志〉双音词研究》（1998）等单篇论文。

《宋书》《魏书》其次，专书与博士学位论文有宋闻兵《〈宋书〉词语研究》（2009）、万久富《〈宋书〉复音词研究》（2006）；李丽《〈魏书〉词汇研究》（2006）、呼叙利《〈魏书〉复音同义词研究》（浙江大学博士学位论文，2006）。

《晋书》《梁书》分别仅有一部专著或一篇博士学位论文，陶莉《〈晋书〉复音词研究》（2019）、朱湘云《〈梁书〉词语研究》（厦门大学博士学位论文，2008）。

《陈书》《周书》《北齐书》《南史》《北史》没有专门的词汇研究专著与博士学位论文。《陈书》《南史》分别仅有两篇相关的硕士学位论文，任倩倩《〈陈书〉同义词研究》（山东师范大学硕士学位论文，2014）、吴启坚《〈陈书〉复音词研究》（南昌大学硕士学位论文，2007）；李丽《〈南史〉复音词研究》（中南大学硕士学位论文，2010）、朱湘云《〈宋书〉与

---

① 专著在其博士学位论文基础上出版的，只列专著，不再列博士学位论文，如王彤伟、马丽、王文晖等的专著是在其博士学位论文的基础上出版的，故只列其专著，不再列其博士学位论文。

〈南史〉异文之字词研究》（福建师范大学硕士学位论文，2002）。《北齐书》仅有一篇硕士学位论文，黄婷《〈北齐书〉联合式复音词研究》（广西师范学院硕士学位论文，2018）。《北史》有相关专著一部，李丽《〈魏书〉、〈北史〉异文语言比较研究》（2011）。

综上，魏晋南北朝《三国志》《晋书》《宋书》《南齐书》《梁书》《陈书》《魏书》《北齐书》《周书》《南史》《北史》十一部正史的专书词汇研究专著或博士学位论文情况如图 1 所示。

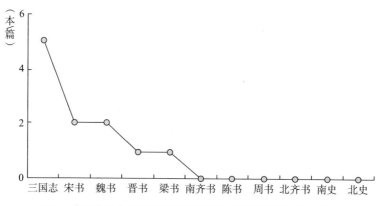

图1　魏晋南北朝史书词汇研究专著（博士学位论文）情况

除了《三国志》词汇研究有比较多的成果，《宋书》《魏书》次之，其他史书的词汇研究还是相当薄弱的，有的甚至几乎是空白的。由此可见，魏晋南北朝史书词汇的研究虽然有不少代表性成果作了非常好的示范，但仍是亟待开发的一个研究领域。唐代以前古籍散佚严重，而这几部正史以其特殊地位得以较完整地保存下来，篇幅和数量都蔚为可观，保存了大量的原始资料，如诏令、奏疏、信札、民谣等。史书语料虽然存在同时语料与后时语料的甄别问题，但若因此弃置不用，未免因噎废食，若选择的研究方法得当，便可如方一新、王云路所说："利用这些门类齐全、风格多样的材料，可以探寻汉魏六朝词汇特别是口语词汇的基本面貌和演变规律，具有其他类别作品无法替代的研究价值。"①

---

① 方一新、王云路：《谈六朝史书与词汇研究》，载《庆祝中国社会科学院语言研究所建所四十五周年学术论文集》，商务印书馆，1997 年，第 116 页。

五 《南齐书》研究现状

同为二十四史之一，因作者萧子显身份和处境的特殊性，撰史时难以直书其事，故《南齐书》早期多为史学家所诟病，因而不太受重视。近二三十年来，《南齐书》研究整体趋热，其研究成果主要在文史、校勘、语言三个方面。语言研究成果以语法和词汇为主。

《南齐书》的相关文学研究主要集中在对该书的文学性分析、史学与文学的关系研究、萧子显的文论观点以及对包括作者在内的整个兰陵萧氏家族的文学研究等。如张亚军《南朝四史与南朝文学研究》（复旦大学博士学位论文，2002）、杜志强《兰陵萧氏家族及其文学研究》（西北师范大学博士学位论文，2006）等。《南齐书》的史学研究主要是对整个魏晋南北朝时期的政治、经济、军事、职官、州郡、赋役、户籍、礼俗、少数民族关系等方面的考察，其中不少涉及南朝齐的历史和《南齐书》。这些史学研究有的也涉及相当数量的词语考释，尤其是一些典章、制度、职官等专有名词的考释（详见下文词汇研究部分）。

也有专门针对南齐一朝的，如专门讨论《南齐书》史学成就、萧子显的家学渊源、修史立场以及通过《南齐书》考察士族衰变的研究等。如台湾学者陈金城《史臣与儿臣角色的摆荡——论萧子显〈南齐书〉的修撰立场》（2009）认为《南齐书》带有"国史"和"家史"的双重特色，历来史学界批评萧子显以宗室身份刻意曲笔，萧子显在《南齐书》中用"史臣"立场进行评论，隐去其亲情关系，造成形式上客观、实质上主观的特殊现象，终难免个人私情。台湾学者王淑娴《萧子显与〈南齐书〉研究》（2012）详细探究了萧子显的生平经历，全面地分析了萧子显的特殊身份、境遇及其敏感的身份与时代环境对其撰写《南齐书》的限制，认为萧子显不得不面对名教、实录与性命的进退维谷之局，若效仿董狐直书不隐，则难免身膏斧铖，书填坑窖，因而不得不取法《春秋》婉而成章之法，以不伤实录之婉笔撰史，其实意乃为存实录。

据史家研究，《高帝纪上、下》（文中凡举《南齐书》本书例子，直作某纪传志，不赘言《南齐书》）、《豫章文献王传》、《明帝纪》和《东昏侯纪》可谓《南齐书》中最体现萧子显身份特殊和个人私情之处，极扬萧道成、萧嶷之功与善，隐其恶，直言不讳萧鸾、萧宝卷之悖逆残忍。这种作者亲身的体验和内心复杂的情感一定程度上也影响到他的行文措辞。写祖父萧道成、父亲萧嶷之史，明显的溢美之词，引经据典，古雅蕴藉。写杀戮高、武诸子孙的明帝萧鸾和狂悖无道的东昏侯萧宝卷之史，则直书其恶，铺陈其事，不避细琐、俚俗。如《东昏侯纪》：

> 性重涩少言，不与朝士接，唯亲信阉人及左右御刀、应敕等，自江柘、始安王遥光诛后，渐便骑马。
>
> 拜爱姬潘氏为贵妃，乘卧舆，帝骑马从后。着织成袴褶，金薄帽，执七宝缚矟，戎服急装，不变寒暑，陵冒雨雪，不避坑穽，驰骋渴乏，辄下马解取腰边蠡器酌水饮之，复上马驰去。马乘具用锦绣处，患为雨所沾湿，织杂彩珠为覆蒙，备诸雕巧。教黄门五六十人为骑客，又选无赖小人善走者为逐马，左右五百人，常以自随，奔走往来，略不暇息。
>
> 世榈亦知帝昏纵，密谓其党茹法珍、梅虫儿曰："何世天子无要人，但阿侬货主恶耳。"

亲信、阉人、御刀、应敕、织成、袴褶、金薄、七宝、缚矟、戎服、急装、乘具、雕巧、骑客、逐马、要人（皇帝左右出身卑微的亲信）诸词均是中古时期新兴的词语。"便"的"善于、擅长"义、"急"的"紧"义、"边"的"旁边、附近"义、"货"的"卖"义是中古时期兴起或习用的。"阿侬"是当时的方言词。

下面重点介绍语料校勘和语言研究方面的情况。

（一）语料校勘研究

近现代以来，张元济《百衲本二十四史校勘记·南齐书校勘记》（2001）、中华书局整理本《南齐书》的《校勘记》、朱季海《南齐书校议》（1984）、丁福林《南齐书校议》（2010）、真大成《中古史书校证》（2013）等对《南齐书》进行了校勘、考证。

这些校勘除了纠正文字讹误，考订中也涉及一些词语的解释、考证。其中朱季海的《南齐书校议》成就最高，也是一部综合性研究著作，包括对《南齐书》的文本校勘、史实考议、词语考释等，涉及文献、史学、训诂学等诸多方面的研究，其校勘精细，考释词语甚多（详见下文词汇研究部分）。

另外，值得注意的是童岭《南齐时代的文学与思想》（2013）所附录的南监本《南齐书》荻生徂徕批识辑考。荻生徂徕为日本江户时期的著名儒者，本姓物部，名双松，字茂卿，号徂徕、萱园。他对《南齐书》的批校，国内学者介绍和研究甚少，汉语学界研究《南齐书》时也多未提及。童先生所用底本为昭和四十五年（1970）七月日本汲古书院影印荻生徂徕批校明代万历年间南监本《南齐书》。

荻生徂徕的批识以校勘为主，同时涉及部分训诂的内容，如破通假、注音（注音本质也包括释义）等。每条批识都极为简短，仅仅指出问题，而未进行相应的解释，加之获取不易，故以往其校勘价值并未引起国内学者的重视。荻生的批识约614条，大体可分为指出异文、补出脱文、指出衍文等11类。批识中以指出异文和纠正误文最多。初步判断可靠的约297条，其中对中华书局本《南齐书》修订有补益的，约120条，还有不少批识未详存疑，亦对中华书局本《南齐书》修订很有借鉴意义。附录"《南齐书》语料校勘"不少即受荻生启发。

（二）语言学相关研究

《南齐书》的语言学研究可分为语法研究和词汇研究。《南齐书》的语法研究起步晚，但成果不少。除了中古汉语史语法研究的专书和论文有所涉及之外，还有不少专书专题研究成果如：黎平《〈南齐书〉"言""文"语法专题研究》（南京大学博士学位论文，2003）、黎平《〈南齐书〉语体专题研究》（山东大学博士后出站报告，2008）、邱峰《〈南齐书〉介词及比较研究》（2013）。另外还有不少硕士学位论文：夏雨晴《〈南齐书〉副词研究》（南京师范大学，2004）、苏艳艳《〈南齐书〉人称代词和疑问代词研究》（曲阜师范大学，2011）等。语法研究总体上侧重于几类相对封闭的虚词的研究，大都使用了分类描写和历时比较的研究方法。

《南齐书》的词汇研究，泛而言之，渊源较久，主要偏重词语考释，分散在史书考订著作、中古方俗语考释的笔记、当代史学研究和中古词语考释著作、论文中；尚未有《南齐书》词汇研究的专书著作和博士学位论文。相关的词汇研究可分为如下两大方面。

1. 词汇本体研究

高明在其博士学位论文基础上出版的《中古史书词汇论稿》（2008）以《后汉书》（包括李贤注和《续后汉志》）、《三国志》（包括裴注）、《晋书》《宋书》《南齐书》《梁书》《陈书》《北齐书》《周书》《魏书》和《隋书》十一部中古史书为研究对象，在前人词汇个案研究的基础上，力图勾勒中古史书词汇的基本面貌和特点，在其基础上探索词汇发展的现象和规律。其主要研究内容分为中古史书词汇的构成和特点、中古史书单音词的词义研究、中古史书复音词研究、中古史书词汇与词典编纂、中古史书词汇与中古史书的校点整理五个部分。

该书的研究有以下三个特点：（1）在研究语料上，涉及面非常广，几乎涵盖中古史书的全部语料，实际上相当于以史书为语料的整个断代词汇研究，其优势在于语料数量越大，涵盖面越广，所得结论基础越扎实，更加有说服力，但庞大的语料同时也带来一些问题，如语料太多，处理困难，不便统计，难以深入和精细；（2）在研究视角和方法上，作者有意摆脱目前词汇研究的热点模式——词语考释和常用词演变研究，另辟蹊径把研究重心放在单音词的词义演变、复音词的语义构成和中古史书词汇系统的描述上，将中古史书词汇分成"普通词汇"和"文化词汇"两部分，再将"普通词汇"分成"古语词"和"新词"；（3）在研究结论上，作者提出单音词词义研究应该成为汉语词汇研究的一个重点，这在当前复音词研究趋热的形势下，确为难得。

总的来说，该书的研究在方法和理论上给予我们不少有益的启示，如重视"后时语料"在中古汉语研究中的作用，在复音词研究的同时，也重视单音词研究，努力改变以往中古汉语研究中的训诂学倾向，而更多从词汇史和词汇学的角度着力。

真大成《魏晋南北朝史书词语论考》（南京大学博士学位论文，2008）以魏晋南北朝史书词语为主要研究对象，采用语言学结合文献学的方式展开研究。语言学方面主要从学术研究史、异文比较以及新词源流三个角度展开研究；文献工作主要是对魏晋南北朝史书中的一些口语性较强的材料加以辑录并注释。作者从学术史的角度对中古史书词汇从古至今的研究史做了相当详细的梳理。研究方法上的主要特色在于以异文比较为突破口，细致地比较、分析文本来源和语言特点，从而更精确地判断语料的时间，进而发掘中古时期的特色词语。真大成指出《宋书》《南史》间的异载异文主要是后书作者在书面表达的层面上为了"示异"而形成的，所以，后书作者在重新选择语词以变更原文文辞时往往不拘一格，以致所选语词具有多种类型，表现出相当丰富的面貌，使得整个过程（动机、选词、改作）带有发生于文本层面的浓烈的修辞意味，在这种有意致异的动机下形成的异文就并不完全体现《南史》作者所在时代的实际语言变化状况，因此，对异载异文所体现出来的语言历时发展的信息就不应过度诠释，否则极易导致误读。这确实是在进行史书异文比较时特别需要注意的问题。

　　另外，还有不少硕士学位论文对《南齐书》的一些词汇问题进行了研究。高一勇《〈南齐书〉中旧词的新生义和新生双音词词义的初步考察及其分析》（四川大学，1991）对《南齐书》中旧词的新生义和新生双音词词义做了一定的考察和简析。真大成《〈南齐书〉词汇论稿》（浙江大学，2004）主要涉及《南齐书》中的新词新义、异文现象和词语考释，并注意到了"鲑""眠床""阿侬""阿婆"四个词在现代吴语中的遗留。周煜《〈南齐书〉高频字词汇研究》（北京大学，2007）将《南齐书》中的高频常用词和其在《史记》中的字频进行比较，分析了其意义及语用地位变迁的一些现象。汤喜平《〈南齐书〉双音词研究》（中南大学，2009）主要描写了《南齐书》中的双音词的结构和其中一些新词新义。

　　2. 词语考订、考释

　　相比其他正史，古代学者很少专门对《南齐书》的词语进行考释，更多只是旁及或作为引证例子。流传至今的中古史书注释著作没有专门针对《南齐书》的注释。历代的史书考订著作中涉及《南齐书》个别词语的考释，如史炤《资治通鉴释文》、钱大昕《廿二史考异》、洪颐煊《诸史考异》、王鸣盛《十七史商榷》、武英殿本《二十四史》附的《〈南齐书〉考证》等。

　　此外，历代的笔记小说中记载了相当丰富的汉魏以下的方俗口语词考释，也涉及《南齐书》个别词语的考释，如方以智的《通雅》卷八《释诂》"衰尪"、卷十九《称谓》"可孙""官家"等，顾炎武的《日知录》

"精手""楼罗""门生""白衣"等，赵绍祖的《读书偶记》"官"等，桂馥的《札朴》"荐柱""班剑""贴帖""料数""腰扇""槟榔""恨恨""列""赊""枪""枡""鮀"等，翟灏的《通俗篇》"棺材""刀子""娄罗""如风过耳"等，郝懿行的《证俗文》"饼""金薄""楼罗""白衣"等，郝懿行的《晋宋书故》"门生""土豪""快手（精手）""干没""秘器"等，钱大昕的《恒言录》"伏事""方便""来由""料理""伯叔""营生""搜检""如风过耳"等。

近现代学者在校勘《南齐书》时也做了不少词语考释工作，其中以朱季海《南齐书校议》最具代表性，考释词语数量多，考释方法多样，下文简称"朱议"。其词语考释特色主要体现为如下六点。

（1）因音求义，破除假借。如卷十四①的"交州荒遭，水与天际"，朱议："《说文·辵部》'遭，去也，从辵带声'，徒计切，非其义。此借为裔。《说文·衣部》'裔，衣裾也。从衣冏声'，余制切。裔、遭古音同在祭部也。《文选》班孟坚《封燕山铭》其辞曰'铄王师兮征荒裔'，杨、班之词，可以互证遭、裔古今字尔。"

（2）因音求义，考究语源。如卷四"弄""衖"，朱议："大氐当时衖、巷字已转如十部呼之，故不知江左言弄之即衖、巷古音之遗，遂别书作弄尔。然今吴语弄、巷并行，虽寻源莫二，而抚事已殊，盖江左人语，已自如此，学者贵通古今，便当究其源委也。"

（3）以方言佐证古语。如卷二十九"少有气力"，朱议："《薛渊传》云'果干，有气力'，《焦度传》云：'年虽老，而气力如故。'今吴语犹有此语。"

（4）结合出土文物考释名物词。如卷三"槏"，以广州华侨新村竹园岗出土的三足格盒为佐证；卷二十八"五盏盘"，以江西六朝墓葬出土的"五杯盘"为佐证。

（5）注意语言的地域差异。特别注意到词汇上的南北差异，带有南方地域色彩的词多标以"江东语"或"江左语"等。如卷一"杜黑蠡"，朱议："墨，黑义同，大氐河、朔谓之墨，江南谓之黑。"卷二十五"虏参骑

谓其军备甚盛",朱议:"下又云'上遣使入关参虏消息还,敕崇祖曰'云云,并以侦候为参,盖江东语如此。"卷二十九"漂渍",朱议:"溺谓之渍,故是江左人语。"卷四十六"非苟逼傲以纳税也",朱议:"南曰傲,北曰赁矣。"还注意到语音上的南北差异,如卷六"四片破之",朱先生认为"破"本当云"剖",作破者,吴语呼剖曰破,音如 p'u,从去声呼之,如今之吴语,而当时洛下音则大概作 p'iu,金陵读破,必不作 p'ia,或当如今吴语作 p'u,故能借为剖 p'iu①。

(6) 发掘当时习语。如卷二十四"尽户上丁"的"上丁"为当时口语,即"发丁"。卷二十七"继谓之系,当时语。"卷二十八"'形势'当时语,犹今言'形胜'"。卷二十九"'气干'自当时语"。卷三十三"萧前取天然,后取放纵,割'绝逸'字不取者,与不取'惊绝'字同意。其实并当时语,僧虔取以论书,落笔自俊"。

朱先生的词语考释不仅大多考证精当,而且在考释方法上也多有值得学习、借鉴之处,尤其是因音求义法的灵活运用,可见其小学根基之深厚。朱先生在考释词语的同时注意揭示词语的地域性和时代性,可谓独具眼光,已不仅限于文献、训诂研究,而且具有汉语史研究的自觉。

另外,校勘注释方面还有王永诚硕士学位论文《〈南齐书〉本纪校注》(台湾师范大学,1970),后由台湾商务印书馆出版成书,主要侧重于专有名词的考释和典故的掘发。韩国东北亚历史财团 2009 年出版了《〈南齐书〉〈梁书〉〈南史〉外国传译注》。

史学研究著作中也涉及不少词语的解释,如唐长孺《魏晋南北朝史论丛》(1955)、《魏晋南北朝史论丛续编》(1959)、《魏晋南北朝史论拾遗》(1983),周一良《魏晋南北朝史札记》(1985)、《魏晋南北朝史论集续编》(1991)、《魏晋南北朝史论集》(1997) 等系列研究著作。

史学家对中古史书词语的分析大多夹杂在史事研究中,但也有一些专门集中考释的。如唐长孺《魏晋南北朝史论拾遗·读史释词》中对"素族""寒士""绛衫和白衣"等的考释,主要用排比归纳、相似史实互见

---

① p'u 等音标出自朱季海《南齐书校议》,中华书局,1984 年,第 19 页,其中送气符号的标法不符合国际音标,按国际音标当作 p'。

比较的方法。而周一良的词语考释则更具有语言学的自觉，往往不仅限于排比归纳，还善于运用训诂方法，注重源流梳理，个别词语考释还详细梳理了意义相同、相近的词语。

《魏晋南北朝史札记》为周一良史书词语考释的经典之作，其中《三国志》札记"设主人"条，先用排比归纳法指出"设主人"是当时习语，犹今言作东道请客，接着指出"设"有"招待饮食"之意，引《南齐书·何戢传》等为例证明，还指出"设"的引申义"饮食本身"，该义也见于《南齐书》，又分析了其同义词组"作主人"、相关词语"施设"（营办饮食）、"设客"（宴客）等。

另外，尚有一些中古词语考释专著和单篇论文也涉及《南齐书》的词语考释，如曲守约《中古辞语考释》（1968），蔡镜浩编著《魏晋南北朝词语例释》（1990），方一新《东汉魏晋南北朝史书词语笺释》（1997），刘百顺《魏晋南北朝史书语词札记》（1993），王桂波《〈汉语大词典〉失收〈南齐书〉诸词举例》（2008），赵金文、陈平《〈汉语大词典〉书证勘误——以〈南齐书〉为例》（2011），陈平《从〈南齐书〉为〈汉语大词典〉补目》（2014），等等。

（三）《南齐书》研究现状小结

综合看来，目前《南齐书》相关研究的特点如下。

《南齐书》的相关文史研究集中在探讨其所反映的时代、地域、政治、经济、文化、文学、思想以及作者萧子显和其家族的发展历史、文学思想、史学思想等方面。这些研究为我们了解《南齐书》的时代、地域、文化、思想、语体特点等提供了很好的参考借鉴。语料校勘研究也考释了《南齐书》的部分词语，大都考释精当、可信。

相比其他正史，《南齐书》的专书著作和论文研究都比较少。历来研究主要集中在词语训诂考释，这方面研究开始最早，成果不少，但失于零散。词语考释主要偏重疑难词，对基本词汇、常用词汇则关注甚少，词汇本体研究相对较弱，主要涉及新词新义、词义演变专题个案、高频字词等，虽然从不同角度研究了书中词汇的相对主体部分，但仍然比较有局限性。

从现有的词汇研究成果看，《南齐书》词汇还有比较大的研究空间，这些已有的研究成果，为我们进一步展开词汇研究打下了良好的基础。

六 研究内容与方法

本书分上、下两编。上编是《南齐书》词汇本体研究，运用精确计量的方法，以语言的时代性、地域性为基点，对《南齐书》的语料性质、词汇来源、复音词结构等展开探讨。下编是《南齐书》所反映的具有中古汉语特点的语言现象与现代闽方言的比较研究，将汉语史研究与方言、方言史研究相结合，采用个案研究的形式，探讨中古汉语对现代南方方言的影响，并通过两者的互动研究，解决中古汉语与现代闽方言研究中存在的一些问题。

本研究采用的主要研究方法如下。

（一）依托语料库计量手段

利用 ACCESS 软件将《南齐书》现有的文本资料逐词切分，标注义项、词类、该词该义项在《汉语大词典》中的首见书证、词语结构类型等，详细标注转换为语料库，充分利用这些统计数据对《南齐书》的词汇进行描写、分析，统计频率。以语料库建设为研究基础，统计《南齐书》单音词、复音词和构词类型的数量，提供分析其词汇复音化的精确数据。

依托语料库。使用计量方法是目前语言研究的一大趋势。冯志伟《从语料库中挖掘知识》（2010）："语言学的一切知识，都有必要放到语料库中来检验，决定其是正确的，还是片面的，还是错误的，甚至是荒谬的，从而决定其存在的必要性，决定其是继续存在，还是放弃其存在。我们可以预见，语言学研究战略转移的时代必将到来！一种新的基于语料库的研究方式必将代替传统的依靠'内省'的研究方式，'内省'的研究方式今后只能是基于语料库研究方式的补充，而决不能是语言学研究的主流。'从语料库挖掘知识'——这应当成为现代语言学的基本研究方法。"

语言学的研究必须以语言事实作为根据，必须详尽地、大量地占有材料，才有可能在理论上得出比较可靠的结论。在具有普遍语感的现代汉语研究中如此，在缺乏真实语感的汉语史研究中更须如此，以避免主观印象。传统的语言材料的搜集、整理和加工完全是靠手工进行的，这是一种费力费时的工作。计算机的出现使大数据统计变得可能，可以做到迅速而准确。语料库和计量手段的利用为观察复音化的具体情况、构词方式的发展、新语言要素的特点等带来了便利。

（二）以语言的时代性和地域性为基点

语言具有时代性和地域性，既要注意时代差异，又要注意地域差异。这种时代性和地域性在中古汉语史研究中体现在注意区分南北汉语的地域差异。

《颜氏家训·音辞篇》："南方水土和柔，其音清举而切诣，失在浮浅，其辞多鄙俗。北方山川深厚，其音沉浊而化钝，得其质直，其辞多古语。"陆德明在《经典释文·叙录》中也有类似记载："方言差异，固自不同，河北江南，最为巨异。"

北方汉语受北方方言和北方少数民族语言的影响，而南方则主要受古吴语和南方少数民族语言的影响。当时北方有匈奴、鲜卑、氐、羌、羯等少数民族，南方扬州一带有"山越"，荆州、湘州、江淮、雍州有荆州蛮、豫州蛮，广州、交州有俚、獠，云南、贵州一带有爨，等等。江南一带的著姓世家有些就是越人的后代，如会稽陆氏、会稽贺氏、吴郡顾氏等。尽管当时自恃清高的士人阶层有意地排斥方言影响，但在长达数百年的语言接触中，汉语势必会受到一些影响。《世说新语》曾记载南渡后的北方士人受吴语影响的情况，也反映了一些士人阶层对这种语言渗透的抵触情绪。《世说新语·排调》："刘真长始见王丞相，时盛暑之月，丞相以腹熨弹棋局，曰：'何乃渹？'刘既出，人问：'见王公云何？'刘曰：'未见他异，唯闻作吴语耳！'"陈寅恪在《东晋南朝之吴语》（1936）中探讨了南朝士人汉语中夹杂吴语的情况，认为东晋南朝官吏接士人用北语，接庶人则用吴语，是士人皆北语阶级，而庶人皆吴语阶级，得以推知，此点可与《颜氏家训·音辞篇》所言者参证。可见，汉语的南北朝语音、词汇、语法都存在差别，但差异的具体情况迄今为止我们所知甚少。

汪维辉强调了研究南北朝南北方言差异的必要性："南北朝时期南北方言的差异问题一直是汉语史学家们所关注的重大课题，但大家的注意力主要集中在语音上，对词汇和语法则几乎尚未触及。魏晋南北朝在汉语发展史上的重要地位众所周知，它不仅是上承上古汉语、下启近代汉语的枢纽，而且部分现代方言直接导源于此。随着中古汉语和方言史研究的逐步深入，我们有必要探究北朝通语和南朝通语及吴语在语音、词汇和语法诸方面的具体差异。"①

王东主持的课题"南北朝时期汉语词汇的南北差异"（河南省教育厅人文社会科学研究项目 2005—QN—174）也致力于南北朝汉语词汇差异的研究，已发表的成果《南北朝时期的南北方言词》《南北朝时期南北词语差异研究刍议》利用古代的注疏或字书来发掘南北朝时期南北方有差异的一些词语，并尝试与现代汉语方言做比较，如北方词语"打簇（北魏正月十五夜的一种民俗游戏）""伞子盐（一种盐）""逼（蜀地呼粒为逼）""蹋坛（绕坛）""顿"等，南方词语"试儿（一种江南民俗）""屏除/长围（巷陌悬幔为高障，置仗人防守）""粽（宋人以蜜渍物）""琴（楚人谓豙为琴）"等。

总体来说，为词语的使用划分地域的工作还是非常困难的。正如汪维辉所说："论证词的时代性和地域性都是难度很大的工作，地域性比时代性更难。"② 这一方面是词汇本身的传播和使用规律性不明晰造成的，从现代汉语方言特征词抽取的艰难也可以看出这种工作的难度，说有易说无难，要找到个别仅在某地使用、其他地方没有的词语极不容易。另一方面则是传世文献有限导致的，而且在这有限的文献中还要选取口语性强的、能保留当时口语情况的，实属不易。

（三）汉语史研究与方言研究相结合

本选题研究方法上注意汉语史研究与方言研究相结合。今天闽语等南方方言中保留了不少中古汉语的词语，分析研究这些存留的因素，可为汉语方言史研究提供资料。从汉语史的角度入手能为方言研究带来不同的视角。而从现代方言的情况反观、审视中古汉语，也可为汉语史研究提供不一样的观察视角，使一些语言问题的分析更加透彻。

董志翘（2004）认为："中古、近代汉语词汇主要是指汉魏以降的方俗语词汇，历来它们很少进入正统文献的机会，而大多只能在民间使用流传，遗存在各地的方言俗语中。因此进行中古、近代汉语词汇研究必须与

---

① 汪维辉：《六世纪汉语词汇的南北差异——以〈齐民要术〉与〈周氏冥通记〉为例》，《中国语文》2007 年第 2 期。

② 汪维辉：《论词的时代性和地域性》，《语言研究》2006 年第 2 期。

现代汉语方言词汇研究紧密结合起来。"鲁国尧在为董先生著作《〈入唐求法巡礼行记〉词汇研究》(2000) 所撰序言中，也提到要将汉语词汇史的研究和现代汉语方言词汇的调查、研究结合起来。

　　清代学者在为方言词语溯源时，已有意无意地用方言来解释中古方俗词语。胡文英的《吴下方言考》中就有不少以吴语比照和解释中古时期的词语的例子。《吴下方言考》卷二："狼抗。《宋书·文九王传》：'休佑平生，狼抗无赖。'案，狼抗，大而无用，不可容也。今吴谚谓物之大而无处置放者曰狼犺。"卷四："伧音邨。《晋阳秋》：'吴人呼中州人为伧。'案，伧，粗蠢也，鄙陋也。吴俗谓蠢陋者为伧，俗作村，误。"卷九："栅音散。《南史》：'荐茗、栅、炙鱼。'案，栅，油煮粉栅也。吴中谓之栅子。"

　　《世说新语》是中古时期口语性很强的文献，其语言与今天吴、闽方言的相似性比较早引起了学者们的关注。王建设在《从〈世说新语〉的语言现象看闽语的来源》(1993) 一文中，从语音、词汇、语法三个角度将《世说新语》的语言现象与泉州话进行了对比，认为闽语确系汉魏六朝河洛官话。后来在其著作《世说新语选译新注 (附泉州方言证)》(2004) 中借助与魏晋口语接近的闽南方言泉州话来印证《世说新语》中的词语，确实让人有涣然冰释之感。如"阿奴"，王先生解释，"奴"系六朝时尊长对卑幼的爱称，可以用于父称子、兄称弟，也可用于祖称孙或帝称后，还可以用于关系密切者之间；刘孝标因为不了解当时的这种称呼习惯，一会儿说"阿奴，谟小字"，一会儿又说"阿奴，蒙小字"，实误也；盛行于六朝的这种爱称，至今仍流传于泉州一带，年长者称呼自己所疼爱的晚辈时，经常用"阿奴"或"奴"。

　　余嘉锡在《世说新语笺疏》(2011：272 - 273) 中也探讨了这个问题：

　　　　汪师韩《谈书录》曰："《晋书·列女传》，周嵩曰：'阿奴碌碌，当在阿母目下耳。'阿奴，谟小字也。按《周颛传》：'嵩尝因酒瞋目谓颛曰："兄才不及弟，何乃横得重名？"以所燃蜡烛投之。颛神色无忤，徐曰："阿奴火攻，固出下策耳！"'夫嵩谓谟为阿奴。颛谓嵩亦云阿奴，然则阿奴岂是谟之小字哉？盖兄于弟亲爱之词也。《南史·

齐·郁林王纪》：'武帝临崩执帝手曰："阿奴若忆翁，当好作。"如此再而崩。'又《郁林王何妃传》：'女巫子杨珉之有美貌，妃尤爱之。与同寝处，如伉俪。明帝与徐孝嗣、王广之并面请，不听。又令萧谌、坦之固请，皇后与帝同席坐，流涕覆面，坦之耳语于帝曰："此事别是一意，不可令人闻。"帝谓皇后曰："阿奴暂去。"'《隋书·麦铁杖传》：'将度辽，谓其三子曰："阿奴当备浅色黄衫。吾荷国恩，今是死日。我既被杀，尔当富贵。"'是则阿奴为尊呼其卑，无论男女，皆有之矣。《晋书》误认为小名耳。"

　　嘉锡案：汪说是也。但《晋书》皆采之《世说》，其以阿奴为周谟小字，亦是承孝标之误。今即以《世说》证之。《德行篇》曰："谢奕作剡令，有一老翁犯法，谢以醇酒罚之。乃至过醉，而犹未已。太傅时年七八岁，在兄膝边坐，谏曰：'阿兄！老翁可念，何可作此？'奕于是改容曰：'阿奴欲放去邪？'遂遣之。"此亦兄呼弟为阿奴也。《容止篇》曰："王敬豫有美形，问讯王公，抚其肩曰：'阿奴，恨才不称！'"此父呼其子为阿奴也。《品藻篇》曰："刘尹抚王长史背曰：'阿奴比丞相，但有都长。'"又曰："刘尹与王长史同坐。长史酒酣起舞，刘尹曰：'阿奴今日不复减向子期。'"此盖刘恢放诞自恣，且示亲昵于濛，故亦以此呼之。而孝标又谓"阿奴为王濛小字"，亦非也。孝标生于梁时，不应不解南北朝人语，岂偶误耶？抑为唐以后人所妄改，非原本所有耶？[①]

　　余先生以其深厚广博的学识发现了刘孝标和《晋书》对"阿奴"的误解，但没有注意到方言中的存遗，未能解释其所以然。不独泉州话，今闽南语潮汕方言片中也有此俗，"阿奴""奴"为长辈对晚辈的爱称，意思大体相当于普通话中的"孩儿""小孩"。古代长兄如父、出嫁从夫，兄长称呼弟弟、丈夫称妻子为"阿奴"亦合情理。《南齐书》有许多"X奴"形式名字，多为军人或底层百姓的名字，大约即幼年时长辈为其取的爱称，

① （南朝宋）刘义庆：《世说新语笺疏》，（南朝梁）刘孝标注，余嘉锡笺疏，中华书局，2011 年，第 272—273 页。

年长未改，仍然沿用，如上层士人则多为小名、昵称，另有大名。这种习俗在今广东潮汕地区有遗留，但也已经比较少。有些学者在讨论以"奴"命名问题时，以为"奴"源于"奴婢"，是一种丑名、贱名。这种理解不太确切，不全然如此。

邵慧君《"侬"字称代演化轨迹探论》（2004）一文分析和比较了吴语、闽语中的"侬"，反观古吴歌和一些涉及吴地的史书中的"侬"，发现"侬"实际上不是第一人称，而是"人"的意思，类似小称的用法。如《晋书·武十三王传》："道子颔曰：'侬知侬知。'"《采莲曲》："朝采莲，暮采莲，长歌白苎木兰船。船头鸳鸯双白首，也应笑侬别郎久，别郎久，天一方，南方暖度莲花香。莲房有子不空房，我侬岂可背尊嫜。郎不食莲子，不识侬心苦。采得莲归日落山，独守空房泪如雨。"

可见，将汉语词汇史研究与方言词汇研究结合起来确实是一种有效的研究方法。《南齐书》的语言时代与成书于刘宋时期的《世说新语》颇相近，《世说新语》与闽南语的相关研究成果也给予我们很好的参考借鉴。

《南齐书》词汇本体研究

第一章 《南齐书》的语料性质

一般认为中古时期的史书，经常掺入编者的语言，即使保留下来的诏书、奏议、书信、论文等，也往往修辞化程度较高，因此其中能够反映当时汉语实际面貌的语言成分很有限。

而《南齐书》的撰写时间与史实发生和资料保存的时代很近，相关史实资料保存较好，加之作者萧子显既为南朝齐皇室子孙，又为南朝梁皇室宗亲，撰史获得梁武帝的允许，能够获取到相关档案资料，记载的手敕、诏令、书信、人物对话等材料属实录，真实可靠。《南齐书》属于当代人写当代史，除了引用和化用前代典籍语言的部分，其语言在时间上基本是同质的，其语料性质的差异、口语化程度强弱主要体现在文体和内容上，故下文按文体和内容来分析。

黎平（2012）曾对《南齐书》包含的文体进行分类，认为主要可分为两大类：散文和韵文。散文和韵文的区别在句式和韵律上。散文大多句式长短不一，不押韵，不讲究节律；韵文则句式工整，押韵，讲究节律。他按照散文的用途和韵文的句式，进一步对其中的散文体和韵文体进行细分，认为散文有五种体裁：诏令体（皇帝、太后等的诏令），议论体（史臣的评论即"史臣曰"、大臣的奏折以及书信等），记言体（对话），叙述体（本纪、列传中的叙述性语言）和说明体（"志"中的说明性语言）；韵文有三种体裁：四言体、五言体、赋体。他认为《南齐书》的记言体"言"的成分最多，诏令体和议论体"文"的成分最多，而叙述体、说明体则介于二者之间。

通过对《南齐书》词汇的研究，我们对黎平的归类有不同的看法。诏令、"史臣曰"、书信并非都是散文体。皇帝的诏令分两类，其中手敕、手诏、口敕是散文体的，口语性很强，这部分的比例并不小，而正式的诏令大都是韵文体的，比较仿古、文言化。"史臣曰"和大臣的奏折大都是偏韵文的，口语性比较差。书信则因人而异，或为散文或为韵文，口语性差别颇大。

　　整体而言，《南齐书》中散文的"言"的成分多于韵文。具体而言，史臣曰、史臣赞、郊庙歌辞、文人辞赋之类"文"的成分最多，对话、手敕、供状之类的"言"成分最高。而信札并非都是散文，有的是散文，有的是韵文，散文体的口语性比较强，韵文体的文言性比较强，必须区分对待，对象不同，使用的语体是有明显差异的。而且通过研究，我们发现《南齐书》中一般叙述性和说明性的语言并没有刻意仿古，其中有不少"言"成分，很值得重视。下面具体介绍《南齐书》中口语性比较强的几类语料。

第一节　对话类

　　《南齐书》中人物对话大都口语性很强，尤其不少行伍出身之人如陈显达、张敬儿、王敬则等，大都出身低微，文化水平低下，有的甚至大字不识，他们的语言更是当时日常口语的真实写照。

　　（1）叔父景文诫之曰："阿答，汝灭我门户！"蕴曰："答与童乌贵贱觉异。"（《高帝纪上》）
　　（2）在直省常醉，上召见，语及北方事，超宗曰："虏动来二十年矣，佛出亦无如何！"（《谢超宗传》）
　　（3）显达谦厚有智计，自以人微位重，每迁官，常有愧惧之色。有子十余人，诫之曰："我本志不及此，汝等勿以富贵陵人！"（《陈显达传》）
　　（4）显达谓其子曰："麈尾扇是王谢家许，汝不须捉此自逐。"（《陈显达传》）
　　（5）升明元年冬，攸之反，遣使报敬儿，敬儿劳接周至，为设酒食，谓之曰："沈公那忽使君来，君殊可命。"乃列仗于厅事前斩之。（《张敬儿传》）

（6）太祖崩，敬儿于家窃泣曰："官家大老天子，可惜！太子年少，向我所不及也。"（《张敬儿传》）

（7）（王敬则）出行，从市过，见屠肉枡，叹曰："吴兴昔无此枡，是我少时在此所作也。"（《王敬则传》）

（8）敬则曰："是臣愚意。臣知何物科法，见背后有节，便言应得杀人。"（《王敬则传》）

（9）敬则曰："臣若知书，不过作尚书都令史耳，那得今日？"（《王敬则传》）

（10）崇祖还，谓腹心曰："贼比拟来，本非大举，政是承信一说，易遣诳之。今若得百余人还，事必济矣。但一人情一骇，不可敛集。卿等可急去此二里外大叫而来，唱'艾塘义人已得破虏，须戍军速往，相助逐退'。"（《垣崇祖传》）

（11）后悛从驾登蒋山，上数叹曰："贫贱之交不可忘，糟糠之妻不下堂。"顾谓悛曰："此况卿也。世言富贵好改其素情，吾虽有四海，今日与卿尽布衣之适。"（《刘悛传》）

这几则口语大都浅显直白。《张敬儿传》载"张敬儿，南阳冠军人也。本名苟儿，宋明帝以其名鄙，改焉。……敬儿始不识书，晚既为方伯，乃习学读《孝经》《论语》"。《王敬则传》载"王敬则，晋陵南沙人也。母为女巫，生敬则而胞衣紫色，谓人曰：'此儿有鼓角相。'……年二十余，善拍张。补刀戟左右。景和使敬则跳刀，高与白虎幢等，如此五六，接无不中"。张敬儿、王敬则都是典型的下层百姓出身，市井小民。张敬儿原本大字不识。王敬则擅长杂耍。萧子显对他们的言语几乎是直录，通俗浅白，都是当时口语。

词缀"阿"加名字，"门户（家庭）""觉异（差异）""动"特指外族的骚动、叛乱或侵犯，"捉（握）""那忽（为什么）""官家大老天子"，"作"广泛地用于表示做某动作或进行某活动，"何物"表示"什么"，"应得"表示"应当、应该"，"那"作疑问代词，"比"指近来，"拟"指打算，"政"表示"只、仅"，"承信"指听信，"人情"指人心、众人情绪，"急"表示"速"义，"大叫""唱"表示大声呼喊，"义人"指民间临时组织的部队，"相"加动词的结构，"况"指比方，"素情"指旧情，等等，都是中古时期习用的口语表达。

即使是皇室贵族，平日言语亦是充满生活气息。

（12）为南郡王时，文惠太子禁其起居，节其用度，昭业谓豫章王妃庾氏曰："阿婆，佛法言，有福德生帝王家。今日见作天王，便是大罪，左右主帅，动见拘执，不如作市边屠酤富儿百倍矣。"（《郁林王纪》）

词缀"阿"加亲属称谓，"佛法""福德""天王（王侯）""主帅""富儿"是中古时期习用的口语表达。

豫章王萧嶷对儿女的遗言也非常口语化，大小琐事细细叮嘱，反映了萧嶷细心谨慎、治家有方、笃信佛教的特点，亦可见南朝拜祭风俗：

（13）嶷临终，召子子廉、子恪曰："人生在世，本自非常，吾年已老，前路几何。居今之地，非心期所及。性不贪聚，自幼所怀，政以汝兄弟累多，损吾暮志耳。无吾，当共相勉厉，笃睦为先。才有优劣，位有通塞，运有富贫，此自然理，无足以相陵侮。若天道有灵，汝等各自修立，灼然之分无失也。勤学行，守基业，治闺庭，尚闲素，如此足无忧患。圣主储皇及诸亲贤，亦当不以吾没易情也。三日施灵，唯香火、盘水、干饭、酒脯、槟榔而已。朔望菜食一盘，加以甘果，此外悉省。葬后除灵，可施吾常所乘舆扇伞。朔望时节，席地香火、盘水、酒脯、干饭、槟榔便足。虽才愧古人，意怀粗亦有在，不以遗财为累。主衣所余，小弟未婚，诸妹未嫁，凡应此用，本自茫然，当称力及时，率有为办。事事甚多，不复甲乙。棺器及墓中，勿用余物为后患也。朝服之外，唯下铁钵刀一口。作家勿令深，一一依格，莫过度也。后堂楼可安佛，供养外国二僧，余皆如旧。与汝游戏后堂船乘，吾所乘牛马，送二宫及司徒，服饰衣裘，悉为功德。"（《豫章文献王传》）

"无吾"婉言自己死后。"意怀"指胸怀。"主衣"指主衣库,收藏服饰器玩的地方。"甲乙",一一列举。"二宫"指皇帝和太子。"政""相"上文已提及。"香火、盘水、干饭、槟榔、甘果、棺器、佛、供养、僧、船乘、功德"皆是中古新词。"口"作量词,用于器物,亦是中古新用法。

第二节 手敕类

《南齐书》中帝王的手敕、手诏、口敕约 43 则。手敕、手诏、口敕不同于正式诏令,篇幅长短不一,多是言语实录,语言个性化、口语化程度很高,是非常宝贵的语料。如:

(14) 上敕外监曰:"我往大司马第,是还家耳。"(《豫章文献王传》)

(15) 盘龙爱妾杜氏,上送金钗镯二十枚,手敕曰"饷周公阿杜"。(《周盘龙传》)

(16) 七年,竟陵王子良领国子祭酒,世祖敕王晏曰:"吾欲令司徒辞祭酒以授张绪,物议以为云何?"(《张绪传》)

这些手敕、口敕语言简短,明白如话。"第"指官邸或大宅,"还家"即回家,"是"表示判断,"饷"表示赠送,"阿杜"词缀"阿"加姓氏用以称呼,"物议"指众人的议论,"物"指众人,"云何"相当于怎样,这些都是中古时期非常有特色的口语表达。

(17) 上敕之曰:"吾前后有敕,非复一两过,道诸王不得作乖体格服饰,汝何意都不忆吾敕邪?忽作玳瑁乘具,何意?已成不须坏,可速送下。纯银乘具,乃复可尔,何以作镫亦是银?可即坏之。忽用金薄裹箭脚,何意?亦速坏去。凡诸服章,自今不启吾知复专辄作者,后有所闻,当复得痛杖。"又曰:"汝比在都,读学不就,年转成长,吾日冀汝美,勿得敕如风过耳,使吾失气。"(《武十七王传·庐陵王子卿》)

　　齐武帝萧赜给第三子庐陵王萧子卿的手敕，没有一点帝王架子，俨然一副恨铁不成钢的老父亲的模样。"非复""乃复""当复"的"复"是中古时期新兴、习用的词缀。"过"的动量词用法，"何意"表示为什么，"转"表示渐渐、更加，"日"表示每天、天天，都是中古新兴的用法。"忆"的"记住"义、"脚"的"下端"义、"比"的"最近、近来"义、"成长"的"成年"义、"乘具""金薄""如风过耳""失气"的"生气、失望"义都是中古时期新兴或习用的表达。

　　（18）初，子懋镇雍，世祖敕以边略曰："吾<u>比</u>连得诸处启，所说不异，虏必无敢送死理，然为其备，不可暂懈。今秋<u>犬羊</u>辈越逸者，其亡灭之征。吾今亦行密纂集，须有分明指的，便当有大<u>处分</u>。今普敕镇守，并部偶民丁，有事即使应接运，已敕更遣，想行有至者，汝共诸人量觅，可使人数往南阳舞阴诸要处参觇。粮食最为根本，更不忧人<u>仗</u>，常行视驿亭马，不可有废阙。并约语诸州，当其垛皆尔，不如法，即问事。"又曰："吾敕荆、郢二镇，各作五千人阵，本<u>拟</u>应接彼耳。贼若送死者，更即呼取之。已敕子真，<u>鱼继宗</u>、殷公愍至镇，可以公愍为城主，三千人配之便足。汝可好以<u>阶级</u>在意，勿得人求，或超五三阶。及文章诗笔，乃是<u>佳</u>事，然世务弥为根本，可常忆之。汝所启<u>仗</u>，此悉是吾左右御仗也，<u>云何</u>得用之。品格不可乖，吾自当<u>优量</u>觅送。"先是启求所好书，上又曰："知汝常以书读在心，足为深欣也。"（《武十七王传·晋安王子懋》）

　　齐武帝给第七子萧子懋的手敕，"比""犬羊（蔑称敌人）""处分（决策、措施）""仗（武器、装备）""拟""阶级（官的品位、等级）""佳""云何""优量（酌量从宽）"等都是中古时期新兴或习用的词语。

　　（19）上（齐武帝）别遣敕祥曰："卿素无<u>行检</u>，朝野所悉。轻弃骨肉，侮蔑兄嫂，此是卿家行不足，乃无关他人。卿才识所知，盖何足论。位涉<u>清途</u>，于分非屈。<u>何意</u>轻肆口哆，玼目<u>朝士</u>，造席立言，必以<u>贬裁</u>为口实？冀卿<u>年齿</u>已大，能自<u>感厉</u>，日望<u>悛革</u>。如此所闻，

转更增甚，喧议朝廷，不避尊贱，肆口极辞，彰暴<u>物听</u>。近见卿影
《连珠》，寄意悖慢，弥不可长。卿不见谢超宗，其<u>才地</u>二三，故在卿
前，事殆是百分不一。我当<u>原</u>卿性命，令卿万里思愆。卿若能<u>改革</u>，
当令卿得还。"（《刘祥传》）

齐武帝给官员刘祥的手敕，"行检（操行、品行）""家行（居家的品
行）""才识（才能、识见）""清途（清贵的仕途）""何意（为什么）"
"朝士""贬裁（指责、批评）""口实（谈笑的资料）""年齿（年龄）"
"感厉（感奋、激励）""梭革（悔改）""物听（众人的议论）""才地
（才能、门第）""二三（前面所说的两个方面或两件事情。）""原（赦
免）""改革（革除恶习劣行）"等词都是中古时期的新兴或习用的词语。
尤其是"行检""家行""才识""才地（才能、门第。地通第。）""清
途""贬裁""口实""物听"等词反映出六朝时品评人物风气的特点。

第三节　供状类

《南齐书》中收录了一些供状。供状为受审人口头语言实录，口语性
也比较强。

（20）辄摄白从王永先到台辨问"超宗有何罪过，诣诸贵皆有不
逊言语，并依事<u>列对</u>"。永先<u>列称</u>："<u>主人</u>超宗恒行来诣诸<u>贵要</u>，每多
触忤，言语怨怼。与张敬儿周旋，许结<u>姻好</u>，自敬儿死后，惋叹忿
慨。今月初诣李安民，语论'张敬儿不应死'。安民道：'敬儿书疏，
墨迹炳然，卿<u>何忽</u>作此语？'其中多有不逊之言，小人不悉尽<u>罗缕</u>谙
忆。"如其<u>辞列</u>，则与<u>风闻</u>符同。（《谢超宗传》）

"列对""列称""主人""贵要""周旋（交往）""姻好（姻亲）"
"何忽（为什么）""作……语""罗缕（列举陈述）""谙忆（熟记）""辞
列""风闻（传闻）""符同（符合、相同）"皆是中古新兴或习用的表达。

（21）摄兴祖门生刘倪到台辨问，列"兴祖与奂共事，不能相和。自去年朱公恩领军征蛮失利，兴祖启闻，以启呈奂，奂因此便相嫌<u>恨</u>。若云兴祖有罪，便应事在民间；民间恬然，都无事迹。去十年九月十八日，奂使<u>仗身</u>三十人来，称敕<u>录</u>兴祖付狱。安定郡蛮先在郡赃私，兴祖既知其取与，即牒启，奂不问。兴祖后执录，奂仍令蛮领仗身于狱守视。兴祖未死之前，于狱以物画漆<u>盘子</u>中出密报家，道无罪，令启乞出都一辨，万死无恨。"又云："奂驻兴祖严禁信使，欲<u>作方便</u>，杀以除口舌。"又云："奂意乃可。奂第三息彪随奂在州，凡事是非皆干豫，扇构密除兴祖。"又云："兴祖家<u>饷</u><u>糜</u>，中下药，食两口便觉，回乞<u>狱子</u>，食者皆<u>大利</u>。兴祖大叫道'糜中有药'。近狱之家，无人不闻。"又云："奂治着兴祖日急，<u>判</u>无济理。十一月二十一日，奂使狱吏来报兴祖家，道兴祖于狱自经死。尸出，家人共洗浴之，见兴祖颈下有伤，肩胛乌黤，阴下破碎，实非兴祖自经死。家人及<u>门义</u>共见，非是一人。"（《王奂传》）

"相……"结构、"……身"表示"……人"、词缀"子"、"作……"结构、"录"表"拘捕"义、"饷"表示"送"、"糜（粥）"、"大利（腹泻）"、"乞"表"给予"义、"狱子"的"子"表示某一类人、"判"表"判定"义、"门义"，均是中古新兴或习用的表达。

第四节　信札类

《南齐书》中文人信札大都文白夹杂，但也有不少口语性很强的。如王僧虔与檀珪之间的书信往来。因为是写给地位比自己高许多的王僧虔，而且表达一种请求的意愿，檀珪的书信语言比较讲究、典雅、文言化，只有最后两句略微口语化。而王僧虔的书信用辞则明显比檀珪口语化。

（22）僧虔报书曰："征北板比岁处遇小优，殷主簿从此府入崇礼，何仪曹即代殷，亦不见诉为苦。足下积屈，一朝超升，<u>政自</u>小难。泰始初勤苦十年，自未见其赏，而顿就求称，亦何可遽。吾与足下素无怨憾，何以相侵苦，直是意有佐佑耳。"珪又书曰："昔荀公达汉之功臣，晋武帝方爵其玄孙。夏侯惇魏氏勋佐，金德初融，亦始就甄显，方赏其孙，封树近族。羊叔子以晋泰始中建策伐吴，至咸宁末，方加褒宠，封其兄子。卞望之以咸和初殒身国难，至兴宁末，方崇礼秩，官其子孙。蜀郡主簿田混，黄初末死故君之难，咸康中方擢其子孙。似不以世代远而被弃，年世疏而见遗。檀珪百罹六极，造化罕比，五丧停露，百口转命，存亡披迫，本希小禄，无意阶荣。自古以来有沐食侯，近代有王官。府佐非沐食之职，参军非王官之谓。质非艳瓜，实羞空悬。殷、何二生，或是府主情味，或是朝廷意旨，岂与悠悠之人同口而语。使仆就此职，尚书能以郎见转不？若使日得五升禄，则不耻执鞭。"（《王僧虔传》）

"比岁（近年）""处遇（待遇）""小优（略胜）""政自""相……"、疑问语气词"不"是中古时期新兴或习用的表达。

《王僧虔传》中王僧虔写给儿子的《诫子书》，教导儿子如何做学问、为人处世，殷殷切切，也比较口语化：

（23）知汝恨吾不许学，欲自悔厉，或以阖棺自欺，或更择美业，且得有慨，亦慰穷生。但亟闻斯唱，未睹其实。请从先师听言观行，冀此不复虚身。吾未信汝，非徒然也。往年有意于史，取《三国志》聚置床头，百日许，复从业就玄，自当小差于史，犹未近仿佛。曼倩有云："谈何容易。"见诸玄，志为之逸，肠为之抽，专一书，转诵数十家注，自少至老，手不释卷，尚未敢轻言。汝开《老子》卷头五尺许，未知辅嗣何所道，平叔何所说，马、郑何所异，《指例》何所明，而便盛于麈尾自呼谈士，此最险事。设令袁令命汝言《易》，谢中书挑汝言《庄》，张吴兴叩汝言《老》端，可复言未尝看邪？谈故如射，前人得破，后人应解，不解即输赌矣。且论注百氏，荆州《八帙》，又《才性四本》、《声无哀乐》，皆言家口实，如客至之有设也。汝皆未经拂耳瞥目。岂有庖厨不修，而欲延大宾者哉？就如张衡思侔造化，郭象言类悬河，不自劳苦，何由至此？汝曾未窥其题目，未辨其指归；六十四卦，未知何名；《庄子》众篇，何者内外；《八帙》所载，凡有几家；《四本》之称，以何为长。而终日欺人，人亦不受汝欺也。由吾不学，无以为训。然重华无严父，放勋无令子，亦各由己耳。汝辈窃议亦当云："何日不学？在天地间可嬉戏，何忽自课谪？幸及盛时逐岁暮，何必有所减？"汝见其一耳，不全尔也。设令吾学如马、郑，亦必甚胜；复倍不如今，亦必大减。致之有由，从身上来也。今壮年，自勤数倍许胜，劣及吾耳。世中比例举眼是，汝足知此，不复具言。

(24) 吾在世，虽乏德素，要复推排人间数十许年，故是一旧物，人或以比数汝等耳。即化之后，若自无调度，谁复知汝事者？舍中亦有少负令誉，弱冠越超清级者，于时王家门中，优者则龙凤，劣者犹虎豹，失荫之后，岂龙虎之议？况吾不能为汝荫，政应各自努力耳。或有身经三公，蔑尔无闻；布衣寒素，卿相屈体。或父子贵贱殊，兄弟声名异。何也？体尽读数百卷书耳。吾今悔无所及，欲以前车诫尔后乘也。汝年入立境，方应从官，兼有室累，牵役情性，何处复得下帷如王郎时邪？为可作世中学，取过一生耳。试复三思，勿讳吾言。犹捶挞志辈，冀脱万一，未死之间，望有成就者，不知当有益否？各在尔身，已切身，岂复关吾邪？鬼唯知爱深松茂柏，宁知子弟毁誉事！因汝有感，故略叙胸怀矣。

"头"指物体最前面的部分，"许"表约略估计数，"小差"表示略逊，"射"指打赌，"解"表示知道，"赌"打赌，"设"指看馔，"何忽"为什么，"要复""推排""旧物（旧人）""比数（亲近）""调度（安排）""政应""努力"，都是中古时期新兴或习用的表达。"口实"指经常议论、诵读的内容，"麈尾""谈士（特指清谈之士）"，这些词语反映了六朝时清谈的风气。

齐高帝萧道成写给崔祖思的信，简洁明白如话：

(25) 明居士（指明僧绍）标意可重，吾前旨竟未达邪？小凉欲有讲事，卿可至彼，具述吾意，令与庆符俱归。"（《高逸传·明僧绍》）

"小凉"指天气微凉。"讲事"指讲经、讲学之事。

第五节 诏令类

诏令大多讲究韵律，格式字数有定，大多数"文"成分居多，"言"成分远不如手敕、口敕，但有散文化、韵文化之分。韵文化的诏令大都比较仿古、文言化。比如《武帝纪》中：

（26）辛卯，诏曰："朕昧爽丕显，思康民瘼。虽年谷亟登，而饥馑代有。今履端肇运，阳和告始，宜协时休，覃兹黎庶。诸孤老贫病，并赐粮饩，遣使亲赋，每存均普。"

（27）癸卯，诏曰："阴阳舛和，纬象愆度，储胤婴患，淹历旬暑。思仰祇天戒，俯纾民瘼，可大赦天下。"

前面所举的手敕中自称"吾"或"我"，诏令中则自称"朕"，而且整体语言风格比较仿古，以求典雅、庄重之感。诏令中尤以退位和登基的诏令最为文言、仿古。

而散文化的诏令则夹杂一些口语性的成分：

（28）六月癸未，诏"昔岁水旱，曲赦丹阳、二吴、义兴四郡遭水尤剧之县，元年以前，三调未充，虚列已毕，官长局吏应共偿备外，详所除宥。"（《高帝纪下》）

（29）癸未，诏曰："顷水雨频降，潮流荐满，二岸居民，多所淹渍。遣中书舍人与两县官长优量赈恤。"（《武帝纪》）

（30）诏"系囚见徒四岁刑以下，悉原遣，五年减为三岁，京邑罪身应入重，降一等。"（《武帝纪》）

"列"表示上报、"详"表示斟酌、"淹渍"表示淹没、"优量"表示酌量从宽、"身"表示某一类人，这些都是具有中古汉语特色的词语。

对象不同，诏令的语言风格也有所变化。如齐武帝萧赜的两份遗诏，前者对外朝交代朝廷大事的遗诏比较文言化，后者对内廷交代身后琐事的遗诏则比较口语化：

（31）诏曰："始终大期，贤圣不免，吾行年六十，亦复何恨。但皇业艰难，万机事重，不能无遗虑耳。太孙进德日茂，社稷有寄。子良善相毗辅，思弘治道；内外众事无大小，悉与鸾参怀共下意。尚书中是职务根本，悉委王晏、徐孝嗣。军旅捍边之略，委王敬则、陈显达、王广之、王玄邈、沈文季、张瑰、薛渊等。百辟庶僚，各奉尔职，谨事太孙，勿有懈怠。知复何言。"（《武帝纪》）

（32）又诏曰："我识灭之后，身上着夏衣画天衣，纯乌犀导，应诸器悉不得用宝物及织成等，唯装复夹衣各一通。常所服身刀长短二口铁环者，随我入梓宫。祭敬之典，本在因心，东邻杀牛，不如西家禴祭。我灵上慎勿以牲为祭，唯设饼、茶饮、干饭、酒脯而已。天下贵贱，咸同此制。未山陵前，朔望设菜食。陵墓万世所宅，意尝恨休安陵未称，今可用东三处地最东边以葬我，名为景安陵。丧礼每存省约，不须烦民。百官停六时入临，朔望祖日可依旧。诸主六宫，并不须从山陵。内殿凤华、寿昌、耀灵三处，是吾所治制。夫贵有天下，富兼四海，宴处寝息，不容乃陋，谓此为奢俭之中，慎勿坏去。显阳殿玉像诸佛及供养，具如别牒，可尽心礼拜供养之。应有功德事，可专在中。自今公私皆不得出家为道，及起立塔寺，以宅为精舍，并严断之。唯年六十，必有道心，听朝贤选序，已有别诏。诸小小赐乞，及阁内处分，亦有别牒。内外禁卫劳旧主帅左右，悉付萧谌优量驱使之，勿负吾遗意也。"（《武帝纪》）

前一则遗诏整体偏文言，但其中也有不少中古汉语的新兴、习用语，如"始终（产生和死灭）""亦复""参怀（商议）""下意（做决定）"，而"知复何言"也是当时遗言中的常用语。后一则遗诏则口语性很强，反映出当时的语言特点。"着（穿）""织成（一种名贵的丝织物）""茶饮""干饭""意（心中）""应有（所有）""起立（建造）""小小""赐乞（赐给）""劳旧（有功的旧臣）""主帅""优量（酌量从宽）""驱使（差遣、役使)"都是中古新兴、习用的词语。量词"通、口、处",量词的增多和使用的频繁亦是中古汉语的一个重要特点。方位名词加"边"表示某个方位也是中古时期新兴的用法。萧齐皇室笃信佛教,言语中也反映出浓厚的佛教色彩。"识灭",佛教用语,指死。"佛""供养""礼拜""功德""出家""道(僧人)""塔寺""精舍""道心"都是佛教词语。

第六节 一般叙述性语言

仔细梳理《南齐书》中萧子显的一般叙述性语言,披沙拣金,亦有不少方俗口语成分,不可轻易忽视。如:

(33)毁世祖招婉殿,乞阉人徐龙驹为斋。(《郁林王纪》)

(34)太子素多疾,体又过壮,常在宫内,简于遨游。(《文惠太子传》)

(35)琨性既古慎,而俭啬过甚,家人杂事,皆手自操执。(《王琨传》)

(36)敬儿年少便弓马,有胆气,好射虎,发无不中。(《张敬儿传》)

(37)高宗虽以事际须晏,而心相疑斥,料简世祖中诏,得与晏手敕三百余纸,皆是论国家事,以此愈猜薄之。(《王晏传》)

(38)九年,又坐与亡弟母杨别居,不相料理,杨死不殡葬,崇圣寺尼慧首剃头为尼,以五百钱为买棺材,以泥洹舆送葬刘墓。(《刘祥传附兄彪》)

(39)人性善,不便战,常为林邑所侵击,不得与交州通,故其使罕至。(《东南夷传》)

(40)遂使太子见臣必束带,宫臣皆再拜,二三之宜,何以当此。(《豫章文献王传》)

(41)须闻言,自更一二。(《豫章文献王传》)

(42)帝性猜忌,体肥憎风,夏月常着皮小衣,拜左右二人为司风令史,风起方面,辄先启闻。(《虞愿传》)

(43)郡旧出髯蛇,胆可为药,有饷愿蚰者,愿不忍杀,放二十

里外山中，一夜蛇还床下。（《虞愿传》）

（44）笃学不倦，遭火，烧书数千卷，骈士年过八十，耳目犹聪明，手以反故抄写，火下细书，复成二三千卷，满数十箧，时人以为养身静嘿之所致也。（《高逸传·沈骈士》）

"乞（给予）""壮（肥胖）""俭啬""手自（亲自）""便（善于、擅长）""胆气（胆量和勇气）""事际（事情）""相……""料简（清点、整理）""猜薄（猜忌、鄙薄）""料理""尼""剃头""棺材""泥洹""二三（再三，表示恳切）""一二（详尽）""猜忌""着（穿）""令史""饷（赠送）""手（亲自）""反故（反过来使用的旧纸）""抄写"都是中古新兴或习用的词语。数量词结构的普遍使用亦是中古汉语的重要特点。

第七节　小结

《南齐书》的语料内容和载体时间基本一致。语料的性质差异主要体现在文体和内容上。其中口语性强的语料相当丰富。整体而言，散文体的"言"成分多于韵文体。对话、手敕、供状类的口语性最强，信札和诏令类则要根据文体和对象而区别。信札类的语料常常因为人物的出身、经历不同，雅俗区别颇大。《南齐书》中一般叙述性和说明性的语言大都没有刻意仿上古汉语的表达，很有中古时期史书语言的特点，仔细区别，其中亦有不少口语性很强的表达。

第二章　《南齐书》的词汇来源

第一章重点区别了《南齐书》中文言性和口语性的语料。本章主要从历时和语义的角度，来分析《南齐书》的词汇来源。我们将《南齐书》中的词汇按来源时间分成来自上古汉语、来自中古汉语、首引见于《南齐书》（或同时期南朝齐、梁的其他语料）三部分，来呈现《南齐书》词汇历时层面的构成与来源。根据语料所处的时间段，首见于《南齐书》的新词新义本质上也属于中古汉语，但为了突出《南齐书》的词汇特点，我们将这部分独立出来。

汉语史的分期问题至今还存在一些争议。语言的发展本身是渐变的，词汇、语音、语法三者的发展速度也不一致。学者在进行汉语史分期时依据的标准和语料不同，分期自然存在差异。

关于"近代汉语"的提出，吕叔湘（《近代汉语指代词·序》）曾根据文体的分化原则，提出"以晚唐五代为界，把汉语的历史分成古代汉语和近代汉语两个大的阶段是比较合适的"。

"中古汉语"的概念最早是由瑞典汉学家高本汉（Bernhard Karlgren）提出的。他在《中国音韵学研究》中，把汉语史分为五期：太古汉语（《诗经》以前）、上古汉语、中古汉语（六朝、唐代）、近古汉语（宋代）、老官话（元明时代）。

王力认为应以实际语言变化为标准，他以语法和语音的转变作为主要判断依据，将汉语史分成四个时期：上古期，公元3世纪以前，3、4世纪为过渡阶段；中古期，从4世纪到12世纪（南宋前半），12、13世纪为过渡阶段；近代，从13世纪到19世纪（鸦片战争以前），1840年鸦片战争到1919年五四运动为过渡阶段；现代，五四运动以后。

日本学者太田辰夫（1988）的《汉语史通考》把汉语史分为五段八

期：第一段上古期包括三期，第一期商（殷）周，第二期春秋战国，第三
期汉；第二段中古期为第四期魏晋南北朝；第三段近古期包括两期，第五
期唐五代，第六期宋元明；第四段近代第七期清；第五段现代第八期民国
以降。

潘允中（1989）则将汉语词汇史分为四期：上古，殷商至秦代；中
古，西汉至唐代；近代，公元十世纪晚唐起至十九世纪鸦片战争；现代，
五四运动前后至今。

向熹（1993）把汉语史分为四期：上古，从公元前 18 世纪到公元 3
世纪，包括商、周、秦、汉；中古，从 4 世纪到 12 世纪前后，包括六朝、
唐、宋；近代，从 13 世纪到 20 世纪初，包括元、明、清；现代，从五四
运动到现在。

朱庆之（1992）、魏培泉（2000）分别以词汇、语法为标准，认为东
汉魏晋南北朝为中古期。汪维辉（2000）从常用词角度认为东汉至隋是中
古汉语时期。王云路（2003、2010）以词汇为标准，认为东汉魏晋南北朝
隋是中古汉语时期。

本书是专书词汇研究，故采用以词汇为标准，且目前争议相对少的汉
语史分期观点，即汪维辉、王云路的观点，以先秦为上古汉语时期，西汉
为上古至中古的过渡期，东汉至隋末为中古汉语时期，晚唐五代起至清代
晚期鸦片战争之前为近代汉语时期，初唐、中唐为中古至近代的过渡期。

第一节 《南齐书》中的承古词

词汇的发展主要包括词汇的创新与词汇的继承。词汇的继承主要体现
为承古。承古词即继承自古代的词语，古今是相对而言的，从时间来源
上说，本书所说的承古词特指继承自上古汉语的词语。颜洽茂（1997）
《佛教语言阐释——中古佛经词汇研究》中提到："这里所说的承古词，指
的是出现于先秦两汉文献典籍中的书面语词。"[①] 而本书所说的承古词与其
不同，指的是继承自先秦西汉文献典籍的词语，其中也包括在中古口语中

---

① 颜洽茂：《佛教语言阐释——中古佛经词汇研究》，杭州大学出版社，1997 年，第 46 页。

仍使用的传承词，不仅限于书面语词。

《南齐书》中很多常用、基本的概念表达仍然沿用上古汉语的词语。如代词"吾""我""汝"，名词"天""日""月""鸟""人""百姓""屋""宅"等，动词"爱""冀（希望）""立（建造）""抱""报（报复）"等，形容词"大""小""长""短"等。

承古词在《南齐书》中的沿用大体表现为三种情况：一是书面语和口语中都沿用并占据语义场中的主导地位；二是虽见使用，但主要出现在书面语中；三是沿用但很少单独使用，多以参与构词的新生复音词的形式出现，呈现词素化的倾向，主要表现在单音词上。

本文所说的"词素化"指的是原本能够独立运用的词，或者说自由语素，逐渐只以构词词素的形式出现，失去独立运用的能力，成为不自由的语素。本文的"词素"和"语素"是两个有细微区别的概念，"词素"是指后于构词，从词中进一步划分出来的语言单位，而"语素"是指先于构词的语言单位。

王云路提到常用词是词汇中最持久、最有生命力的部分，"常用词在汉语词汇史中占有极其重要的历史地位，研究常用词的变化过程应当成为汉语词汇史的基本内容之一"。[①] 下文以三组常用词为例，分析来自上古的承古词在中古汉语中沿用的三种情况。

一　【我、吾、予、余、汝、尔】

"我、吾、予、余、汝、尔"这几个代词都来自上古汉语，但在《南齐书》中呈现不同的继承、发展情况。这一组人称代词在《南齐书》中的出现次数与比例如表1。

表1　《南齐书》第一、第二人称代词使用次数、比例

代词	我	吾	予	余	总计	汝	尔	总计
次数（次）	216	165	2	3	386	83	11	94
百分比（%）	56.0	42.7	0.5	0.8	100	88.3	11.7	100

[①]　王云路：《中古汉语词汇研究综述》，《古汉语研究》2003 年第 2 期。

"我、吾"属于沿用的第一种情况,即书面语和口语中都使用,并依然占据主导地位。《南齐书》中最常用的第一人称是"我、吾"。比如第一章所引的对话、手敕等口语性强的语料中,第一人称基本用"我、吾"。

从出现次数和语法功能来看,"我"比"吾"更占据主导地位。从出现频次来看,第一人称"我"共出现 216 次,"吾"共出现 165 次。从语法功能来看,"我"的用法比"吾"多样化。"我"作第一人称单数 192 次,作第一人称复数 16 次,表示泛指自己的一方 8 次。"吾"作第一人称 165 次,基本为第一人称单数。"我、吾"皆可作主语、定语、宾语,但"我"和"吾"一起出现时,"吾"多作定语,如:

(1)僧虔涕泣曰:"吾兄奉国以忠贞,抚我以慈爱,今日之事,苦不见及耳。若同归九泉,犹羽化也。"(《王僧虔传》)

(2)先是世祖梦太祖曰:"宋氏诸帝尝在太庙,从我求食。可别为吾祠。"(《礼志上》)

(3)左右密欲治缮,竟陵王子良曰:"此岂可治,留之志吾过,且旌天之爱我也。"(《五行志》)

此外,"我""吾"的语用功能有所分化。"我"的语气比"吾"随意。在上对下、尊对卑的语境中,第一人称用"我"时,显得比较随意、亲密:

(4)先是上遣军主成买戍角城,(周盘龙)谓人曰:"我今作角城戍,我儿当得一子。"(《周盘龙传》)

(5)上临崩,指伯玉谓世祖曰:"此人事我忠,我身后,人必为其作口过,汝勿信也。可令往东宫长侍白泽,小却以南兖州处之。"(《荀伯玉传》)

而"吾"则表现出庄重、典雅的色彩。在上对下、尊对卑的语境中,若用"吾",则显得庄重、典雅,如:

（6）料得父时假贳文疏，谓族子纮曰："彼有，自当见还；彼无，吾何言哉！"（《崔慰祖传》）

这种语体色彩的差异更明显地体现为在正式场合中基本用"吾"，不用"我"。齐高帝萧道成的亲信王敬则出身卑微、目不识丁，言语多鄙俗，除了对帝王时自称"臣"，其他时候，他口语中的第一人称都是"我"，只有两处例外用"吾"：

（7）敬则初出都，至陆主山下，宗侣十余船同发，敬则船独不进，乃令弟入水推之，见一乌漆棺。敬则曰："尔非凡器。若是吉善，使船速进。吾富贵，当改葬尔。"（《王敬则传》）

（8）治下庙神甚酷烈，百姓信之，敬则引神为誓，必不相负。劫帅既出，敬则于庙中设会，于座收缚，曰："吾先启神，若负誓，还神十牛。今不违誓。"（《王敬则传》）

而这两处例外都是在向鬼神起誓，也是比较庄重、严肃的场合，故而王敬则特地一改口语习惯，改用"吾"，不用"我"。古人敬畏鬼神，由此区别，可见"吾"与"我"不同的庄重色彩。此外，从书信语言与对话口语的比较中，也可以看出这一点：

（9）时攸之遗太祖书曰：吾闻鱼相忘于江湖，人相忘于道术，彼我可谓通之矣。（《张敬儿传》）

（10）与上书欲伐魏虏，谓上"足下"，自称"吾"。（《芮芮虏传》）

书信语言比一般口语要正式，《南齐书》中书信的第一人称多用"吾"，如齐高帝萧道成与故友、政敌沈攸之之间的书信，甚至两国之间正式的文书往来——"国书"中第一人称皆用"吾"，而不用"我"。

而上古的其他比较常用的第一人称代词"予、余"则属于沿用的第二种情况，即虽见使用，但与"我""吾"已经呈现书面语与口语的分化不同，"予、余"主要用于书面语。

"予、余"在《南齐书》中虽仍可见，但从语体性质和出现次数来看，在当时口语中已然消失了，只是遗留在仿古的、文言性质很强的书面语中。在《南齐书》中，除了征引古籍之外，"予"仅出现 2 次①，而且是出现于仿古性最强文体——策命萧道成为皇帝的公文和萧鸾登基的诏令中，显然是为表示庄重、典雅的刻意仿古。

(11) 甲寅，策相国齐公曰："……若乃缔构宗稷之勤，造物资始之泽，云布雾散，光被六幽，弼予一人，永清四海。……"(《高帝纪上》)

(12) 建武元年冬十月癸亥，即皇帝位。诏曰："……宣德皇后远鉴崇替，宪章旧典，畴咨台揆，允定灵策，用集宝命于予一人。……"(《明帝纪》)

而"余"在《南齐书》中，仅出现 3 次。第一例出现在檄文中。《萧赤斧传附子颖胄》："十二月，移檄：……赏罚之信，有如曒日，江水在此，余不食言。"檄文本身是非常书面的文体，而且"江水在此，余不食言"，"余"出现在赌咒中，明显也是一种正式、庄重、典雅的语体。第二例，出现在文人辞赋中，《文学传·卞彬》："作《蚤虱赋序》曰：'余居贫，布衣十年不制。一袍之缊，有生所托，资其寒暑，无与易之。……'"第三例，出现在文人的自白中，语言也是偏文雅的，《高逸传·宗测》："叹曰：'家贫亲老，不择官而仕，先哲以为美谈，余窃有惑。诚不能潜感地金，冥致江鲤，但当用天道，分地利。孰能食人厚禄，忧人重事乎？'""余"都是出现在书面语化的语境中。

"汝"也属于沿用的第一种情况，是《南齐书》中最常用的第二人称。"汝"作第二人称出现 83 次，口语中大多用"汝"：

(13) 陈太妃骂之曰："萧道成有功于国，今若害之，后谁复为汝着力者？"(《高帝纪上》)

(14) 敬则唾其面曰："小子！我作事，何关汝小子！"(《王敬

---

① 这里第一人称代词"予"的统计，排除《南齐书》中引用古籍的例子。

则传》）

　　（15）永元中，童谣云："……乌集传舍头，今汝得宽休……"（《五行志》）

　　而同样来自上古汉语的第二人称代词"尔"的使用，则远不如"汝"那么频繁。《南齐书》中"尔"作第二人称 11 次，口语中虽然也见使用，但更多见于文言性质强的文体中，可见在口语中地位不如"汝"。

　　（16）文季长兄文叔谓文季曰："我能死，尔能报。"（《沈文季传》）

　　（17）策相国齐公曰："……锡兹玄土，苴以白茅，定尔邦家，用建冢社。……宏亮洪业，茂昭尔大德，阐扬我高祖之休命。"（《高帝纪上》）

　　（18）策命齐王曰："……所以仰鉴玄情，俯察群望，敬禅神器，授帝位于尔躬。……"（《高帝纪上》）

　　由此可见，来自上古汉语的承古词"我、吾、予、余、汝、尔"在《南齐书》中的使用情况不尽相同。第一人称"我、吾"和第二人称"汝"属于沿用的第一种情况，"予、余"属于沿用的第二种情况，"尔"则介于两种情况之间，由此也可见语言演变的渐变性。口语中最常用的第一人称代词是"我"，最常用的第二人称代词是"汝"。"予、余"在实际口语中已经消亡，演变成书面语词。"尔"在口语中的使用频率不如"汝"，但尚未完全成为书面语词。"我""吾"使用频率都比较高，两者之间的分工更多地体现为语用色彩的不同，而非文体性的口语和书面语的差别，但由此也可以预见"吾"将会逐渐消亡。

二 【日、月、宅、屋、第、邸、舍、宇】

　　《南齐书》中日常基本概念的表达也大多沿用上古汉语。普通话中"太阳"一词产生于中古时期，《南齐书》中虽然出现了新兴的"太阳""太阴"二词，见于《礼志上》："佟之以为日者太阳之精，月者太阴之精。"但还不是现代的"太阳""月亮"义。表示"太阳"和"月亮"的概念仍然是用上古汉语的"日"和"月"。"日""月"属于沿用的第一种情况，在书面语和口语中都占主导地位。

再如"住所"语义场，《南齐书》中表示这一概念的单音词有6个"宅、屋、舍、宇（寓）、第、邸"。"宅、屋、舍、宇"都产生于先秦时期。"第"和"邸"带有附加意义，特指王侯的住所或官邸，产生稍晚，先秦较少见，汉代以来使用渐多。"住所"语义场中最常用的是"宅"56次，其次是"屋"20次，再者是"第"19次、"邸"9次，"舍"单用3次，"宇"单用3次。详见表2。

表2 《南齐书》住所义语义场词语使用次数与比例

词	宅	屋	第	邸	舍	宇	总计
次数（次）	56	20	19	9	3	3	110
占比（%）	50.9	18.2	17.3	8.2	2.7	2.7	100

"宅"，从宀、乇声，段注云"人所托居也"，本义即"住所、房子"。《诗经·大雅·崧高》："于邑于谢，南国是式。王命召伯，定申伯之宅。""宅"指比较大的住所，大都不止一间房屋。"宅"属于沿用的第一种情况，口语性最强，使用频率最高。

（19）敬儿于襄阳城西起宅，聚财货。（《张敬儿传》）

（20）琨曰："臣买宅百三十万，余物称之。"（《王琨传》）

（21）晔曰："先帝赐臣此宅，使臣歌哭有所。陛下欲以州易宅，臣请以宅易州。"（《高十二王传·武陵昭王晔》）

"屋"，从尸、从至，段注云从至"所止也"，本义是小帐，引申指房屋。《易·丰》："象曰：'丰其屋，天际翔也。'"与"宅"相比，"屋"是稍小的住所，一般是单个的房屋；"屋"使用频率次之，也属于第一种情况。

（22）融答曰："臣陆处无屋，舟居非水。"（《张融传》）

（23）屋前有池养鱼，皆名呼之，鱼次第来，取食乃去。（《高逸

传·顾欢附卢度》)

（24）永元二年八月，宫内火，烧西斋璇仪殿及昭阳、显阳等殿，北至华林墙，西及秘阁，凡屋三千余间。（《五行志》）

"舍""宇"和"屋"的意思非常相近，都是相对小的住所。"舍"一般指单间房屋。"舍"，金文作𠆩，象形字，上为屋顶之形，下为建筑基部之形。舍，段注云"市居也"。"舍"本义是客舍，《礼记·曲礼上》："将适舍，求毋固。"后来语义扩大，泛指一般的房屋。"舍"单用仅 3 次：

（25）乌集传舍头，今汝得宽休。（《五行志》）

（26）乌集传舍，即所谓"瞻乌爰止，于谁之屋"。（《五行志》）

（27）舍中亦有少负令誉，弱冠越超清级者，于时王家门中，优者则龙凤，劣者犹虎豹，失荫之后，岂龙虎之议？（《王僧虔传》）

"宇"，从宀、于声，形声字。《说文·宀部》："屋边也。""宇"的本义是屋檐，由房屋的局部借代引申指整个房屋。《楚辞·招魂》："高堂邃宇，槛层轩些。""宇"单用也只有 3 次：

（28）瓛曰："室美为人灾，此华宇岂吾宅邪？幸可诏作讲堂，犹恐见害也。"（《刘瓛传》）

（29）茸宇穷岩，采芝幽涧，耦耕自足，薪歌有余。（《高逸传·杜京产》）

（30）开拓玄圃园，与台城北堑等。其中楼观塔宇，多聚奇石，妙极山水。（《文惠太子传》）

"舍"和"宇"属于沿用的第三种情况，很少单独使用，呈现明显的词素化倾向，"舍"和"宇"单用各只有 3 次，但作为构词语素，两者构成的中古新生复音词不少，如"宅舍、庵舍、私舍、邻舍、山舍、隐舍、县舍、学舍、廨舍、邸舍、墅舍""屋宇、宅宇、宫宇、栋宇、居宇、廨宇、第宇、堂宇"。

"第"和"邸"指王侯的住所，也是比较大的住所。"第"，从竹、弟声，本义是次序、等级，因此，古代按一定品级为王侯建造的大宅也叫"第"。

（31）（豫章文献王）薨后，第库无见钱，世祖敕货杂物服饰得数百万，起集善寺，月给第见钱百万，至上崩乃省。（《豫章文献王传》）

"邸"，从邑、氐声，《说文·邑部》："属国舍也。"本义是诸侯朝见天子时在京师所住的客馆，原本带有临时性住所的意思。汉代以来，指王侯等在京师的住所，则是王侯来朝或任职于京师时的固定住所。中古时期"邸"的意义有所扩大，泛指王侯的住所，不一定是指在京师的住所，在这个意义上与"第"可以互用。《南齐书》中"邸"已经没有特指在京师的这层意思。

（32）诸王邸不得起楼临瞰宫掖，上后登景阳，望见楼悲感，乃敕毁之。（《豫章文献王传》）

（33）在州立邸治生，为中丞庾杲之所奏，诏原不问。（《柳世隆传》）

前一例"邸"在京中，后一例当时柳世隆担任湘州刺史，官邸在湘州，可见"邸"已泛指王侯的住宅，并非特指在京师的住宅。而《东南夷传》："虏置诸国使邸，齐使第一，高丽次之。"这例则用了"邸"属国客舍的本义。可见中古时期"邸"继承旧义的同时，意义又发生了新的变化。

三 【沿、缘】

"沿"和"缘"的"顺着"义都继承自上古汉语。"沿"，从水、㕇声，《说文·水部》："缘水而下也。"本义为顺水而下，引申指"顺着"。《尚书·禹贡》："沿于江海，达于淮泗。""缘"，从糸、彖声，《说文·糸部》："衣纯也。"段注云："缘者，沿其边而饰之也。"本义是衣服的边饰，进而指"沿着、顺着"的动作。《荀子·议兵》："限之以邓林，缘之以方城。"

表达"顺着"的概念，上古汉语多用"沿"，普通话也常用"沿"，而中古汉语则多用"缘"，如"缘海、缘江、缘岸"。表达"顺着"的意思,《汉书》用"缘"11 次,"沿"0 次;《三国志》用"缘"4 次,"沿"1 次;《搜神记》用"缘"3 次,"沿"1 次;《世说新语》用"缘"2 次,"沿"0 次;《魏书》用"缘"31 次,"沿"19 次。《南齐书》中表达"顺着"义,用"缘"38 次,"沿"仅 5 次。"缘"共出现 89 次,占比 77%,"沿"共 26 次,占比 23%。尤其可见,普通话中表达"沿海、沿路、沿岸"等义,在中古时期更多用"缘"。详见表 3。

表 3 中古汉语"沿""缘"的"顺着"义的使用次数

单位:次

《汉书》		《三国志》		《搜神记》		《世说新语》		《魏书》		《南齐书》	
缘	沿	缘	沿	缘	沿	缘	沿	缘	沿	缘	沿
11	0	4	1	3	1	2	0	31	19	38	5

(34)广之将步骑三千余人,缘海救之,俱引退。(《王广之传》)

(35)太祖振旅凯入,百姓缘道聚观,曰:"全国家者此公也。"(《高帝纪上》)

(36)虏围断海道,缘岸攻城,会潮水大至,虏淹溺,元度出兵奋击,大破之。(《魏虏传》)

"沿"和"缘"的"顺着"义属于沿用的第一种情况,在书面语、口语中都继承,但与上古时期不同的是在表达"顺着"义时,中古时期"缘"的地位明显超过了"沿",在语义场占主导地位。

上文以三组常用词为例,分析了来自上古的承古词在《南齐书》中沿用的情况,进而探讨承古词在中古汉语时期沿用的情况。发现沿用情况主要有三种。第一种,占据语义场的主导地位,在口语和书面语中都继承,如"我、吾、汝""日、月""宅、屋""缘"。第二种,成为书面语词,口语中很少使用,如"予、余"。第三种,词素化,很少单独使用,逐渐向不自由语素转化,更多以构成新复音词的形式出现,如"舍、宇"。除此之外,还有一些处于动态发展中。如"吾"虽然也是颇为主要的第一人称代词口语词,但是"我"明显更占据主导地位,"我""吾"之间的语用色彩分化将逐渐演变成口语和书面语的语体分化。晋代"尔、汝"都是主要的第二人称代词，而从《南齐书》中看来，南朝时主要用"汝"，"尔"呈现式微的趋势。

从语言的经济原则来说，除非词语来源的不同，比如一个来自通语，一个来自方言，或者外来语，或者不同历史层次词汇的沉积，否则几乎不可能存在完全同义的词。近义、类义的词能够共存，它们大都在语义、语法、语用等方面存在显著或细微的分化。基于语言的经济原则，意义、用法过于相近的词之间必然产生竞争，不能占据主导地位的词逐渐退出口语，成为书面语词，乃至彻底消亡；或者逐渐不能独立使用，降级成为不自由的构词词素，乃至彻底消亡。如"住所"义的"舍"，中古时期开始出现词素化的倾向，到现代汉语中已完全词素化，不能单独使用，只能作为构词语素参与构词，以"旅舍、宿舍"等词的形式出现。

以往研究承古词或古语词常常将范围限定在书面语词部分，而忽略了仍在口语中使用的部分——传承词。不少来自上古汉语的传承词至今仍活跃在现代汉语中，但这些传承词在从古至今漫长的时期中，并非一成不变的。传承词与新词、传承词之间也存在竞争、分化、淘汰等现象。

通过对《南齐书》中承古词的研究，可观察到上古的传承词在中古时期新的发展、变化。如"我、吾""汝、尔""缘、沿"之间的地位分化，"住所"概念场中产生较晚的"第、邸"的使用频率比上古时期明显提高了，"邸"的语义也发生了变化。上古时期使用不多的一个语言要素到中古时期变得更常用了，占据主导地位，这也是新时期的语言特点之一。

可见单单研究新词、疑难词，不能全面地反映不同时期的语言发展情况或反映旧语言质素在新时期的继承、发展、变化的情况，必须将得到继承的旧语言质素也纳入研究范围，才能更好地观察语言的发展变化和新时期的语言特点。

第二节 《南齐书》中的中古新词新义

词汇是语言中最易变化、最敏感的要素。社会上的新变化、新生事物一般很快地反映在词汇上。不同的时代特征也往往给词汇打上不同的时代烙印。新词新义的研究既能反映出不同时期语言发展的新动向，又能反映出不同社会、时代的新特点，是汉语词汇史研究的重要任务。

"新词新义"，"新词"指的是新出现的词，即新的音义结合单位；"新义"指的是新出现的义位，具体指旧词形产生的新义位，新义位与该词原有义位存在比较明显的关联。新旧是相对而言的，新词新义的判断一般以时代为界线。本节讨论的是《南齐书》中出现的中古时期产生的新词新义，新词新义的首见时代结合《汉语大词典》和常用的语料库来判断，首例时代的确定以成书时代为准，不以内容反映的时代为准。

每一个时代都产生大量的新词新义。新词新义中一般以实词为主，即名词、动词、形容词居多。中古时期新生量词的增加也非常明显，刘世儒（1959）曾提到汉语量词的完整体系是在魏晋南北朝时代形成的。量词的多样化和广泛使用是中古汉语不同于上古汉语的一个重要特点。与实词相比，虚词的新词新义比较少。虚词中，仅副词一类新词新义增长比较明显。下文以《南齐书》中一些中古常用或比较有时代特色的新词新义为例来分析新词新义的情况。

一 新词

【堰】（1）筑土堵水。（2）堵水的建筑。

"堰"作动词，意思是筑土堵水。《垣崇祖传》："崇祖召文武议曰：'贼众我寡，当用奇以制之。当修外城以待敌，城既广阔、非水不固，今欲堰肥水却淹为三面之险，诸君意如何？'""堰肥水"，"堰"作动词，筑土堵塞肥水。"堰"又可作名词，指堵水的堤坝。同传："守郭筑堰，是吾不谏之策也。""乃于城西北立堰塞肥水，堰北起小城，周为深堑，使数千人守之。""立堰塞肥水"，修筑堤坝堵塞肥水。

《文选·沈约〈三月三日率尔成篇〉》："东出千金堰。"李善注引《广雅》曰："潜堰也，谓潜筑土以壅水也。"《广韵·线韵》："堰，堰埭。""堰"的"筑土堵水""堤坝"义由"偃"分化而来。"堰"为"偃"的派生词。

"偃"本义为倒下。《左传·定公八年》："与一人俱毙，偃，且射子锄。"倒下便停止了，故引申指停止、停息。《尚书·武成》："乃偃武修文。"进而筑土使水止也称"偃"。《左传·襄公二十五年》:"规偃猪。"孔颖达疏:"偃猪,谓偃水为猪,故为下湿之地,规度其地受水多少,得使田中之水注之。"筑土所成之堤坝也称"偃",上古作"偃",中古时加土作"堰"。《集韵·阮韵》:"堰,通作偃。""堰"始见于中古时期,此时"偃"已不再指"筑土堵水""堤坝","堰"分化、承担了"偃"的这两个义位。有学者以为上古"偃"表示筑土以堵水是假借作"堰"。其实,从字的角度来说,"堰"是"偃"的后起字;从词的角度来说,"堰"是"偃"的派生词。

【埭】堵水的建筑,即今天说的"堤坝"。

《皇后传·武穆裴皇后》:"车驾数幸琅邪城,宫人常从,早发至湖北埭,鸡始鸣。"《垣崇祖传》:"至日晡时,决小史埭。"

埭,《广韵》徒耐切,定母代韵,音同逮、代。《说文》无"埭"字。《玉篇·土部》:"埭,以土堨水。"《集韵·代韵》:"埭,壅水也。""埭"在文献中基本作名词用,指堵水的堤坝,未见动词用法。《搜神记》卷十八:"晋有一士人姓王,家在吴郡,还至曲阿,日暮,引船上,当大埭,见埭上有一女子,年十七八,便呼之,留宿。"

表示"堤坝"义的词大都有"止、障、壅"或"高、大"之类的意思。"埭"声符"隶"为"相及"之义,即后来的"逮","埭""隶""逮"语义上未有明显相关之处。《尔雅·释言》:"遏、遾,逮也。"郭璞注:"东齐曰遏,北燕曰遾,皆相及逮。"虽然"逮"在此义上与"遏"相同,存在相因生义而获得"遏"的"止"义的可能,但鲜见"逮"作"止"义的文献例证。

我们认为"埭"的词义由来与"滞"有关。《玄应音义》卷十三"隄隝"注引《埤苍》云:"滞,长沙谓隄隝为滞。""滞"的"堤坝"义由"停、贮"义引申而来。《汉书·食货志下》:"而富商贾或滞财役贫。"颜师古注引孟康曰:"滞,停也。"左思《蜀都赋》:"贾贸滞鬻。"刘逵注:"滞,贮也。"

"滞""滞"上古、南北朝时同音。"滞",《广韵》一作徒结切,定母入声屑韵[diet];上古定母入声月部[dat],《集韵》直例切,澄母去声祭韵[ɖǐɛi],上古定母入声月部[dat]。"滞",《广韵》又作徒计切,定母去声霁韵［diei］；上古定母入声月部［dat］。"滞"，《广韵》直例切，澄母去声祭韵［ȡǐɛi］；上古定母月部［dat］。南北朝时期祭霁合一，王力先生称之为祭部，而当时澄母也尚未从定母中分化出来，所以南北朝时"㙊""滞"同音。

中古时期"㙊"的"堤坝"义由"埭"分化承担。"埭"，《广韵》徒耐切，定母去声代韵［dɒi］。"㙊""滞"从带声，"带"，《广韵》当盖切，端母去声泰韵［tɑi］。"代"与"带"语音非常相近，声母只是清浊之分，韵母主元音都是舌面后元音ɑ。中古时期"堤坝"义的"㙊"改写为"埭"。

但"㙊""滞"在文献中表示堵水或堤坝义的例证并不常见。中古时期，"埭"要比"㙊""滞"更为常见，说"埭"由"㙊""滞"演变而来还是有些问题。

我们进一步认为"埭"很可能来自更为常见的"隄（堤）"，"埭""㙊"的"堤坝"义与"堤"同源。《说文·土部》："堤，滞也。""堤"的得名由来应当就是"滞水、止水"。

从语音上来说，"埭"从隶声，与"逮""代"同音，"逮""代"先秦时为定母质部开口一等字，根据王力先生的拟音系统，拟音为［det］[1]，魏晋南北朝时在灰部［dɐi］。"㙊"定母月部，"滞"澄母月部，古无舌上音，澄母由定母分化而来，按王力先生的观点，南北朝时两者尚未分化。魏晋南北朝时"滞"在祭部，音为［diæi］，"㙊""滞"同音。"堤（隄）"从是声，端母支部，先秦时"是""堤"同部，分别为［ʑie］［tie］，而魏晋南北朝时"堤"在祭部，韵母变为［iæi］，而"是"字音不变，此时两者语音差别较大，于是重新造了声符更接近的"㙊""埭"。"堤"［tiæi］"㙊"［diæi］"埭"［dɐi］三者音非常相近。"堤"在现代粤语中音为［tai］，潮州话中音为［doi］，与"埭"的中古音和今音相近。

因此，我们认为"埭"其实就是由"堤"而来，"埭""㙊""堤"同源，因为三者语音、使用、字形上有区别，所以算派生词。中古时期，埭多建于船路艰险之处，两岸树立转轴，有船经过，以缆系船，用人力或畜

---

[1] "埭"条的相关拟音参考王力《汉语语音史》，中华书局，2014年。

力牵挽渡过。船过埭时需要交纳税钱，所交税钱称"牛埭税"。《陆慧晓传附顾宪之》："西陵牛埭税，官格日三千五百，元懿如即所见，日可一倍，盈缩相兼，略计年长百万。""埭司责税，依格弗降。"现代南方不少地方还保留了"埭"字，一般作为地名使用。

【蜑】我国古代南方少数民族。

《祥瑞志》："建元元年十月，涪陵郡蜑民田健所住岩间，常留云气，有声响澈若龙吟，求之积岁，莫有见者。""去四月二十七日，岩数里夜忽有双光，至明往，获古钟一枚，又有一器名淳于，蜑人以为神物，奉祠之。"《豫章文献王传》："是时纂严，嶷以荆州邻接蛮、蜑，虑其生心，令镇内皆缓服。"

"蜑"是我国古代南方蛮族的一个支系，是现代疍民的祖先。"蜑"字最早见于晋代，常璩《华阳国志》卷一："其属有濮、賨、苴、共、奴、獽、夷、蜑之蛮。"其次见于《南齐书》。蜑是蛮的一支。《集韵·缓韵》："蜑，蛮属。"唐代樊绰《蛮书》卷十："夷蜑居山谷。"自注："蜑即蛮之别名。"蛮，明母元部，蜑，定母元部，语音有相通之处。《晋书音义上·帝纪第九》："蜑，或作蜒。"韩愈《清河郡公房公墓碣铭》："林蛮洞蜒，守条死要，不相渔劫，税节赋时，公私有余。"《集韵·仙韵》："蜒，蜿蜒，龙貌。""蜒"意思是龙蛇爬行的样子。可见蜑与蛮同为蛇崇拜的民族。

现代疍民基本居于水上。从《南齐书》中的记载可见，南朝蜑人尚多居于荆州等内陆地区。唐宋以来多迁于江海上，以水居闻名。韩愈《送郑尚书赴南海》："衙时龙户集。"清代方世举笺注："龙户，采珠户也，南海亦谓之蜑户。"可见蜑民居于海上，以采珠为业。宋代黄震《黄氏日钞》卷六十七："蜑乃海上水居之蛮。"宋代周去非《岭外代答》卷三"蜑蛮"："以舟为室，视水如陆，浮生江海者，蜑也。"宋代时水居已成为蜑人的突出特点。

【素族】皇族宗室之外的士族。

《大词典》"素族"下有两个义项："犹寒门，与世族豪门相对"和"累代世族"。两个解释都不太准确，而且实际上"素族"只有一个意思，即"皇族宗室之外的士族"。唐长孺《读史释词》中提到，"两晋南北朝间凡称'素'者都没有贬低的意思，有时与宗室或公侯显贵相对而言，有时就是士族的异称"①。这个解释尤为确切。"素族"前提条件必然是士族，只是与皇族宗室相对而言，特指皇族宗室之外的士族。

《王晏传》："俭卒，礼官议谥，上欲依王导谥为'文献'，晏启上曰：'导乃得此谥，但宋以来，不加素族。'"意思是说，南朝宋以来，"文献"这个谥号不给非皇室宗亲的士族。南朝齐"文献"这个谥号最终给了萧道成的次子豫章王萧嶷。《豫章文献王传》："郭有道汉末之匹夫，非蔡伯喈不足以偶三绝，谢安石素族之台辅，时无丽藻，迄乃有碑无文。"王导、谢安毫无疑问属于世家大族，绝非寒门、普通士族，只是皆非皇族。《百官志》："晋世荀羡、王胡之并居此官。宋、齐以来，唯处诸王，素族无为者。"这里"素族"与"诸王"相对而言，更明显可见"素族"特指皇族王室之外的士族。《高帝纪下》："三月庚申，（高帝）召司徒褚渊、左仆射王俭诏曰：'吾本布衣素族，念不到此，因藉时来，遂隆大业。……死生有命，夫复何言！'"在前朝刘宋时期，齐高帝萧道成自然算不得皇族出身，故而自言"本布衣素族"，但并非自称寒门。

【素姓】皇族之姓以外的姓。

"素姓"，《大词典》中解释为"平民百姓"，其实也不准确。"素姓"实际上与"素族"相当，"素"与"王（皇族宗室）"相对而言，前提也是士族大家。《豫章文献王传》："臣拙知自处，暗于疑访，常见素姓扶诏或着布鞯，不意为异。""王侯出身官无定，准素姓三公长子一人为员外郎。"能有机会亲自接到皇帝诏令的一般不会是平民百姓。能当三公的人更不是平民百姓。

【素者】皇族之外的士人。

《舆服志》："晋泰始中，中护军羊琇乘羊车，为司隶校尉刘毅所奏。武帝诏曰：'羊车虽无制，非素者所服，免官。'"中护军羊琇出身士族，只是非皇族中人，所以不能乘羊车，"素者"指皇族之外的士人，前提也是出身士族，非普通百姓。《大词典》未收该词。

---

① 唐长孺：《魏晋南北朝史论拾遗》，中华书局，1983年，第249页。

【素士】皇族之外的士人。

"素士"，《大词典》解释为"犹言布衣之士。亦指贫寒的读书人"。其实也不准确。"素士"其实相当于"素者"。《明帝纪》："王子侯旧乘缠帷车，高宗独乘下帷，仪从如素士。""高宗明皇帝讳鸾，字景栖，始安贞王道生子也。"齐高宗萧鸾是南齐开国皇帝萧道成的哥哥萧道生的儿子，也就是皇帝的亲侄子，自然是皇族宗室，非一般的士族。当时，萧鸾已经身居高位，"永明元年，迁侍中，领骁骑将军"。王子侯按制度是可以乘缠帷车的，而萧鸾却独与其他王子侯不同，乘坐下帷车，与一般士族差不多。正是因为自己既是宗室，又身居高位，萧鸾故意自降乘坐车驾的规格、标准，以显示自己的谦卑、不争，以博取皇帝的信任。但萧鸾作为宗室王侯，又是高官，基本仪仗还是有的，不可能等同于普通贫寒读书人。

《宋书·谢瞻传》："（谢瞻）及还彭城，言于高祖曰：'臣本素士，父、祖位不过二千石。弟年始三十，志用凡近，荣冠台府，位任显密，福过灾生，其应无远。特乞降黜，以保衰门。'"谢瞻自称"素士"，并非谦称，他出身并非寒族，不是普通士人、读书人，更不是普通老百姓，而是显赫的王谢世家，是谢安的侄孙，更可见"素士"同样是与"皇族"相对而言的，但前提依然是士族。

将"素族""素姓""素者""素士"的例句综合起来看，语素"素"的意义就很明显了，是特指与皇族相对的，从某种意义上也可以说与皇族比相对"普通"的士族，只是与皇族相对而言的普通、一般，实际上在当时依然是士族，甚至是经历多朝更迭仍屹立不倒的世家大族，比如王谢世家。《大词典》中将"素"的该义位解释成"寒素、低微。谓不仕或境遇贫寒"，不准确。

【主帅】南北朝时各军队编制单位的主管、首领。

《大词典》根据胡三省的注释解释为"南朝称典签、斋帅为'主帅'"。《资治通鉴·宋孝武帝大明五年》："休茂性急欲自专，深之及主帅每禁之，常怀忿。"胡三省注："主帅，典签也。又斋内亦有主帅，谓之斋帅。"实际上，"主帅"并不专指典签和斋帅。南北朝时军队各编制单位的主要负责人称"主"或"帅"，两者近义联合构词称"主帅"，泛指军队中各编制单位的主管、首领。

《张岱传》："后临海王为征虏广州，豫章王为车骑扬州，晋安王为征虏南兖州，岱历为三府咨议、三王行事，与典签主帅共事，事举而情得。""典签""主帅"并称共现，可见意义当有别。《高帝纪上》："司徒袁粲、尚书令刘秉见太祖威权稍盛，虑不自安，与蕴及黄回等相结举事，殿内宿卫主帅，无不协同。"《明七王传·鄱阳王宝夤》："其秋，雍州刺史张欣泰等谋起事于新亭，杀台内诸主帅，事在《欣泰传》。"负责宫殿、中央官署内宿卫之职的主管称"主帅"。这两例的主帅都不在诸王府第，而是在皇宫与中央官署中，自然不可能是典签。典签本来就是皇帝为了监视藩王而特地设置的。《萧坦之传》："遥光事平二十余日，帝遣延明主帅黄文济领兵围坦之宅，杀之。"延明主帅指负责延明殿宿卫的主管。《张欣泰传》："欣泰与弟前始安内史欣时密谋结太子右率胡松、前南谯太守王灵秀、直阁将军鸿选、含德主帅苟励、直后刘灵运等十余人，并同契会。"含德主帅指是含德殿宿卫的主管。《文惠太子传》："后上幸豫章王宅，还过太子东田，见其弥亘华远，壮丽极目，于是大怒，收监作主帅，太子惧，皆藏匿之，由是见责。"文惠太子挪用宫中将吏私修宫苑，负责监督工程修建的主管本是将吏中的主帅，故称监作主帅。《北史·韩褒传》："州带北山，多有盗贼。褒密访之，并豪右所为也，而阳不之知，厚加礼遇，谓曰：'刺史起自书生，安知督盗？所赖卿等共分其忧耳。'乃悉召杰黠少年素为乡里患者，置为主帅，分其地界，有盗发而不获者，以故纵论。"这例中的"主帅"更明显不是典签，韩褒非王侯，典签更不是刺史有权任命的，韩褒只是将这些少年任命为军事单位中的小主管，分管地界治安而已。

再者，"主帅"非南朝独有，北朝亦称"主帅"。《魏书·杨播传附弟椿》："凡有八军，军各配兵五千，食禄主帅军各四十六人。自中原稍定，八军之兵渐割南戍，一军兵统千余，然主帅如故，费禄不少。椿表罢四军，减其帅百八十四人。"八军中，每军五千人，每军设主帅四十六人，杨椿裁减四军，共减去一百八十四个主帅，明显可见"主帅"是军队中的小主管，也可单称"主"或"帅"。

【坟园】陵园、墓地。

《武十七王传·鱼复侯子响》："昔闵荣伏厥，怆动坟园；思荆就辟，侧怀丘墓。"

《方言》卷一："坟，即大陵也。"郭璞注："青幽之间凡土而高且大者谓之坟。"凡土之高者谓"坟"。高耸的堤岸、封土而隆起的墓都称"坟"。中古时期"坟"的"堤坝"义已消失，基本义是"坟墓"。

"园"在中古时期有"墓地"义。《后汉书·光武帝纪上》："发掘园陵。"李贤注："园，谓茔域。"

但"园"本有"园圃"之义，为避免歧义，使表意更为明晰，"园"与"坟""陵"联合，凸显坟墓之义。《全后汉文》卷九十八《北海相景君碑阴》："守卫坟园，仁总礼备，陵成宇立，树列既就。"《大词典》首引《醒世恒言·闹樊楼多情周胜仙》："二十年前时，你爷去掘一家坟园，揭开棺材盖，尸首觑着你爷笑起来。"

【狡狯】① 儿戏、游戏。

联绵词，可作动词和名词。宋代陆游《示子遹》诗："诗为六艺一，岂用资狡狯。"自注："晋人谓戏为狡狯，今闽语尚尔。"《萧坦之传》："帝（萧昭业）于宫中及出后堂杂戏狡狯，坦之皆得在侧。"此例中"狡狯"为动词。

《太平广记》卷三六〇引三国魏曹丕《列异传·傅氏女》："北地傅尚书小女，尝拆获作鼠，以狡狯。"晋葛洪《神仙传·王远》："方平笑曰：'姑故年少，吾老矣，了不喜复作此狡狯变化也。'"

该词魏晋时期已出现，而南北朝时期成为江南特有词，北朝没有继承该词。该词多见于南朝的语料，如《世说新语》《宋书》《南齐书》，北朝的语料出现的例子也与南朝人物相关。《魏书·岛夷刘裕传》："左右止之（刘昱）曰：'若行此事，官便应作孝，岂复得出入狡狯。'"此例人物对话与《宋书·明恭王皇后传》大体相同，"狡狯"作动词。《魏书·岛夷萧道成传》："（萧昭业）又多往其父母陵隧中，与群小共作鄙艺，掷涂赌跳，放鹰走狗，诸杂狡狯，日日辄往，以此为常。"此例中"狡狯"作名词。

---

① 参见洪乾祐《闽南语考释》，文史哲出版社，1992年，第171—172页。其中提到闽南语中"狡狯"是"刁诈、不诚实"和"胡闹"的意思。

【清信】在家持戒，具有清净信心。

《大词典》未收该词。王桂波（2008）认为"清信"是"清高而有信"的意思①。这个解释不确。从《南齐书》和南北朝时期其他语料来看，"清信"是一个佛教词语，而且不是形容词，是动词。

《何昌㝢传》："永明元年，竟陵王子良表置友、学官，以昌㝢为竟陵王文学，以清信相得，意好甚厚。"萧子良和何昌㝢因彼此都笃信佛教，意趣相投。《周颙传》："胤兄点，亦遁节清信。颙与书，劝令菜食。"周颙、何点信佛，都是在家居士，周颙写信给何点，劝他吃素。南朝梁释宝唱《比丘尼传·北永安寺昙备尼传六》："（昙备）少有清信，愿修正法，而无有昆弟，独与母居，事母恭孝，宗党称之。"南朝梁释慧皎《高僧传》卷十三："释道儒姓石，渤海人，寓居广陵，少怀清信，慕乐出家。"诸例都与佛教有关，并非泛泛的"清高有信"之义。

"清信"是一个佛教词语，来源于"清信士""清信女"。"清信士"是梵语"优婆塞"的意译，指受三归五戒并具有清净信心的男子。清信女，受三归五戒并具有清净信心的女子，梵语叫做"优婆夷"。东汉竺大力、康孟详共译《修行本起经》卷下："度二贾客，提谓、波利，授三自归，及与五戒，为清信士。"（T03/472b13）② 三国吴支谦译《佛开解梵志阿飏经》："欲居家修道者，名曰清信士，当持五戒。"（T01/260c26）三国吴康僧会《旧杂譬喻经》卷上："昔舍卫城外有家人妇，为清信女，戒行纯具。"（T04/515c26）

"清信士""清信女"合称"清信士女"。姚秦释圣坚译《佛说睒子经》："一时，佛在毗罗勒国，与千二百五十比丘，及众菩萨、国王、大臣、长者、居士、清信士女不可称计，一时来会。"（T03/442a05）

"清信"从"清信士""清信女""清信士女"中分离出来独立成词，有"在家持戒修行，亲近奉事三宝"之义。三国吴康僧会《六度集经》卷

---

① 王桂波：《〈汉语大词典〉失收〈南齐书〉诸词举例》，《社会科学战线》2008 年第 6 期。
② 本文所引佛典来源《CBETA 电子佛典集成》，中华电子佛典协会（Chinese Buddhist Electronic Text Association，简称 CBETA），2010 年版。标注格式为"T"指《大正新修大藏经》、"X"指《卍新纂续藏经》、"J"指《嘉兴藏》、"K"指《高丽藏》、"C"指《中华藏》，"/"前后的数字分别表示册数和页数，a、b、c 分别表示上、中、下栏，a、b、c 后的数字表示行数。

第六："母奉佛戒，为清信行。"附东晋录《般泥洹经》卷下："福爵避坐言：'从今日始，身自归佛，自归道法，自归圣众，受清信戒，身不杀，不妄取，不淫妷，不欺伪，不饮酒，不噉肉，不敢有犯，国事多故，当还请辞。'"（T01/184a11）

【差】病除，病愈。

《褚渊传附徐嗣》："有一伧父冷病积年，重茵累褥，床下设炉火，犹不差。"

《方言》第三："差，愈也。南楚病愈者谓之差。"也写作"瘥"。《三国志·魏书·华佗传》："故督邮顿子献得病已差，诣佗视脉。"

《南齐书》中表示"病除"的语义场主要有"差""愈""瘥"三个词。"愈"用 6 次，"瘥"用 4 次。"差"用 12 次，口语中多用"差"。《五行志》："法以此火灸桃板七炷，七日皆差。敕禁之，不能断。京师有病癞者，以火灸数日而差。邻人笑曰：'病偶自差，岂火能为。'""愈"和"瘥"的"病除"义上古已有。《方言》中扬雄以"愈"释"差"，可见汉代通语中表示"病除"常用"愈"。而从《南齐书》中反映的情况看，南朝口语中的使用情况已发生变化，更常用"差"，可见当时南方方言对汉语通语的影响。

【躯】量词，专用于量化佛像。

《东南夷传》："并献金镂龙王坐像一躯，白檀像一躯，牙塔二躯，古贝二双，瑠璃苏鉝二口，玳瑁槟榔盘一枚。"

"躯"的本义指"身躯"，由语义特征"躯干"引申作量词，常用于佛像，有时也用于佛塔、宝台、石窟①。《全晋文》卷十一孝武帝《与朗法师书》："今遣使者送五色珠像一躯，明光锦五十匹，象牙簟五领，金钵五枚，到愿纳受。"多见于中土文献中与佛教相关的内容，译经中反而少见。唐代亦沿用。日本圆仁《入唐求法巡礼行记》卷第二："今见掘得弥勒佛像一体，文殊师利菩萨一体，普贤菩萨一躯，观世音菩萨两躯，大师子菩萨一体，罗睺罗一躯，佛骨铁阁廿斤已上。"

---

①　参看刘世儒《魏晋南北朝量词研究》，中华书局，1965 年，第 191—192 页。

【咸皆、悉皆、一皆、一同】全都、一齐。

《幸臣传》："咸皆冠冕搢绅，任疏人贵，伏奏之务既寝，趋走之劳亦息。"《张敬儿传》："太妃遣使市马，赍宝往蜀，足下悉皆断折，以为私财，此皆远迩共闻，暴于视听。"《高帝纪下》："有犯乡论清议，赃污淫盗，一皆荡涤，洗除先注，与之更始。"《郁林王纪》："宜从荡宥，许以自新，可一同放遣，还复民籍。"

"咸、皆、一、同"都来自上古汉语，上古时基本单独使用表示总括，东汉时开始联合使用，逐渐凝固成双音词。

二　新义

【堨】（1）以土堵水。（2）堵水的建筑，即堤坝。

《祥瑞志》："谶又曰：'壃堨河梁塞龙渊，消除水灾泄山川。'壃堨河梁，为路也，路即道也。渊塞者，譬路成也。"朱季海认为"壃堨"即"断遏"[①]。《魏虏传》："遣伪荆州刺史薛真度、尚书郗祁阿婆出南阳，向沙堨，筑垒开沟，为南阳太守房伯玉、新野太守刘思忌所破。"《南齐书》中仅见此三次。

"堨"有三个读音，分别为三个词，鱼列切，疑母月部，"壁间隙"义；于盖切，影母月部，"尘埃"义；乌葛切，影母曷韵，"以土壅水"义。前两者见于上古，后者始见于中古时期。《玉篇·土部》："堨，拥堨也。"《资治通鉴·汉纪五十五》："兴陂堨。"胡三省注："以土壅水曰堨。"《全晋文》卷四十二杜预《陈农要收又疏》："自顷户口日增，而陂堨岁决，良田变生蒲苇，人居沮泽之际，水陆失宜，放牧绝种，树木立枯，皆陂之害也。"《水经注·涑水》："则盐池用耗，故公私共堨水径，防其淫滥，故谓之盐水，亦为堨水也。"

"堨"的"堤坝"义来自"遏"，是"遏"的派生词。《说文·土部》段玉裁注："堨，今义堰也。读同壅遏，后人所用俗字也。"《说文·辵部》："遏，微止也。""遏"有"止绝"之义，故止水亦称"遏"。《三国志·吴书·诸葛恪传》："初，权黄龙元年迁都建业，二年，筑东兴堤遏湖

---

① 参看朱季海《南齐书校议》，中华书局，2013 年，第 59 页。

水。”堵水的建筑也叫“遏”。《徐孝嗣传》：“臣比访之故老及经彼宰守，淮南旧田，触处极目，陂遏不修，咸成茂草。”《武十七王传·竟陵文宣王子良》：“近启遣五官殷沵、典签刘僧瑗到诸县循履，得丹阳、溧阳、永世等四县解，并村耆辞列，堪垦之田，合计荒熟有八千五百五十四顷，修治塘遏，可用十一万八千余夫，一春就功，便可成立。”

加形旁“土”更强化“以土堵水”之义。“堨”是“遏”的后起字，后来逐渐分化承担了“遏”的“堤坝”义。因中古时期“堨”“遏”仍互用，故当作“遏”的新义，而未列入新词。

上古表达堤坝义的语义场有“防（坊）、隄（堤）、唐（隚、塘）、坟（坋）”。

“防”，《说文·𨸏部》：“防，隄也。”又“隄，唐也”。

“唐”，《淮南子·主术训》：“若发城决唐。”高诱注：“唐，隄也，皆所以蓄水。”

“隄”，《说文·𨸏部》：“隄，唐也。”段玉裁注：“唐、塘正俗字。”朱骏声《说文通训定声》：“唐，叚借又为防。字亦作塘、作隚。”

“坟”，《诗·周南·汝坟》：“遵彼汝坟。”孔颖达疏：“坟，大防。”

中古时期，“坟”的“堤坝”义已基本消失，“防”的“堤坝”义则词素化，多以“堤防”双音词形式出现。“塘（隚）”则从“唐”中完全分化出来，表示“堤坝”义。“隄（堤）”仍很常用。“埭”“堰”“堨”均是中古新生的，前两者比较常用，南朝尤多用“埭”。

【桁】浮桥。

《高帝纪上》：“贼步上新林，太祖驰使报刘勔，急开大小桁，拨淮中船舫，悉渡北岸。”

“桁”字有三个读音，何庚切、胡郎切、下浪切，分别记录三个词。何庚切为“屋梁上或门、窗框上的横木”之义。下浪切为“衣架”义。胡郎切的“桁”意思是浮桥，它的词义由来与另外两个读音没有直接关系，而是假借义，本字作“航”，又写作“䑸”[①]。《宋书·五志》：“朱雀大航

① “桁”“䑸”也可能是为“航”的“浮桥”义特地造的俗字，只是偶然与“横木”义的“桁”同形。

缆断，三艘流入大江。"《南齐书》中没有写作"航"的，皆作"桁"或"舫"。"朱雀航"即《南齐书》中的"朱雀桁"，又写作"朱爵舫"。《五行志》："永明中，大舫一舳无故自沉，艚中无水。""建元元年，朱爵舫华表柱生枝叶。"

"航"甲骨文作🔯，象人持桨驾舟之形①。《说文·方部》："舫，方舟也，从方、亢声。""方舟"，两舟并连。"舫"即"航"。《方言》卷九："舟，自关而东，或谓之航。""航""舫"的本义并非"舟"，而是"渡"。《诗经·卫风》："一苇杭之。"毛传："杭，渡也。"《楚辞·惜诵》："昔余梦登天兮，魂中道而无杭。"王逸注："杭，度也。""航""舫""杭"通用。

古代的浮桥是由船与船相连而成，可开可连，既符合以舟济水之义，也合于两舟并连之义，故名之为"航"，中古时期又俗写作"舫""桁"②。

"航""桁""舫"三者字形异、音义同，记录的都是浮桥义，从音义结合的角度而言，三者是同一个词。"航"的"浮桥"义产生于中古时期，由其本义引申而来，本义、引申义关系明显，而且"航""桁""舫"三个字形可以互用，则"桁""舫"尚未将"浮桥"义从"航"中完全分化出来，所以，我们将"浮桥"义的"航""桁""舫"当作新义，而非新词。当"航"的"浮桥"义完全由"桁""舫"承担时，则可视为两词。

【主】南北朝时称军队各编制单位的主管、首领为"主"或"帅"。

"主"，甲骨文作🔥，象燃烧的火把之形，下为柴火，上为火焰。小篆字作🔥，底下为灯架，往上为灯盏，最上为火焰。"主"的本义是灯芯上的火焰。《说文·丶部》："主，灯中火主也。"灯芯上的火焰是灯的主体、中心，由此引申指最主要、最基本之物。《易·系辞上》："言行，君子之枢机；枢机之发，荣辱之主也。""主"由表示最主要、最基本之物，引申作动词，表示主持、掌管。《孟子·万章上》："使之主祭，而百神享之，是天受之；使之主事，而事治，百姓安之，是民受之也。"由此进一步引申，表示主管、首领，南北朝时多用于称呼军队中的各主管。

---

① 参看徐中舒主编《甲骨文字典》，四川辞书出版社，1989年，第955页。
② 参看朱季海《南齐书校议》，中华书局，2013年，第62页，"是水陆并得立桁，惟于水或方舫为之，故字亦作舫、航耳"。

统兵之主管为"军主"①，《柳世隆传》："至是，世祖遣军主桓敬、陈胤叔、苟元宾等八军据西塞，令坚壁以待贼疲。"某一兵种队伍的主管叫"队主"，《王敬则传》："补侠毂队主，领细铠左右。"《王广之传》："少好弓马，便捷有勇力。初为马队主。"军队里的基层编制"幢"的主管叫"幢主"，《陈显达传》："宋孝武世，为张永前军幢主。"负责一镇守备的军事主管叫"镇主"，《氐传》："难当族弟广香先奔虏，元徽中，为虏攻杀文庆，以为阴平公、茄芦镇主。"负责一城守备的军事主管叫"城主"，《和帝纪》："丁卯，鲁山城主孙乐祖以城降。"此外还有"戍主""狱主"等。《周山图传》："除宁朔将军、涟口戍主。"《周盘龙传》："戍主皇甫仲贤率军主孟灵宝等三十余人于门拒战，斩三人"。《崔祖思传》："实宜清置廷尉，茂简三官，寺丞狱主，弥重其选，研习律令，删除繁苛。"

【饷】赠送。

《宗测传》："尚书令王俭饷测蒲褥。"

《说文·食部》："饷，馕也。"本义是送食物给人。《孟子·滕文公下》："有童子以黍肉饷，杀而夺之。"中古时期，语义扩大，泛指送东西给人，赠送。

《南齐书》中表示"赠送"义的词，"饷"出现 13 次，"送"出现 8 次，"赠"出现 8 次，"遗"出现 4 次，口语性强的语料中常用"饷"。《王敬则传》："帝拍敬则手曰：'必无过虑，当饷辅国十万钱。'"《周盘龙传》："盘龙爱妾杜氏，上送金钗镊二十枚，手敕曰'饷周公阿杜'。"

【装治】改装、组装。

《高帝纪上》："装治战舰数百千艘，沉之灵溪里，钱帛器械巨积，朝廷畏之。"

"装治"一词最早见于《史记》，最初是"整理行装"的意思。《史记·甘茂传附甘罗》："张唐曰：'请因孺子行。'令装治行。"《说文·衣部》："装，裹也。"本义是行装、包裹。"治"有"理"之义，本义是治理、管理，引申指一般的整理、处理。"装治"实为"治装"，意思相同，

---

① 周一良：《魏晋南北朝史札记》，中华书局，1985 年，第 409—411 页，提到军和幢都是军队的基层编制，队主则是某一兵种的首脑。

是打包、整理行装的意思，只是构词类型不同，前者为主谓结构，后者为述宾结构。"治装"出现更早。《战国策·齐策四》："（冯谖）于是约车治装，载券契而行。"

而南北朝时"装治"并非"整理行装"义，而是指"改装、组装"，一般指改装、安装船舰。《宋书·倭国传》："臣虽下愚，忝胤先绪，驱率所统，归崇天极，道遥百济，装治船舫，而句骊无道，图欲见吞，掠抄边隶，虔刘不已，每致稽滞，以失良风。"《宋书·文五王传·桂阳王休范》："虏发百姓船乘，使军队称力请受，付以榜解板，合手装治，二三日间，便悉整办。"《魏书·李崇传》："崇乃于硖石戍间编舟为桥，北更立船楼十，各高三丈，十步置一篱，至两岸，蕃板装治，四箱解合，贼至举用，不战解下。"

"装治"的"改装、组装"义由"装""治"联合构词而来。"装"在中古时有"安装、装配"义。《后汉书·岑彭传》："彭数攻之，不利。于是装直进楼船、冒突露桡数千艘。"《梁书·吕僧珍传》："义兵起，高祖夜召僧珍及张弘策定议，明旦乃会众发兵，悉取檀溪材竹，装为舰舰，葺之以茅，并立办。"

联合式构词常有 AB 与 BA 两形。"装治"有时也作"治装"，但后者出现频率远低于前者。《南齐书》《魏书》中只有"装治"，没有"治装"，《宋书》"装治"4例，"治装"1例。《宋书·谢晦传》："至是，上欲诛羡之等，并讨晦。声言北伐，又言拜京陵，治装舟舰。"

《大词典》"装治"下有两个义位——"整理行装"和"装裱古籍或字画"，未收"改装、组装"义。"装裱古籍或字画"之义也见于六朝，《南齐书》中未有用例。唐代"装治"的"装裱古籍或字画"义得到沿用，"整理行装""改装、组装"义则逐渐消亡，"治装"也得到继承，仍为"整理行装"义。

第三节 《南齐书》中的南齐新词新义

本书所说的《南齐书》的新词新义，指的是首见于《南齐书》或同时见于南朝齐、南朝梁相近时期语料的新词新义，实际上也属于中古新词新义的范围，只是为了突出《南齐书》的词汇特点，才将这部分独立出来。下文以《南齐书》中一些首见的、比较有特色的新词新义为例来分析新词新义的情况。

一　新词

【万斯】咏农田丰收。

《郁林王纪》："顷岁多稼无爽，遗秉如积，而三登之美未臻，万斯之基尚远。"

"万斯"是典故"万斯箱"的缩略，与前面的"三登"相应，皆咏五谷丰登。"万斯箱"典出《诗经·小雅·甫田之什》："曾孙之稼，如茨如梁。曾孙之庾，如坻如京。乃求千斯仓，乃求万斯箱。黍稷稻粱，农夫之庆。报以介福，万寿无疆。"郑玄笺云："成王见禾谷之税委积之多，于是求千仓以处之，万车以载之，是言年丰收入逾前也。"《大词典》未收"万斯箱、万斯"。

【蠢左】愚蠢的帮手。

《曹虎传》："与彼蠢左，共为唇齿，仁义弗闻，苟暴先露。"

"左"本义为左手。《诗经·王风·君子阳阳》："君子阳阳，左执簧，右招我由房，其乐只且。"《说文·工部》："左，手相左助。"由"左手"义进而引申出"佐助"之义。《墨子·杂守》："亟收诸杂乡金器，若铜铁及他可以左守事者。"进一步引申作名词"佐助者"，又作"佐"。《墨子·尚贤上》："况又有贤良之士……此固国家之珍而社稷之佐也。""蠢左"，定中结构，愚蠢的辅佐者、愚蠢的帮手。

【材椁】棺椁，套在棺材外面的大棺材。

《武帝纪》："粲、秉前年改葬茔兆，未修材椁，可为经理，令粗足周礼。"

"材"，本义是"木材"。古代棺材、棺椁用木材制成。《礼记·檀弓上》："布材与明器。"孔颖达疏："材，谓椁材也。"以材料指代成品，"材"也引申出"棺材"义。《萧赤斧传》："诏赙钱五万，上材一具，布百匹，蜡二百斤。""材椁"近义联合指称"棺椁"。《大词典》未收该词。同时期还构成"棺材""材器"二词，也表示"装殓尸体的器具"。《武十七王传·竟陵文宣王子良附子昭胄》："其夜太医煮药，都水办数十具棺材，须三更当悉杀之。"《东昏侯纪》："秋七月丁亥，京师大水，死者众，诏赐死者材器，并赈恤。"《大词典》"材器"未收该义位。

【笔翰】文书写作，亦指写作、著述的才能。

《刘绘传》："高宗为骠骑，以绘为辅国将军、咨议、领录事，典笔翰。"南朝梁江淹《自序传》："逮东霸城府，犹掌笔翰。"《梁书·文学下·任孝恭传》："敕遣制《建陵寺刹下铭》，又启撰高祖集《序文》，并富丽，自是专掌公家笔翰。""录事"一职始于晋代，掌总录众官署文簿，"典笔翰""掌笔翰"都指负责案牍文书工作。

"笔翰"由文书写作进一步借指文书写作之才。《文学传·丘巨源》："元徽初，桂阳王休范在寻阳，以巨源有笔翰，遣船迎之，饷以钱物。"南朝梁元帝萧绎《金楼子》卷四："任彦升甲部阙如，才长笔翰，善辑流略，遂有龙门之名，斯亦一时之盛。"

笔是书写的工具。"翰"，《说文·羽部》："翰，天鸡，赤羽也。"本义是羽毛。古代以鸟兽之毛制笔，以材料指代成品，"翰"亦有书写工具的意思。晋左思《咏史》之一："弱冠弄柔翰，卓荦观群书。"《慧琳音义》卷一"翰墨"注引《尚书大传》云："翰者，鸟兽长毫毛也。取以为笔，故谓能书为笔翰。"笔翰为书写工具，两者近义联合，书写之事称"笔翰"，写作之才亦称"笔翰"。

【赐乞】赐与。

《武帝纪》："诸小小赐乞，及阁内处分，亦有别牒。"东汉时"乞"出现"给予"义，"赐乞"近义联合，表示"给予"（详见下编第六章第三节"'乞'的'给予'义"）。

【瘥差】痊愈。

《柳世隆传》："上又敕吏部尚书王晏曰：'世隆虽抱疾积岁，志气未衰，冀医药有效，瘥差可期。……'"

"瘥"病除之义。《庄子·徐无鬼》："今予病少瘥。"成玄英疏："瘥，除也。"前文提到汉代的方言词"差"南朝时已成为通语词，"瘥差"同义联合。《大词典》首引宋代范仲淹《与韩魏公书》："即今尚未瘥差，扶病上道。"

【充腴、充壮】① 肥胖。

《袁彖传》："彖形体充腴，有异于众。"《武十七王传·随郡王子隆》："子隆年二十一，而体过充壮，常服芦茹丸以自销损。"

"充"有"肥、肥大"义。《仪礼·特牲馈食礼》："宗人视牲告充。"郑玄注："充，犹肥也。"胡培翚正义："充之义为盈为满，盈满则肥也。"

"腴"和"壮"中古时期都有"肥胖"义，皆首见于《南齐书》。《说文·肉部》："腴，腹下肥也。""腴"本义是腹下的肥肉，引申指"肥胖"。《说文·士部》："壮，大也。"段玉裁注："方言曰：凡人之大谓之奘，或谓之壮。""壮"由"大"义引申指"肥胖"。《文惠太子传》："太子素多疾，体又过壮，常在宫内，简于遨游。""充腴""充壮"皆近义联合构词。

二　新义

【笔札】文才。

《幸臣传·吕文度》："徽孚粗有笔札。建武中文诏，多其辞也。"

《说文·木部》："札，牒也。"札是书写的小木片。笔为书写工具、札为书写材料，两者类义联合，泛指书写用品。《史记·司马相如列传》："上许，令尚书给笔札。"又引申指书写、写作。《论衡·量知篇》："文吏笔札之能，而治定簿书，考理烦事，虽无道学，筋力材能尽于朝庭，此亦报上之效验也。"由"书写、写作"进而引申指"写作之才、文才"。《南齐书》中"笔札"出现1次，为"文才"之义。

【订】南朝齐梁间称征赋为"订"。②

《东昏侯纪》："又订出雉头、鹤氅、白鹭缞。"《王敬则传》："良由陂湖宜壅，桥路须通，均夫订直，民自为用。"《周颙传》："县旧订滂民，以供杂使。"

---

① 参看方一新《东汉魏晋南北朝史书词语笺释》，黄山书社，1997 年，第 24—25、187—188 页，"充壮""壮"条。

② 参看周一良《魏晋南北朝史札记》，中华书局，1985 年，第 84 页。

《说文·言部》："订，平议也。"订，本义为评议、评定。《资治通鉴·齐东昏侯永元二年》："（东昏侯）又订出雉头、鹤氅、白鹭缞。"胡三省注："齐梁之时，谓赋民为订，盖取平议而赋之之义。"制订征赋条例、内容，需要经过评议，所以征赋也称"订"。

【属】特指在十二属相中的归属。

《五行志》："识者解云'陈显达属猪，崔慧景属马'，非也。东昏侯属猪，马子未详，梁王属龙，萧颖胄属虎。"

"属"，市玉切，本义是"类别"。《尚书·吕刑》："墨刑之属千。"蔡沈《集传》："属，类也。""属"又可作动词"归属、隶属"之义。《庄子·德充符》："眇乎小哉，所以属于人也！"由"归属、隶属"特指人在十二生肖中的归属。《大词典》首引唐代张读《宣室志》卷四："少仪讯其生年，其父曰：'属龙。'"

【经】曾经。

《张敬儿传》："道和出身为孝武安北行佐，有世名，颇读书史。常诳人云：'祖天子，父天子，身经作皇太子。'"《周山图传》："义乡县长风庙神姓邓，先经为县令，死遂发灵。"《王智深传》："约又多载孝武、明帝诸鄙渎事，上遣左右谓约曰：'孝武事迹不容顿尔。我昔经事宋明帝，卿可思讳恶之义。'"

《说文·系部》："经，织也。"段玉裁注："织之从丝谓之经。""经"的本义是织布机上的纵线。引申指道路的南北。沿道路走过，也称"经"，作动词表示"经过、经历"。由"经过、经历"转为副词"曾经"。

【局】量词，棋类中的一次胜负。

《萧惠基传》："当时能棋人琅邪王抗第一品，吴郡褚思庄、会稽夏赤松并第二品。……太祖使思庄与王抗交赌，自食时至日暮，一局始竟。"

下棋比赛一次称为一局。"局"的量词用法由"棋盘"义而来。《史记·吴王濞列传》："皇太子引博局提吴太子杀之。"《大词典》首引唐代白居易《因梦有悟》诗："款曲几杯酒，从容一局棋。"

【方】量词，用于食方、药方。

《虞悰传》："上就悰求诸饮食方，悰秘不肯出。上醉后体不快，悰乃献醒酒鲭鲊一方而已。"

"方"作量词是由"方法"义引申而来①。《礼记·儒行》:"儒有合志同方。"孔颖达疏:"方,犹法也。"朱骏声《说文通训定声》:"方,假借为法,方、法一声之转。"饮食、医药皆有许多不同的方法。《史记·扁鹊仓公传》:"使意尽去其故方,更悉以禁方予之。"进一步引申用于量化饮食和医药。北齐《道兴造像记》:"取鼠尾花……服三方。"

王力《汉语史稿》中曾说:"所谓新创词语,严格说来,是不存在的。一切新词都有它的历史继承性;所谓新词,实际上无非是旧词的转化、组合,或者向其他语言的借词,等等。现代汉语的新词以仂语凝固化(组合)的一类为最多,其中每一个语素都有它的来历。完全用新材料构成的新词,不但在汉语里是罕见的,在世界各种语言里也是罕见的。尽管有许多词来历不明,那只是我们还不知道它们的历史罢了。"②

除了外来词和方言词,《南齐书》中的新词新义与上古汉语关系密切,或由上古语言要素演变、发展而来,或由上古语言要素根据构词规则合成而来,或由上古语言要素演变出新义后再结合构词,典故词语也多来自上古典籍语言。

从《南齐书》中的情况来看,新词新义的产生方式具体有如下几类:由旧词词义引申分化派生的新词,如"堰"等;由旧词引申产生的新义,如"竭""桁""主""饷""属""订""经""躯""局""方"等;由旧词语音演变派生的新词,如"埭""蜑"等;由两个旧语素结合构成新词,如"咸皆""材椁""材器"等,或由一个新语素与一个旧语素结合构成新词,如"主帅""素族""素姓""素者""素士""充壮""充腴""坟园""赐乞"等;由新语素构成新词,如"狡狯"等。

第四节 《南齐书》中新词新义的产生动因、途径

上文从历时和语义的角度分析了《南齐书》的词汇系统的来源情况。这一节重点分析《南齐书》中新词新义(含中古时期,不仅限南朝齐)的

---

① 参看刘世儒《魏晋南北朝量词研究》,中华书局,1965年,第167页。
② 王力:《汉语史稿》,中华书局,2004年,第671、672页。

产生动因、途径。

一 语言外部因素促进新词新义的产生

（一）来自汉族自身时代发展的需求

《南齐书》的中古汉语新词新义来源与中古时期的时代特点息息相关，中古时期政治、制度、文化、农业、科技等的发展需要大量的新词新义来表达新的事物和现象，如"持节（官名）、八座、主簿、典签、主帅、录事、令史、军主、队主"，"素族、素姓、白从、白丁、白直、门生、门义、门附（晋、南北朝时依附于豪门、世族的人口奴客）、门素（原有的门阀地位）、家门（家世、门第）、家世、家声、家称（家族声誉）、家风、谱学"，"土断（东晋、南朝废除侨置郡县，使侨寓户口编入所在郡县的办法）、侨旧（东晋南朝时，北方徙居江南的侨人与当地人合称）、侨立、侨置、侨民（东晋南北朝时流亡江南的北方人）、籍注（东晋和南朝时将服官役者的姓名、年限载入用黄纸书写的户籍总册，谓之籍注，凡入黄籍者可免征役）、塘丁（南朝地方徭役）"，"谈义、清谈、谈士"，"纸、栅、茶、茶饮、裹蒸、面起饼、五盏盘、桃花米"，等等。

此外，中古时期的文学转型对新词的产生也有很大的影响，这一时期的文学语言由上古的"说理"为主转向了"描写"为主，对联合式、偏正式复合词的大量产生影响尤为明显，详见第三章"《南齐书》复音词计量研究"。

（二）来自外来民族语言文化

外来民族语言文化的影响在这一时期尤为显著。中古时期外来语言文化的影响主要包括：一是由不同民族、国家之间接触往来带来的概念和词语，二是通过外来宗教带来的概念和词语。

为了适应南北方的其他民族和国家带来的新概念，这一时期产生了许多新词语，如表示西域的"胡"与汉语结合后产生的词语，"胡床、胡马、胡麻（芝麻）、贾胡（经商的胡人）、五胡、杂胡、羌胡伎（西域音乐）"，"琵琶、玳瑁、虎魄、珊瑚、琉璃、服匿（盛酒器）"等。

如《魏虏传》中记录了不少鲜卑语词：

饮食厨名"阿真厨"，在西，皇后可孙恒出此厨求食。

可孙昔妾媵之。

国中呼内左右为"直真"，外左右为"乌矮真"，曹局文书吏为"比德真"，檐衣人为"朴大真"，带仗人为"胡洛真"，通事人为"乞万真"，守门人为"可薄真"，伪台乘驿贱人为"拂竹真"，诸州乘驿人为"咸真"，杀人者为"契害真"，为主出受辞人为"折溃真"，贵人作食人为"附真"。三公贵人，通谓之"羊真"。……又有俟勤地何比尚书，莫堤比刺史，郁若比二千石，受别官比诸侯。诸曹府有仓库，悉置比官，皆使通虏、汉语，以为传驿。兰台置中丞御史，知城内事。又置九豆和官，宫城三里内民户籍不属诸军戍者，悉属之。

宏自率众至寿阳，军中有黑毡行殿，容二十人坐，辇边皆三郎曷刺真，槊多白真毦，铁骑为群，前后相接。

上文"直真、乌矮真、比德真、朴大真、胡洛真、乞万真、可薄真、拂竹真、咸真、契害真、折溃真、附真、羊真"等都是鲜卑语音译词。从文意中可看出，"真"应当是表示一类人，但要从语音上进行证明则比较困难。

鲜卑语随着鲜卑族人的汉化早已消亡，只能利用与它同源的其他语言进行比对。关于鲜卑语的属性，学界尚未取得完全一致的结论，但对于鲜卑语属于阿尔泰语系这一点基本没有异议，主要的分歧在于其属于突厥语还是蒙古语。而国内的学者多认为鲜卑语属于蒙古语，蒙古语与鲜卑语具有传承关系。

蒙古语中名词词缀 čin[1] ［tʃin］正是表示一类人，如 honi 表示绵羊，honičin 则表示羊倌，aduyu 表示马，aduyčin 则表示牧马人，temege 表示骆驼，则 temegečin 表示放牧骆驼的人。真，《广韵》职邻切，庄母平声真韵 ［tçǐěn］；上古章母真部 ［tʃǐěn］；［tʃǐěn］与蒙古语中的名词词缀 čin

---

[1] 方框外的蒙古语音标为蒙古文的标音转写字母，材料参考特格希都楞《蒙古语构词法研究》，辽宁民族出版社，2006年，第34页。

［ʧin］，在南北朝时期应该是声母相同，韵尾相同，主元音都是高元音，存在对应关系。因此，《南齐书》记录的"真"当是鲜卑语的词缀，表示一类人。

《河南传》中出现了两个河南匈奴语词"资、资虏"："河南，匈奴种也。汉建武中，匈奴奴婢亡匿在凉州界杂种数千人，虏名奴婢为资，一谓之'资虏'。"

《芮芮虏传》中也记载了三个外来词"穹庐、师子、扶拔"："土气早寒，所居为穹庐毡帐。""献师子皮袴褶，皮如虎皮，色白毛短。时有贾胡在蜀见之，云此非师子皮，乃扶拔皮也。""扶拔"又作"符拔"，兽名。《后汉书·章帝纪》："月氏国遣使献扶拔、师子。"李贤注："扶拔，似麟无角。"

《蛮传》："蛮，种类繁多，言语不一，咸依山谷，布荆、湘、雍、郢、司等五州界。"南朝境内有很多南方少数民族，但他们的文化和军事势力均不如汉族人，他们的语言文化对汉语影响相对小。《南齐书》中记载的可以明确为南方少数民族语词的不多。

《豫章文献王传》："时沈攸之责赇，伐荆州界内诸蛮，遂及五溪，禁断鱼盐。群蛮怒，西溪蛮王田头拟杀攸之使，攸之责赇千万，头拟输五百万，发气死。"《陈显达传》："大度村獠，前后刺史不能制，显达遣使责其租赇，獠帅曰：'两眼刺史尚不敢调我！'""赇"或作"俅"，何承天《纂文》："俅，蛮夷赎罪货也。"《说文解字注·人部》："按蛮夷赎罪货曰'俅'，此夷语耳。字亦作'赇'。"

《东南夷传·林邑国》："中国谓紫磨金，夷人谓之'杨迈'，故以为名。"《东南夷传·扶南国》："平荡之日，上表献金五婆罗。""并献金镂龙王坐像一躯，白檀像一躯，牙塔二躯，古贝二双，瑠璃苏鉥二口，玳瑁槟榔盘一枚。""有甘蔗、诸蔗、安石榴及橘，多槟榔，鸟兽如中国。""安石榴"一词来自西域，"槟榔"一词来自南方。"杨迈、婆罗、苏鉥"具体语言来源不详。

（三）来自外来宗教——佛教

总体而言，以上少数民族语的外来词真正进入汉语的始终有限。相比之下，外来宗教——佛教对汉语的影响尤为深远。外来宗教也属于外来民族语言文化的一部分，因其影响深远，故专门讨论。

南北朝佛教盛行，萧齐朝野上下尊崇佛教，皇室中信仰佛教的人很多，经常组织各种佛事活动。如齐武帝萧赜、豫章王萧嶷、竟陵王萧子良都笃信佛教。萧赜曾组织朝臣在华林省进行佛教的八关斋。萧嶷在家中供养外国僧人。萧赜次子萧子良更是经常聚集名僧、名士讲佛论法，举办各种佛事活动。佛教对南朝的影响非常之深。

《南齐书》中的佛教词语非常多，主要有音译、意译、音译与意译结合三种。

（1）音译如：僧、佛、刹、塔、钵、泥洹、尼干、婆罗门、菩萨、佛图、佛刹、释迦、波若等。

（2）意译如：功德、供养、七宝、八难、含识、斋戒、道人、根性、疑执、回向、金刚力士、众生、业身、果报、福业、因缘、精舍、尘劫、无明、轮回、后果、舍身、变化、长斋、常住、成佛、持戒、持行、慈悲、大悲、八关斋、不可思议等。

（3）音译加意译如：优昙钵华、僧正、佛道、佛法、佛教、佛经、佛理、佛义、佛寺、佛影、禅房等。

此外，佛教中土化之后，有些汉语旧有之词，因佛教影响，附上一层宗教色彩，还有一些佛教词语是汉语自身创造的，这类如：白黑、恐怖、供养、燋烂、修福、报、慈等。

【白黑】指世俗之人和僧人。"白黑"，汉语中本来就有，指白色和黑色，佛教中因世俗人穿白衣、僧人穿黑衣，故以"白黑"称之。《周颙传》："贫道捉麈尾来四十余年，东西讲说，谬重一时，余义颇见宗录，唯有此涂白黑无一人得者，为之发病。"

【报】指报应，汉语中本来就有，如《荀子·宥坐》："为善者天报之以福，为不善者天报之以祸。"佛教中因果报应思想的"报"从汉语中直接借用。《周颙传》："杂报如家，人天如客，遇客日鲜，在家日多，吾侪信业，未足长免，则伤心之惨，行亦息念。""众生之禀此形质，以畜肌膂，皆由其积壅痴迷，沉流莫反，报受秽浊，历苦酸长，此甘与肥，皆无明之报聚也。"

二 语言内部发展促进新词新义的产生

除了语言外部因素的刺激和推动，从汉语内部语言发展的机制来说，除了外来词和方言词,《南齐书》中的中古新生新词新义的产生途径主要有如下几种:语素复合、引申、典故、缩略、词汇化、词类活用固化。

(一)语素复合

语素复合,又称复合造词,即单音语素按照一定的结构规律组合成复合词。张永言:"新词一般是利用语言里已有的构词材料按照既定的构词规则产生出来的。"[1] 复合造词能产性最高,中古以来逐渐占据主要地位,这一方式是《南齐书》中新词产生的最主要途径。新词中以复音词占绝大多数,这些复音词多数由语素复合而来,如上文提到的"舍"和"宇"在中古时期产生系列新词以及上文分析的"素族""主帅""充腴""坟园""蠢左""装治""咸皆"等,下文第三章"《南齐书》复音词计量研究"中也多涉及,此处不详细举例。

(二)引申

"引申"有广义和狭义之分。广义的"引申"相当于词义演变,如程俊英、梁永昌:"词义由一而二、而三的发展变化,语言学上称为引申。"[2] 狭义的"引申"是词义演变方式中的一种,如王力:"'引申'是从本来的意义生出一个新的意义来,旧意义和新意义之间的关系是可以说明的。"[3] 陆宗达、王宁:"引申是一种有规律的词义运动。词义从一点(本义)出发,沿着它的特点所决定的方向,按照各民族的习惯,不断产生新义或派生新词,从而构成有系统的义列,这就是词义引申的基本表现。"[4] 本书所言"引申"是指狭义的引申。我们认为引申是一种基于联想的词义发展方式,从联想类型来看,引申归根结底主要有两类——相似引申和相关引申,从修辞的角度又可相应称为比喻引申和借代引申。

1. 比喻引申

比喻引申出自思维中的相似联想。相似联想是由某一事物或现象想到与之相似的其他事物或现象。相似联想反映的是事物、现象之间的相似性。比喻一般基于相似联想。

① 张永言:《词汇学简论》,华中工学院出版社,1982 年,第 87 页。
② 程俊英、梁永昌:《应用训诂学》,华东师范大学出版社,2008 年,第 52 页。
③ 王力:《汉语史稿》,中华书局,1980 年,第 643 页。
④ 陆宗达、王宁:《训诂方法论》,中国社会科学出版社,1983 年,第 140 页。

蚂蚁，渺小、低微，中古时期常用"蚁"来比喻敌人，带有低微、卑贱的感情色彩，如《孔稚珪传》："昔岁蚁坏，瘗食樊、汉，今兹虫毒，浸淫未已。""蚁"的这一用法类似于中古时期的另一个常用的贬义修饰词"丑"，如"丑羯、丑虏、丑言"之类。中古时期"蚁"构成的新词大都带有贬义，如：

【虫蚁】本指虫豸。南朝宋鲍照《拟行路难》诗之七："飞走树间啄虫蚁，岂忆往日天子尊。"进而比喻才能一般、低下的人。《刘祥传》："临川殿下不遗虫蚁，赐参辞华。"

【蚊蚁】本指蚊虫蚂蚁，进而比喻小人、坏人。《豫章文献王传》："上答曰：'欺巧那可容！宋世混乱，以为是不？蚊蚁何足为忧，已为义勇所破，官军昨至，今都应散灭。吾政恨其不办大耳，亦何时无亡命邪。'"

【蚁聚】《大词典》中解释为"如蚂蚁般聚集。比喻结集者之多"。这个解释不太准确，这个词在当时是带有明显贬义色彩的，基本用于描写盗贼、叛军、敌军等。《柳世隆传》："蚁聚郭邑，伺国衰盛，从来积年，求不解甲。"《陈显达传》："而凶丑剽狡，专事侵掠，驱扇异类，蚁聚西偏，乘彼自来之资，抚其天亡之会，军无再驾，民不重劳，传檄以定三秦，一麾而臣禹迹，在此举矣。"《孔稚珪传》："而蚁聚蚕攒，穷诛不尽，马足毛群，难与竞逐。"

【蚁众】比喻乌合之众。《垣崇祖传》："太祖践阼，谓崇祖曰：'我新有天下，夷虏不识运命，必当动其蚁众，以送刘昶为辞。贼之所冲，必在寿春。能制此寇，非卿莫可。'"《全晋文》卷七愍帝《手诏张寔》："刘曜自去年九月率其蚁众，乘虚深寇，劫质羌胡，攻没北地。"《全梁文》卷三十六江淹《萧骠骑上顿表》："况乃逆徒阻兵，器掩西服，虽蚁众鼠窃，势必褫散。"《大词典》未收该词。

【蚁寇】比喻乌合之众。《武十七王传·竟陵文宣王子良》："刘楷见甲以助湘中，威力既举，蚁寇自服。"

2. 借代引申

借代引申出自思维中的相关联想。相关联想是由熟悉或典型的事物、现象联想出与之相关的事物、现象。借代一般基于相关联想。借代引申可细分为以性质借代、以部分借代、以工具借代、以材料借代、以功能借代、以原因借代、以所在借代，等等。

【方邵】西周时助宣王中兴之贤臣方叔与召虎的并称，后借指国之重臣。《曹虎传》："孤总连率，任属方邵，组甲十万，雄戟千群，以此戡难，何往不克。"以典型人物借代具有相同特征的一类人。

【锋镝】刀刃和箭镞，借指兵器。《褚渊传》："锋镝初交，元恶送首，总律制奇，判于此举。"以部分借代全体。

【胡马】借指胡人的军队。《王广之传》："盘龙杀敌，洞开胡马。"以部分借代全体。

【刀笔】古代书写的工具，借指法律案牍。《江谧传》："谧才长刀笔，所在事办。"《虞玩之传》："玩之少闲刀笔，泛涉书史，解褐东海王行参军，乌程令。"《良政传·史臣论》："明帝自在布衣，晓达吏事，君临亿兆，专务刀笔，未尝枉法申恩，守宰以之肃震。"以工具借代成品。

（三）因典故产生的新词

典故词语的增多是中古时期的语言发展特点之一。化振红《〈洛阳伽蓝记〉词汇研究》（2002）提到《洛阳伽蓝记》词汇系统中有三个比较独特的词汇现象：典故词语的大量应用、词汇的语法化以及该书在常用词语的新旧词形、新旧意义的选择等方面体现出来的保守性。周超《南朝宋诗词语研究》（2012）分析新词新义来源时亦提到"缩略""化典"这两种方式。《南齐书》中的典故词语亦不少，可见化典是中古时期的常用造词法之一。《南齐书》中的典故词语大部分化用自先秦典籍，如《诗经》《左传》、诸子之书等，也有一些出自汉代史书。这些典故词语的出现大多是出于文学语言的需要，大多见于书面语性质强的语料。

【摽梅】语出《诗经·召南·摽有梅》："摽有梅，其实七分；求我庶士，迨其吉分。"摽梅本指梅子成熟而落下，后以"摽梅"比喻女子已到结婚年龄。《海陵王纪》："督劝婚嫁，宜严更申明，必使禽币以时，摽梅息怨。"

【冰渊】语出《诗经·小雅·小旻》："如临深渊，如履薄冰。"后遂以"冰渊"比喻处境危险。《王融传》："若衣以朱裳，戴之玄frak，节其揖让，教以翔趋，必同艰桎梏，等惧冰渊，婆娑蹒跚，困而不能前已。"《大词典》首引宋代苏轼《赐安焘乞外郡不允批答》："而况艰难之际，一日万几，冰渊之惧，当务同济。卿练达兵要，灼知边情，寄托之深，义难引去。"

【掣肘】语出《吕氏春秋·具备》："宓子贱治亶父，恐鲁君之听谗人，而令己不得行其术也。将辞而行，请近吏二人于鲁君，与之俱至于亶父。邑吏皆朝，宓子贱令吏二人书。吏方将书，宓子贱从旁时掣摇其肘；吏书之不善，则宓子贱为之怒。吏甚患之，辞而请归……鲁君太息而叹曰：'宓子以此谏寡人之不肖也。'"后以"掣肘"谓从旁牵制。《刘善明传》："一则暗于兵机，二则人情离怨，三则有掣肘之患，四则天夺其魄。"《大词典》首引《北齐书·源彪传》："若不推赤心于琳，别遣余人掣肘，复成速祸，弥不可为。"

【当璧】语出《左传·昭公十三年》："初，共王无冢适，有宠子五人，无适立焉。乃大有事于群望，而祈曰：'请神择于五人者，使主社稷。'乃遍以璧见于群望，曰：'当璧而拜者，神所立也，谁敢违之？'既，乃与巴姬密埋璧于大室之庭，使五人齐，而长入拜……平王弱，抱而入，再拜，皆厌纽。"杨伯峻注："厌同压。压纽即当璧。"后以"当璧"喻立为国君之兆。《萧赤斧传附子颖胄》："南康殿下体自高宗，天挺英懿。食叶之征，著于弱年；当璧之祥，兆乎绮岁。"《张敬儿传》："主上睿明当璧，宇县同庆，绝域奉赞，万国通书，而盘桓百日，始有单骑，事存送往，于此可征。"《大词典》首引《魏书·肃宗纪》："皇曾孙故临洮王宝晖世子钊，体自高祖，天表卓异，大行平日养爱特深，义齐若子，事符当璧。"

【顿戟】语出《管子·地数》："故天下之君顿戟一怒，伏尸满野，此见戈之本也。"后以"顿戟"指动用干戈引起兵战。《高帝纪上》："入兵万乘之国，顿戟象魏之下。"

【市虎】语本《韩非子·内储说上》："庞恭与太子质于邯郸，谓魏王曰：'今一人言市有虎，王信之乎？'曰：'不信。''二人言市有虎，王信之乎？'曰：'不信。''三人言市有虎，王信之乎？'王曰：'寡人信之。'庞恭曰：'夫市之无虎也明矣，然而三人言而成虎。今邯郸之去魏也远于市，议臣者过于三人，愿王察之。'"市中的老虎，市本无虎，因以比喻流言蜚语。《张敬儿传》："必若虚设市虎，亦可不翅此言；若以此诈民，天下岂患无眼。"

【民天】指粮食。语本《史记·郦生陆贾传》:"王者以民人为天,而民人以食为天。"《郁林王纪》:"可严下州郡,务滋耕殖,相亩辟畴,广开地利,深树国本,克阜民天。"

【轼蛙】语出《吴越春秋·勾践伐吴外传》:"恐军士畏法不使,自谓未能得士之死力,道见蛙张腹而怒,将有战争之气,即为之轼。其士卒有问于王曰:'君何为敬蛙虫而为之轼?'勾践曰:'吾思士卒之怒久矣,而未有称吾意者。今蛙虫无知之物,见敌而有怒气,故为之轼。'于是军士闻之,莫不怀心乐死,人致其命。"后因以"轼蛙"为激励士卒锐气之典。《刘虬传》:"谨收樵牧之嫌,敬加轼蛙之义。"

【鼎湖】鼎湖本是地名,相传黄帝在鼎湖乘龙升天,借指帝王崩逝。《柳世隆传》:"圣去鼎湖,远颁顾命,托寄崇深,义感金石。"《大词典》首引《周书·静帝纪》:"先皇晏驾,万国深鼎湖之痛,四海穷遏密之悲。"

(四) 因缩略产生的新词

《南齐书》中词语缩略一般将多音词或词组缩略成双音词,极个别双音词缩略成单音词如"土断"缩成"断","立年"缩成"立"。

【步兵】官名。步兵校尉的省称。《褚炫传》:"齐台建,复为侍中,领步兵校尉。……还,复为侍中,领步兵。"《大词典》首引唐代温庭筠《送陈嘏之侯官兼简李常侍》诗:"纵得步兵无绿蚁,不缘句漏有丹砂。"

【晨昏】"晨昏定省"的缩略,谓朝夕慰问奉侍。《褚渊传》:"渊以母年高赢疾,晨昏须养,固辞卫尉,不许。"《刘瓛传》:"又上下年尊,益不愿居官次,废晨昏也。"《谢瀹传》:"瀹以晨昏有废,固辞不受。"

【独善】"独善其身"的缩略。《魏房传》:"岂二圣促促于天位,两贤谦虚以独善?"《褚渊传》:"凡位居物首,功在众先,进退之宜,当与众共。苟殉独善,何以处物。"《大词典》首引《晋书·隐逸传·张忠》:"先生考磐山林,研精道素,独善之美有余,兼济之功未也。"

【改张】"改弦更张"的缩略。《陆慧晓传附顾宪之》:"因循余弊,诚宜改张。"

【立年】"而立之年"的缩略。《文惠太子传》:"太子立年作贰,宜时详览,此讯事委以亲决。"《王融传》:"爰自总发,迄将立年,州闾乡党,见许愚慎，朝廷衣冠，谓无瞖咎。"

【二八】八元、八恺的合称。"八元"，古代传说中的八个才子。"八恺"，相传古代高阳氏的八个才子。《王融传》："抑又唐尧在上，不参二八，管夷吾耻之，臣亦耻之。"

【二南】指《诗经》的《周南》和《召南》。《武十七王传·竟陵文宣王子良》："谅以齐晖《二南》，同规往哲。"

【过立】超过而立之年。典故加缩略。《文惠太子传》："太子年始过立，久在储宫，得参政事，内外百司，咸谓旦暮继体。"

【断】土断的缩略。《柳世隆传》："虏退，上欲土断江北，又敕世隆曰：'吕安国近在西，土断郢、司二境上杂民，大佳，民始无惊恐。近又令垣豫州断其州内，商得崇祖启事，已行竟，近无云云，殊称前代旧意。卿视兖部中可行此事不？若无所扰，春便就手也。'"

（五）短语词汇化

词汇化指的是原来自由组合，具有语法规则且语义明晰的短语当成一个固定表达来使用。《南齐书》中有一些新词是由短语词汇化而成的，不少词原本只是短语，结构并不紧密，但由于搭配固定，使用频繁，渐凝固成词。

【何容】岂可、岂容。《何昌寓传》："昌寓曰：'仆受朝廷意寄，翼辅外蕃，何容以殿下付君一介之使。若朝廷必须殿下还，当更听后旨。'"

【何图】哪里想到。《胡谐之传》："何图一旦奄见弃放，吉凶分违，不获临奉，乞解所职。"《何昌寓传》："与公道味相求，期心有素，方共经营家国，勠劳王室，何图时不我与，契阔屯昏，忠诚弗亮，罹此百殃。"

【何事】词汇化后进一步语法化。（1）什么事，哪件事。《豫章文献王传》："共起布衣，俱登天贵，生平游处，何事不同，分甘均味，何珍不等，未常睹貌而天心不欢，见形而圣仪不悦。"（2）为何，何故。《王僧虔传》："今通塞虽异，犹忝气类，尚书何事乃尔见苦？"（3）何能，怎么能。《谢瀟传》："晏初得班剑，瀟谓之曰：'身家太傅裁得六人。君亦何事一朝至此。'"（4）何必。《良政传·裴昭明》："昭明历郡皆有勤绩，常谓人曰：'人生何事须聚蓄，一身之外，亦复何须？子孙若不才，我聚彼散；若能自立，则不如一经。'"

【何所】什么。《良政传·裴昭明》："有司奏：'太子婚，纳征用玉璧虎皮，未详何所准据。'"《良政传·孔琇之》："有小儿年十岁，偷刈邻家稻一束，琇之付狱治罪，或谏之，琇之曰：'十岁便能为盗，长大何所不为？'"《张敬儿传》："太祖以敬儿人位既轻，不欲便使为襄阳重镇，敬儿求之不已，乃微动太祖曰：'沈攸之在荆州，公知其欲何所作？不出敬儿以防之，恐非公之利也。'"

（六）词类活用固化

词类活用衍生出新义，如名词性的"斧"发展出动词义"用斧头砍"，名词性的"脯（干肉）"发展出动词义"做成干肉"，名词性的"屦"发展出动词义"践踏，行走"。但词类活用衍生新义更多见于上古汉语时期，中古时期相对少。

【顿】既作动词，指住宿、驻屯，又作名词，指驻扎用的营寨。[1]《薛渊传》："事平，明旦众军还集杜姥宅，街路皆满，宫门不开，太祖登南掖门楼处分众军各还本顿，至食后，城门开，渊方得入见太祖，且喜且泣。"《张敬儿传》："初，敬儿既斩沈攸之使，报随郡太守刘道宗，聚众得千余人，立营顿。"

【逋亡】本指逃亡。亦作名词，指逃亡的人。《张敬儿传》："又招集逋亡，断遏行侣，治舟试舰，恒以朝廷为旗的，秣马按剑，常愿天下有风尘，为人臣者，固若是邪！"《大词典》首引《陈书·周迪传》："外诱逋亡，招集不逞，中调京辇，规冀非常。"

第五节 《南齐书》词汇来源计量分析

本节我们采用抽样统计的方法，通过对《南齐书》中的词汇成分的历时来源情况进行分析、标注、统计，分析上古汉语到中古汉语新、旧词汇成分发展的情况。统计以词义为单位，时间划分参照《大词典》与常用语料库。[2]

---

[1] 参看方一新《东汉魏晋南北朝史书词语笺释》，黄山书社，1997 年，第 31、32 页。

[2] 虽然《汉语大词典》因为编写年代较早，技术有限，存在词语失收或引证年代滞后等问题，但是数据统计主要考察一种大体趋势，故仍以《汉语大词典》作为参照依据。常用语料库主要参考"汉籍""佛典""中国基本古籍库"。

　　《南齐书》全书共 363329 字，纪传部分 283916 字，通过统计发现纪传部分来自上古汉语、中古汉语（含首见《南齐书》）的新、旧词汇成分共有 32878 个。在这 32878 个词汇成分中，我们随机抽取了其中近三分之一的词汇成分，即一万个词汇成分进行分析考察。这一万个词汇成分中，包含 1675 个专有名词①，排除这些专有名词，剩下 8325 个普通词汇成分。

一　词汇成分的新、旧数量比较

　　这 8325 个普通词汇成分中，继承自上古汉语的有 3624 个，占普通词汇成分的 43.5%，将近一半。中古以来（含南朝齐）产生的新生词汇成分，共 4701 个，占 56.5%，超过一半。

二　词汇成分的音节长度比较

　　在这 8325 个词汇成分中，单音节的共 3242 个，占 38.9%，复音节的共 5083 个，占 61.1%。单音节的词汇成分中，来自上古的单音节词汇成分占 65.6%，中古的仅占 34.4%。复音节的词汇成分中，来自中古的占 70.6%，上古的仅占 29.4%。

　　可见《南齐书》词汇以复音节为主，单音节的词汇成分主要继承自上古，复音节词汇成分主要来自中古时期。这明显看出与上古汉语相比，中古时期汉语词汇复音化的特点，为中古汉语词汇复音化提供了有力的数据支持。

　　3624 个来自上古汉语的旧词汇成分中，从音节长短的角度分，单音节的有 2128 个，占 58.7%，复音节的有 1496 个，占 41.3%。复音节词汇成分中，双音词 1484 个，占 99.2%，三音节的有 2 个，占 0.1%，四音节的有 10 个，占 0.7%。继承自上古汉语的词汇成分中，单音节占主要地位，复音节也有比较大的比重。

　　4701 个中古新生词汇成分中，从音节的长度看，单音节的有 1114 个，

---

　　①　专有名词如地名、人名、姓氏、建筑名、帝号、谥号、封号、年号等。另外以下情况，我们也不计入："庚辰、甲午"之类的时间名词；字符长度超过两个字的职官名，如"开府仪同三司、骠骑大将军"之类；字符长度超过两个字的数词，如"一百一十"之类。同时，同一个词的异体字，不重复计算。

占23.7%，复音节的有3587个，占76.3%。复音节词汇成分中，双音节的有3536个，占98.6%，三音节的有24个，占0.7%，四音节的有27个，占0.7%。中古汉语的新生词汇成分中，复音节尤其是双音节占了很大比例，单音节比较少。

《南齐书》中随机抽取的样本词汇成分中，来自上古汉语的旧词汇成分占43.5%，来自中古（含南齐）的新词汇成分占56.5%。继承自上古的旧词汇成分以单音节为主，占58.7%，而中古的新词汇成分以复音节为主，占76.3%。可见，中古汉语的词汇相比上古汉语确实有了很大的发展，新词汇成分呈现明显复音化趋势。

三 词汇成分的词性情况比较

继承自上古汉语的词汇成分，从词性的角度分，除去不划分词性的10个成语，则剩3614个普通词汇成分，其中名词性的有1314个，占36.36%；动词性的有1644个，占45.49%；形容词性的有414个，占11.46%；数词性的有15个，占0.42%；量词性的有7个，占0.19%；代词性的有44个，占1.22%；副词性的有117个，占3.24%；介词性的有8个，占0.22%；连词性的有30个，占0.83%；助词性的有8个，占0.22%；语气词性的有12个，占0.33%；拟声词性的有1个，占0.03%（见表4）。

表4 《南齐书》承古词汇成分词性数量、比例

	动词	名词	形容	副词	代词	连词	数词	语气	介词	助词	量词	拟声	总数
数量（个）	1644	1314	414	117	44	30	15	12	8	8	7	1	3614
占比（%）	45.49	36.36	11.46	3.24	1.22	0.83	0.42	0.33	0.22	0.22	0.19	0.03	100

中古新生词汇成分，从词性的角度看，除去不划分词性的27个成语，剩下4674个普通词汇成分，其中名词性的有2039个，占43.62%；动词性的有2001个，占42.81%；形容词性的有435个，占9.31%；量词性的有15个，占0.32%；代词性的有31个，占0.66%；副词性的有125个，占2.67%；介词性的有4个，占0.09%；连词性的有19个，占0.41%；助词性的有2个，语气词性的有2个，均占0.04%；拟声词性的有1个，

占 0.02%（见表 5）。

表 5　《南齐书》中古新生词汇成分词性数量、比例

	名词	动词	形容	副词	代词	连词	量词	介词	语气	助词	拟声	总数
数量（个）	2039	2001	435	125	31	19	15	4	2	2	1	4674
占比（%）	43.62	42.81	9.31	2.67	0.66	0.41	0.32	0.09	0.04	0.04	0.02	100

中古时期（含南朝齐）与上古时期相比，样本词汇成分中各个词性词汇数量增长情况如表 6。

表 6　《南齐书》各词性上古、中古情况比较

词性[1]	上古（个）	上古占比（%）	中古（个）	中古占比（%）	上古、中古合计（个）	新词汇成分比例[2]（%）
名词	1314	36.40	2039	43.60	3353	60.81
动词	1644	45.50	2001	42.80	3645	54.90
形容词	414	11.50	435	9.30	849	51.24
数词	15	0.40	0	0	15	0
量词	7	0.20	15	0.30	22	68.18
代词	44	1.20	31	0.70	75	41.33
副词	117	3.20	125	2.70	242	51.65
介词	8	0.20	4	0.10	12	33.33
连词	30	0.80	19	0.40	49	38.78
助词	8	0.20	2	0.10	10	20.00
语气词	12	0.30	2	0.10	14	14.29
拟声词	1	—	1	—	2	

注：1. 10000 个义位中减去专有名词等 1675 个、上古的 10 个成语、中古的 27 个成语。
2. 各词类中古新生词所占的比例。拟声词由于样本实在太少，不列入计算。

从新生词汇成分的词性来看，名词、动词最多，其次是形容词、副词，代词、连词、量词、介词、助词、语气词则很少。

从每个词类新生词的数量看，量词、名词、动词、副词、形容词这五类的增长速度都比较快，新词汇成分占各自词类的 50% 以上。

其中，量词增长速度最快，甚至超过名词、动词。量词的多样化和广泛使用正是中古汉语不同于上古汉语的一个重要特点。

新生词义中，实词性词义占绝大多数，而新生的虚词中，副词又占主要位置。数词、助词、语气词、介词、连词的新词新义增长则很有限。

此外，在随机抽取的样本词汇成分中，与《大词典》比对，所引例证首见《南齐书》以及可以提前《大词典》首引例证的共 1763 个，其中名词性 765 个，动词性 726 个，形容词性 178 个，量词性 10 个，代词性 10 个，副词性 44 个，介词性 2 个，连词性 12 个，拟声词性 1 个，助词性 1 个，不划分词性的成语 14 个。其中单音节 385 个，双音节 1351 个，三音节 13 个，四音节 14 个。

第六节　小结

本章主要从历时和词义的角度分析、呈现《南齐书》中的词汇来源情况。按历时的角度，我们将《南齐书》中出现的词语分成上古、中古、首见《南齐书》三个时间层次来呈现。首见《南齐书》的词语实际上是包含在中古汉语中的，只是为了突出《南齐书》的词汇特点，特地将其独立出来。

继承自上古的旧语言要素在中古时期呈现新的使用特点，主要体现在使用上的主次分化和组合上的词素化两方面，具体有三种情况：（1）成为口语词，占据语义场的主导地位；（2）成为书面语词，口语中很少使用；（3）词素化，很少单独使用，更多以构成新复音词的形式出现。以往承古词或古语词的研究常常将范围限定在书面语词部分，不做深入研究，故而忽略了不同时期传承词的研究，实际上，传承词与新词、传承词之间也存在竞争、分化、淘汰等现象，将传承词也纳入研究范围，才能更好地观察旧语言要素的发展变化和新时期的语言特点。

中古时期产生了大量的新词新义，除了外来词和方言词，《南齐书》的新词新义大部分是在上古汉语的语言要素基础上发展而来的，具体表现为：（1）由旧语言要素演变出新义；（2）由旧语言要素派生出新词；（3）由旧语言要素根据构词规则合成新词；（4）由旧要素演变出新义后再合成新词；（5）新旧语言要素合成新词。典故词语也多来自上古典籍语言。新词中大部分为双音词，新生的单音词不多，新生双音词的构词词素大都来自上古汉语。

《南齐书》的新词新义的产生动因和途径，主要分成语言外部影响和内部影响两部分。一方面，导致大量新词新义产生的外部因素在于自身社会、文化、政治等方面发展的需求，大量新事物、新概念的产生自然带来新词新义的产生；另一方面，《南齐书》中记录了一些外来词，来源主要有佛教、北方游牧民族、南方少数民族或国家。语言内部产生新词新义的途径主要有语素复合、引申、典故、缩略、词汇化、词类活用固化。语素复合造词能产性最高。典故、缩略是中古时期比较有特色的造词手段。

通过对随机抽取的《南齐书》中的近 1 万个词汇成分进行统计分析，得出来自上古汉语的旧词汇成分占 43.5%，来自中古（含南齐）的新词汇成分占 56.5%。旧词汇成分以单音节为主，占 58.7%；新词汇成分以复音节为主，占 76.3%。可见，中古汉语的词汇相比上古汉语确实有了很大的发展，新词汇成分呈现明显复音化趋势。同时，新词汇成分中，名词、动词的数量最多，形容词、副词次之，代词、连词、量词等词类则很少，主要词类按数量由多到少排列如下：名词＞动词＞形容词＞副词。但从各词类新旧成分的比例来看，主要词类的增长速度如下：量词＞名词＞动词＞副词＞形容词。以上五类词的增长速度都比较快。量词增长速度最快，甚至超过名词、动词。可见，中古汉语各词类的发展差异显著，量词的多样化和广泛使用正是中古汉语不同于上古汉语的一个重要特点。

第三章 《南齐书》复音词计量研究

上一章主要从历时和词义的角度对《南齐书》中的词汇来源进行了描写和分析。本章依托 ACCESS 语料库，在将《南齐书》文本制作成电子语料的基础上，从共时和词形的角度，采用定量统计和定性描写的方式，对《南齐书》中词汇复音化的情况进行统计和分析。

第一节 《南齐书》词汇复音化情况

一 复音词的判断标准

单音词和复音词是从音节角度对词语的划分。单音词即仅包含一个音节的词，复音词即包含至少两个音节的词，含两个音节的词可称为双音词。而汉语词汇的复音化指的是汉语词汇发展过程中，复音词逐渐取代单音词在词汇系统中的主导地位的演进过程。在对《南齐书》的词汇进行词形计量研究之前，必须解决的就是复音词的判断标准问题。关于复音词的判断标准历来讨论颇多，比较有代表性的观点如下。

马真《先秦复音词初探》（1980、1981）主要从意义融合的角度，提出判断先秦复音词的五条标准：（1）两个成分结合后，构成新义，各成分的原义融合在新的整体意义中；（2）两个同义或近义成分结合，意义互补，凝结成一个更概括的意义；（3）两个成分结合后，其中的一个意义消失了，只保留一个成分的意义；（4）重迭的复音组合，重迭后不是原义的简单重复，而是在原义的基础上增加某种附加意义；（5）两个结合的成分，其中一个是没有具体词汇意义的附加成分。满足以上五个标准中一个的复音组合即为词，而不是词组。

伍宗文《先秦汉语复音词研究》（2001）从形式、意义、修辞、语法、频率角度提出先秦复音词的五条判断标准：（1）形式标志，主要是针对先秦甲骨文、金文中的"合文"现象；（2）意义标准，主要是通过结合之后的义位与原来义位的比较来认定；（3）修辞手段；（4）语法性质，复音组合的语法性质发生转化；（5）见次频率。

方一新《中古汉语词汇学》（2010）根据中古汉语的特点，提出当从词频、词性、词义、构词、音节五个方面来区分复音词和词组：（1）词频标准，使用频率是最基本的判断标准；（2）词性标准，当一个词组有了两种词性时就已经凝固成词了；（3）词义标准，有了不同的义位就属于词；（4）构词标准，根据词的构成方式，将同类词类推，即甲与乙有同类的构词方式或表义方式，甲属于词，乙通常也属于词；（5）音节标准，通常两个音节的属于词，三个音节如果结合不紧密就不认为是词了。

我们认为区别复音词和短语时当从多角度去考虑。我们比较认可马真先生的看法，意义的融合性是判断词与短语的首要标准，此外可以综合参考语法性质的变化、出现的频率、音节的长短。方一新先生提出的五条标准中第四条标准"构词标准，根据词的构成方式，将同类词类推，即甲与乙有同类的构词方式或表义方式，甲属于词，乙通常也属于词"特别值得参考，确实非常符合中古汉语的特点。

二　单音词、复音词数量和使用次数的宏观比较

（一）《南齐书》中单音词和复音词的数量比较

《南齐书》全书共 363329 字，纪传部分 283916 字。按同一个词重复出现只算一次来计算，排除人名、地名等专有名词，我们统计《南齐书》纪传部分中出现的词的总数量是 18520 个，单音词的总数量仅为 3505 个，复音词的总数量为 15015 个。从词的总数来看，单音词仅占词总数的 18.9%，而复音词占词总数的 81.1%。详见表 7。

表 7 《南齐书》单音词、复音词数量与比例

类别	单音词	复音词	词汇总量
数量（个）	3505	15015	18520
占比（%）	18.9	81.1	100

而 15015 个复音词中双音词 14660 个，三音词 257 个，四音词 98 个。双音词占复音词总数的 97.6%，三音词与四音词仅占 2.4%。详见表 8。

表 8 《南齐书》复音词不同音节词的数量、比例

类别	双音词	三音词	四音词	复音词
数量（个）	14660	257	98	15015
占比（%）	97.6	2.4		100

根据统计，《南齐书》中复音词的数量远远多于单音词的数量，也就是说《南齐书》的词汇构成中，复音词占了词汇的极高比例，而双音词又占了复音词的绝大多数，从具体数据可见，复音化的主流趋势是双音化。

（二）《南齐书》中单音词和复音词使用次数比较

从词的数量的角度看，无疑复音词占了词汇的主导地位，但从词的使用频次来看，结果大不相同。我们统计纪传部分词的总使用次数为 162447 次（全书使用的全部词的次数，包括同一个词重复出现的次数），其中单音词的使用次数为 105803 次，占 65.1%，复音词的使用次数为 56644 次，占 34.9%（见表 9）。复音词中双音词的使用次数为 48322 次，占复音词使用次数的 85.3%。

表 9 《南齐书》单音词、复音词使用次数比较

类别	单音词	复音词	词
使用频次（次）	105803	56644	162447
占比（%）	65.1	34.9	100

从全书中词的使用频次来看，仅占词总数的 18.9% 的单音词的使用频次却占到 65.1%，而占词总数的 81.1% 的复音词的使用频次仅占 34.9%，单音词的使用频次远高于复音词的使用频次。从使用频次的角度看，单音

词又占了主导地位。

（三）《南齐书》的复音化情况与中古时期其他语料比较

下面我们将《南齐书》中的复音化情况与相同、相近时期的其他语料的复音化情况进行比较。

首先，从词的数量的角度来比较。据吴松统计，南朝宋诗中词总数为8815，其中单音词 2515、复音词 6300，分别占 28.5% 和 71.5%；南朝齐梁诗中词总数为 15604，其中单音词 3993、复音词 11611，分别占 25.6% 和 74.4%①。与南朝宋诗和齐梁诗中的复音词数比，单音词数多的趋势大体相似，而《南齐书》中的单音词和复音词分别占词总数的 18.9% 和 81.1%，《南齐书》中单音词和复音词数目的差距更大。

这很大程度上是两者体裁的不同造成的。史书的篇幅更长，而且行文上字数多少和篇幅长短更自由，涉及的语体和语域更广泛，描写、叙述和议论的语言更为详细，出现的复音词更多。语料篇幅长短对统计结果很有影响。邱冰就曾提到，语料篇幅的长短对统计结果有很大影响，篇幅越长，复音词占据语料总词数的比例就会越大②。从我们的统计与吴松的统计的比较中，也证明了这一点。

其次，从词的使用情况的角度来比较。据周超（2012）统计，南朝宋诗中词的总使用次数为 25760 次，单音词使用次数为 17559 次，复音词使用次数为 8201 次，分别占 68.16% 和 31.84%。③《南齐书》中单音词和复音词的使用次数分别占 65.1% 和 34.9%，与周超统计的南朝宋诗单音词和复音词的使用情况基本吻合。

据吴松（2014）统计，南朝齐梁诗中词的总使用次数为 113788 次，单音词的使用次数为 88084 次，复音词的使用次数为 25704 次，分别占 77.4% 和 22.6%。《南齐书》的单音词和复音词的使用情况与南朝齐梁诗的单音词和复音词的使用情况也基本符合。

我们再与中古汉语其他时期的语料相比较，发现整体趋势基本相近，

---

① 统计数字根据吴松《齐梁诗歌词语研究》，南京师范大学博士学位论文，2014 年。
② 邱冰：《中古汉语词汇复音化的多视角研究》，南京大学出版社，2012 年。
③ 周超：《南朝宋诗词语研究》，南京师范大学博士学位论文，2012 年。论文中统计的"25760"总词数，实际上含同一个词重复出现的次数，所以不是总词数，而是使用次数。

都是复音词数量比单音词多，只是单音词和复音词的数量差距不太相同。据周生亚统计，《搜神记》的词汇总量是 7947，其中单音词 3936、复音词 4011，分别占 49.5%、50.5%①。据李仕春统计，《世说新语》中总词数 4698，单音词个数 2250，复音词个数 2448，分别占 47.9%、52.1%②。《洛阳伽蓝记》中总词数 4050，单音词 1600，复音词 2450，分别占 39.5% 和 60.5%③。

同为史书的语料，撰写时间也比较相近的《宋书》，虽然有学者进行过统计，但受制于早期有限的统计手段，只统计了复音词的数量，没有统计单音词的数量，这样直接以复音词的数量与语料总字数相比，实际上间接反映的是单音词使用频率比复音词高的情况，并不能直接反映专书的词汇系统中单音词和复音词数量的情况。如万久富《〈宋书〉复音词研究》中统计，《宋书》纪传部分 512000 字，复音词 11416 个，单音词的比重为 97.78%④。如果按这样的统计方法，《南齐书》纪传部分 283916 字，复音词的数量为 15015 个，则复音词的比重仅为 5.3%，单音词的比重为 94.7%，这样得出的结论就大相径庭了。可见这样的统计方式不能全面地反映复音化的情况。

中古汉语早期的另一部重要史书语料《三国志》中单音词和复音词的情况则与《南齐书》的情况（单音词和复音词分别占词汇总量的 18.9% 和 81.1%）非常接近。据阎玉文统计，《三国志》的总词数为 17363，单音词数量为 2700，复音词数量为 14663，分别占 15.6% 和 84.4%⑤。

史书语料语体多样，语域广泛，文白混杂，词汇的来源更复杂，既有口语化的词语，也有很多文言的词语，甚至有一些文学作品中才出现的生僻词语，如《南齐书》中张融的《海赋》中就有不少生僻字词。张融的文辞以爱用生僻字眼而闻名，萧子显称其"文辞诡激，独与众异"。正是因此，史书语料的词汇量常常比其他体裁的语料的词汇量更庞大，复音词的

---

① 周生亚：《〈搜神记〉语言研究》，中国人民大学出版社，2007 年。
② 李仕春：《汉语构词法和造词法专题研究》，南京大学博士学位论文，2007 年。
③ 化振红：《〈洛阳伽蓝记〉词汇研究》，中国文史出版社，2002 年。
④ 万久富：《〈宋书〉复音词研究》，凤凰出版社，2006 年。
⑤ 阎玉文：《〈三国志〉复音词专题研究》，复旦大学博士学位论文，2003 年。

数量也更多，单音词与复音词的数量差距也更大。但从这也可以看出文学创作对词汇复音化的推动。

（四）《南齐书》的复音化情况与上古时期典型语料比较

与上古时期相比，从词的数量来看，根据伍宗文统计，先秦的《尚书》《诗经》《论语》等 11 部典籍中的复音词占全书词汇总数的比例大约为 20% ~ 40%①。而根据《搜神记》、《世说新语》、《洛阳伽蓝记》、南朝宋诗、南朝齐梁诗、《南齐书》、《三国志》的词汇统计，这个比例到中古时期是 50.5% ~ 84.4%。单从词的数量来看，相比先秦时期，中古汉语的复音词数量明显大量增加，占词汇总量的比例也明显地上升，从超过50%，到 80% 左右。

而从使用频率的角度来看，中古以来大量孳生的复音词还处于新生阶段，没有占据词汇使用的主导地位，高频常用词仍然是以上古的单音词为主。《南齐书》中出现次数在 100 次及以上的词有 252 个，其中单音词 231个，复音词仅 21 个。"之、为、以、不、曰、有、年"这 7 个词的出现频率最高，在全书中的出现次数都大于或等于 1000 次，其中出现频率最高的三个词"之"3234 次，"为"2865 次，"以"1908 次。而出现频率最高的复音词"刺史、太守、如故、元年、侍中、将军、军师"，出现次数均大于 200 次，但复音词中出现最多的"刺史"也只有 750 次，其次为"太守"513 次。而且这些词明显带有史书语料的特点，大都不是口语中的基本词或常用词，但这些词大都是新词，"刺史、太守、如故、侍中、军师（古代军官名，非指军队）"都是汉代以来产生的。

总之，从词汇系统中单音词和复音词的数量比较来说，《南齐书》中的复音词数量远多于单音词。而从词汇系统中词语的使用频率来说，单音词虽然在一定范围内比复音词少得多，但其使用比复音词频繁得多。由此可见，中古时期虽然是复音词大量孳生的阶段，但这些复音词大都处于新生阶段或者不是基本词，使用频率还不高，没有占据语言使用的主导地位。

---

① 根据伍宗文《先秦汉语复音词研究》，巴蜀书社，2001 年。具体统计了《尚书》《诗经》《论语》《左传》《墨子》《孟子》《庄子》《商君书》《荀子》《韩非子》《吕氏春秋》。

三 单音词、复音词数量和使用次数的微观比较

下文从语义场的微观视角来观察语义场中单音词、复音词共存与竞争的情况，由此可以更具体地看出上文统计所反映的复音化情况——中古时期复音词数量明显增多，但大多数情况下，复音词的使用频率仍不如单音词。

（一）表示"交锋、交战"义

《南齐书》中表示"交战"义主要用两个词：单音词"合"和双音词"合战"，两者都产生于先秦时期。"合"的"交锋、交战"义产生于上古汉语时期。《孙子·行军》："兵怒而相迎，久而不合，又不相去，必谨察之。"《荀子·强国》："合战用力而敌退，是众威也。"《南齐书》中表示"交锋、交战"义，"合"只用1次，而"合战"用10次。在这个语义场中，复音词占了明显优势。

（1）显达马稍从步军数百人，于西州前与台军战，再合，大胜，手杀数人……似淳于伯之被刑也。（《陈显达传》）

（2）长文且退且战，引贼向大军，安民率盘龙等趋兵至，合战于孙溪渚战父弯侧，虏军大败，赴清水死不可胜数。（《李安民传》）

（3）镇军将军张永征薛安都于彭城，山图领二千人迎运至武原，为虏骑所追，合战，多所伤杀。（《周山图传》）

（二）表示行政制度上"赦免、减免"义

《南齐书》表示行政制度上"赦免、减免"义的语义场中，单音词有9个，按出现次数多少分别是："蠲"27次、"原"16次、"赦"15次、"免"10次、"宥"10次、"减"3次、"停"3次、"复"2次、"降"（减罪之义）2次。具体如表10。

表10 《南齐书》"赦免、减免"义语义场中的单音词

	蠲	原	赦	免	宥	减	停	复	降	合计
次数（次）	27	16	15	10	10	3	3	2	2	88
比例（%）	30.7	18.1	17.0	11.4	11.4	3.4	3.4	2.3	2.3	100

其中"赦、免、宥、减、复、降"的该义位均已见于上古时期，"蠲、原、停"的该义位产生于中古时期。"原"的"赦免"义《大词典》首引《陈书》，滞后。"停"的"减免"义，《大词典》未收。

（4）上不豫，庚戌，诏原京师囚系有差，元年以前逋责皆原除。（《高帝纪下》）

（5）雍、豫、司、南兖、徐五州遇寇之家，悉停今年税调。（《明帝纪》）

（6）南兰陵桑梓本乡，长蠲租布；武进王业所基，复十年。（《高帝纪下》）

（7）系囚见徒四岁刑以下，悉原遣，五年减为三岁，京邑罪身应入重，降一等。（《武帝纪》）

这9个单音词通过不同构词方式衍伸出的复音词有27个①，按出现次数多少排列如下："大赦"22次、"曲赦"10次、"原除（赦免、免除）"8次、"原遣（赦免、释放）"7次、"原宥"6次、"赦恩"4次、"复除"4次、"蠲除"4次、"原赦"2次、"原放（免罪释放）"2次、"荡涤（宽宥、赦免）"2次、"旷荡（宽宥、从宽论处）"2次、"蠲复"1次、"蠲减"1次、"蠲汰"1次、"蠲恤"1次、"蠲租"1次、"除减（蠲除、减免）"1次、"除宥"1次、"原荡（赦免）"1次、"荡然（释放）"1次、"荡宥"1次、"降宥（减罪、宽宥）"1次、"庆宥（因有吉庆之事而赦宥罪人）"1次、"原散（免罪释放）"1次、"原释（免罪释放）"1次、"原停（赦免）"1次②。

"蠲恤"，"免除赋役，赈济饥贫"的意思，《大词典》首引明代李东阳《明故文林郎河南道监察御史李君士常墓志铭》："（李士常）上疏言怀

---

① "蠲复""蠲减""蠲汰"等词，虽然在本书中出现频率低，但在其他同时期文献中亦有出现，且语义凝固，亦符合前文所提方一新先生说的"构词标准，根据词的构成方式，将同类词类推，即甲与乙有同类的构词方式或表义方式，甲属于词，乙通常也属于词"，故也算是词。

② 刘百顺：《魏晋南北朝史书语词札记》，陕西师范大学出版社，1993年，第65页，讨论过"旷荡、原荡、荡宥、荡然、荡涤"这5个词，可以参看。

庆诸府民父食子，兄食弟，骨肉亲党相噬死，徙十六七，虽蒙赦宥，宜大肆蠲恤，庶他变可弭。"“蠲租"一词，《大词典》首引宋代赵与时《宾退录》卷六："由是推之，唐初以前，必皆有蠲租故事，中世方不然。"“除减、除宥、原散、原释、原停"以及"荡然"的"释放"义，《大词典》未收。

（8）逋租宿债，除减有差。（《高帝纪下》）

（9）昔岁水旱，曲赦丹阳、二吴、义兴四郡遭水尤剧之县，元年以前，三调未充，虚列已毕，官长局吏应共偿备外，详所除宥。（《高帝纪下》）

（10）京师系囚殊死，可降为五岁刑，三署见徒五岁以下，悉原散。（《明帝纪》）

（11）三署徒隶，详所原释。（《武帝纪》）

（12）京甸之内，宜加优贷。其非中赀者，可悉原停。（《武帝纪》）

（13）丁巳，下令赦国内殊死以下，今月十五日昧爽以前，一皆原赦；鳏寡孤独不能自存者，赐谷五斛，府州所领，亦同荡然。（《高帝纪上》）

这 27 个双音词中，已见于上古时期的仅"大赦、复除"2 个，其余 25 个双音词均产生于中古时期。在这个语义场中，使用比较频繁的仍是单音词，很多双音词只使用 1 次。这 25 个中古产生的新词的构词方式以联合式为主，少数为偏正式、动宾式。

联合式 20 个：原除、原遣、原宥、蠲除、原赦、原放、荡涤、旷荡、蠲复、蠲减、蠲汰、蠲恤、除减、除宥、原荡、荡宥、降宥、原散、原释、原停

偏正式 4 个：曲赦、赦恩、荡然、庆宥

动宾式 1 个：蠲租

这 25 个词的主要构词语素有"原""除""蠲""赦""荡""宥"。"原"参与构词 9 个，"蠲"参与构词 6 个，"荡"参与构词 5 个，"宥"参与构词 5 个，"除"参与构词 4 个，"赦"参与构词 3 个。其中参与构词

最多的语素"原""蠲""荡"的该义位是中古汉语的新生义位。

（三）表示"修建、建造"义

《南齐书》中表示"修建、建造"的语义场中，单音词有 7 个，按使用次数多少分别是"立"67 次、"起"36 次、"筑"26 次、"造"6 次、"建"6 次、"营"3 次，"创"2 次。

（14）山石皆涂以五采，跨池水立紫阁诸楼观，壁上画男女私亵之像。（《东昏侯纪》）

（15）以孝武庄严刹七层，帝欲起十层，不可立，分为两刹，各五层。（《虞愿传》）

（16）佛狸破梁州、黄龙，徙其居民，大筑郭邑。（《魏虏传》）

（17）四方饷遗，岁各数百万，并造大宅，聚山开池。（《吕文显传》）

（18）在昔开运，光宅华夏，方弘典谟，克隆教思，命彼有司，崇建庠塾。（《武帝纪》）

（19）隐居余不吴差山，讲经教授，从学者数十百人，各营屋宇，依止其侧。（《高逸传·沈驎士》）

（20）世隆晓数术，于倪塘创墓，与宾客践履，十往五往，常坐一处。（《柳世隆传》）

复音词也有 7 个，按使用次数多少分别是"营立"2 次，"营建""起立""修立""创立""修建""构立"各 1 次，均为联合构词。详见表 11。

表 11 《南齐书》"修建、建造"义语义场

单音词	立	起	筑	造	建	营	创
次数（次）	67	36	26	6	6	3	2
比例（%）	43.5	23.4	16.9	3.9	3.9	1.9	1.3
复音词	营立	营建	起立	修立	创立	修建	构立
次数（次）	2	1	1	1	1	1	1
比例（%）	1.3	0.6	0.6	0.6	0.6	0.6	0.6

（21）二宫诸王，悉不得营立屯邸，封略山湖。（《高帝纪下》）

（22）卿可即于今岁停宫城之作，营建此构。（《魏虏传》）

（23）自今公私皆不得出家为道，及起立塔寺，以宅为精舍，并严断之。（《武帝纪》）

（24）上曰："朕经始此山之南，复为离宫之所。故应有迈灵丘。"灵丘山湖，新林苑也。孝嗣答曰："绕黄山，款牛首，乃盛汉之事。今江南未广，民亦劳止，愿陛下少更留神。"上竟无所修立。（《徐孝嗣传》）

（25）佛护答曰："小人荷国重恩，使于此创立小戍。殿下还朝，但自直过，岂敢干断。"（《崔慧景传》）

（26）便可式遵前准，修建教学，精选儒官，广延国胄。（《高帝纪下》）

（27）治下有宣尼庙，久废不修，祀更开扫构立。（《江祀传》）

　

虽然该语义场中的单音词和复音词的数量相当，但单音词中，除了"创、造、起"3个词，其他4个词"立、筑、建、营"的"修建、建造"义都是先秦已见①，而双音词中，除了"构立"一词，其他6个双音词皆始见于中古汉语时期。可见中古汉语时期复音词数量的孳生要比单音词多。但从使用频率的角度看，则仍然是单音词占主导地位。

第二节 《南齐书》复音词构词类型

《南齐书》中的复音词共15015个，其中双音词14660个，三音词257个，四音词98个。

三音词主要是事物名词、比较常用的职官名词、称谓词，还有一些外来音译词。具体的事物名词如"白纱帽、白羽扇、蝉雀扇、金根车、油壁车、紫磨金、鹿行锦、白虎幡、焦尾琴、百子帐、槟榔盘、丁公藤、金翅鸟、防身刀、千牛刀、甘草杖"等。抽象的事物名词如"五言诗、四言

---

① "造"的"修建、建造"义和"创立"的"修建、建造"义《大词典》皆未收。

诗、永明体、洛生咏、郊庙歌、赤班病"等。常用职官名如"给事中、正员郎、员外郎"等。称谓词如"从父兄、太祖父、祖父母、皇太后、皇太子、皇太孙、太孙妃"等。外来音译词如"安石榴、菩提心、婆罗门"等。除音译词，三音词多为偏正式构词。

四音词主要是成语，按时间分，来自上古汉语的 29 个，中古新生的 69 个，其中首见于《南齐书》的有 32 个，如"闭壁清野、兵无血刃、不谋而同、蝉腹龟肠、出手得卢、摧坚陷阵、等古形今、调风变俗、恶熟罪成、风行草靡、寄人篱下"等。

《南齐书》中复音词以双音词为主，因此本节主要分析双音词的构词类型。中古汉语复合词以并列式和偏正式为主，动宾式、主谓式、补充式也都有所发展。《南齐书》中的双音词共 14660 个，按构词类型划分，单纯词 152 个，占 1.04%；合成词 14508 个，占 98.96%（见图 2）。

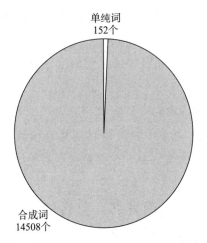

单纯词
152个

合成词
14508个

图 2 　《南齐书》单纯词与合成词数量对比

一　单纯词

单纯词指由一个语素构成的复音词，主要包括联绵词、叠音词和音译词。《南齐书》中的单纯词共 152 个，包括联绵词 78 个、叠音词 43 个、音译词 31 个。

（一）联绵词

联绵词 78 个，占双音词的 0.53%，主要有名词、动词、形容词三类，

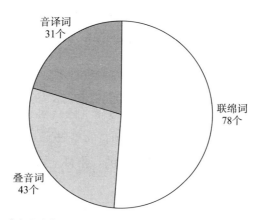

图 3 《南齐书》单纯词中联绵词、叠音词、音译词数量对比

举例如下。

1. 名词

【罽毹】一种毛织或毛与其他材料混织的毯子。《魏虏传》："坐施罽毹褥。"

【蟕蠵】一种大龟。《张融传》："蟕蠵瑁蚌，绮贝绣螺。"

【舴艋】小船。《张敬儿传》："部伍泊沔口，敬儿乘舴艋过江，诣晋熙王燮。"

2. 动词

【渭濩】流散，漫延。《文学传·卞彬》："淫痒渭濩，无时恝肉，探揣摸撮，日不替手。"

【张皇】惊慌，慌张。《东南夷传》："臣遣沙法名等领军逆讨，宵袭霆击，匈梨张皇，崩若海荡。"

3. 形容词

【瑰润】美好貌。《胡谐之传》："谐之风形瑰润，善自居处，兼以旧恩见遇，朝士多与交游。"

【侜张】嚣张、强横。《高帝纪上》："丑羯侜张，势振彭泗，乘胜长驱，窥觎京甸。"

【娄罗】语音含混、嘈杂貌。《高逸传·顾欢》："夫蹲夷之仪，娄罗之辩，各出彼俗，自相聆解。犹虫嚾鸟聒，何足述效。"

（二）叠音词

叠音词指的是两个相同的音节重叠而成的复音词。重叠后的两个音节作为一个语素，不能拆开单独使用，即叠音词的意义与其构成语素的意义没有直接的关联。《南齐书》中的叠音词43个，占双音词的0.29%，基本为形容词。

其中继承自上古汉语的共30个，如"蔼蔼、嗷嗷、察察、迟迟、蠢蠢、荡荡、皇皇、兢兢、纠纠、袅袅、碌碌（随众附和貌，平庸无能貌）、邑邑（忧郁不乐貌）、颙颙（仰慕貌，期待盼望貌）"等。

来自中古汉语的共8个：尔尔、洪洪、藉藉、勤勤、苕苕、汪汪、翳翳、蒸蒸。举例如下。

【尔尔】如此。《豫章文献王传》："臣公家住止，率尔可安，臣之今启，实无意识，亦无言者，太子亦不知臣有此屋，政以东宫无，而臣自处之，体不宜尔尔。"

【藉藉】众多而杂乱貌。《孝义传·乐颐》："隆昌末，预谓丹阳尹徐孝嗣曰：'外传藉藉，似有伊周之事，君蒙武帝殊常之恩，荷托付之重，恐不得同人此举。人笑褚公，至今齿冷。'"

【勤勤】诚挚、恳切貌。《王融传》："弁曰：'王主客何为勤勤于千里？'"

【苕苕】远貌。《张融传》："苕苕蒂蒂，窅窅翳翳。"

【蒸蒸】纯一、宽厚貌。《良政传·史臣赞》："蒸蒸小民，吏职长亲。"

首见于《南齐书》的有5个。

【氄氄】毛多貌。《卞彬传》："兼摄性懈惰，懒事皮肤，澡刷不谨，浣沐失时，四体氄氄，加以臭秽，故苇席蓬缨之间，蚤虱猥流。"

【嗤嗤】嘲笑貌。《张敬儿传》："犹推素怀，不畏嗤嗤。"

【蒂蒂】幽深貌。《张融传》："苕苕蒂蒂，窅窅翳翳。"

【沆沆】水面广阔无际貌。《张融传》："汪汪横横，沆沆浩浩。"

【横横】广阔貌。《张融传》："汪汪横横，沆沆浩浩。"

（三）音译词

音译词共31个，占0.21%，基本为名词，来自上古汉语的有3个：猃狁、匈奴、獯粥。来自中古汉语（不含南朝齐）的共19个，包括来自西域的"珊瑚、玳瑁（又作瑇瑁）、琉璃、虎魄、琵琶、扶拔（兽名）"，来自北方游牧民族的"单于、服匿（盛酒器）、鲜卑、芮芮"，来自佛教的"释迦、菩萨、檀越、浮图、泥洹、婆罗、阎浮、波若"，来自南方民族或国家的"槟榔"。

首见于《南齐书》的有 9 个，"苏鉝、可孙、附真、羊真、直真、咸真、郁若、莫堤、尼干"，分别来自南方民族（或国家）、北方游牧民族、佛教。

【苏鉝】扶南国王所献的食器。《东南夷传·扶南国》："并献金镂龙王坐像一躯，白檀像一躯，牙塔二躯，古具二双，瑠璃苏鉝二口，玳瑁槟榔盘一枚。"《大词典》未收该词。

【可孙】鲜卑语的音译，亦作"可贺敦""可敦"，刻于太平真君四年（公元 443 年）的《嘎仙洞石刻祝文》中即有"可敦"①。方以智《通雅·称谓》："北国以后为'阏氏'，突厥以皇后为'可敦'。《北史·突厥传》号其妻为'可贺敦'。《南齐书·魏国传》：'佛狸所居云母等三殿饮食厨名阿真厨，皇后可孙恒出此厨求食'，则以'可敦'为'可孙'也。"古代鲜卑、柔然、突厥、回纥、蒙古等民族对可汗之妻的称呼，相当于汉语的"皇后"。《魏虏传》："饮食厨名'阿真厨'，在西，皇后可孙恒出此厨求食。""佛狸攻破勃勃子昌，娶勃勃女为皇后。义熙中，仇池公杨盛表云'索虏勃勃，匈奴正胤'是也。可孙昔妾媵之。"《大词典》未收该词。

【附真】北魏对贵族家厨师的称呼。《魏虏传》："国中呼内左右为'直真'，外左右为'乌矮真'……贵人作食人为'附真'。"

【羊真】北魏对三公贵人的称呼。

【直真】北魏的职官名。"直真"是"屠耆"的另一音译，"贤"的意思。左右直真是太子担任的重要官职，相当于匈奴的左右贤王②。

【咸真】北魏的职官名。驿使或传递公文、命令的信使。

【郁若】北魏的职官名，相当于南齐的两千石（郡守）。

【莫堤】北魏的职官名，相当于南齐的刺史。

---

① 高文德编《中国少数民族史大辞典》，吉林教育出版社，1995 年，第 491 页。
② 乌其拉图：《〈南齐书〉中部分拓跋鲜卑语名词的复原考释》，《内蒙古社会科学（汉文版）》2002 年第 6 期。

二　合成词

合成词共 14508 个，主要分三类，分别是重叠词 23 个、复合词 14323 个、附加（派生）词 95 个，另外还有 67 个构词类型不易归类的双音词。复合词占 98.7%。

（一）重叠词

重叠词是由两个相同的音节构成的词。与叠音词不同的是，重叠词的意义与其构成语素的意义有明显关联。《南齐书》中的重叠词有 23 个，占双音词的 0.16%，主要为形容词，其次名词、动词、副词。其中继承自上古汉语时期的有 18 个：处处、旦旦、遑遑（急迫，匆促不安）、岌岌（高貌）、浩浩、懔懔、冥冥、穆穆、亲亲、人人、事事、往往、时时、巍巍、唯唯、嵬嵬、欣欣、小小；产生于中古时期的有 5 个：促促、恨恨、偻偻、焕焕、心心（佛教词语，指连绵不断的念头）。

【促促】匆匆。《魏虏传》："岂二圣促促于天位，两贤谦虚以独善？"

【焕焕】显赫貌。《高十二王传·长沙威王晃》："初，沈攸之事起，晃便弓马，多从武容，熏赫都街，时人为之语曰：'焕焕萧四伞。'"

【偻偻】勤恳貌，恭谨貌。《王思远传》："偻偻丹赤，守之以死。"

（二）复合词

复合词根据语素之间的相互关系，可进一步细分为联合（又称并列）、偏正、述宾（又称动宾、支配）、述补（又称补充）、主谓等类型。《南齐书》中复合词共 14323 个，分别是联合式 4936 个、偏正式 6787 个、述宾式 2343 个、述补式 79 个、主谓式 178 个。

1. 联合式 4936 个，占双音词的 33.67%

联合式复音词，又叫并列复音词，即语素是以平等方式结合而成的。根据语素语义或性质的关系可再进一步细分为四小类：第一类是由意义或性质相近的语素构成，称为近义联合；第二类是由意义或性质彼此相关、拥有一个共同的上位概念的语素构成，称为类义联合；第三类是由意义或性质相反、相对的语素构成，称为反义联合；第四类是两个相类、相反或相对的语素中，其中一个语素的意义虚化，整个词的意义偏指另一个语素的意义，称为偏义联合词。第四类实际上是第二、三类的特殊情况。《南

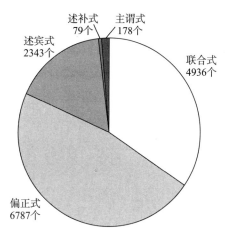

述补式 79个 主谓式 178个

述宾式 2343个

联合式 4936个

偏正式 6787个

图 4 《南齐书》复合词各构词类型数量对比

齐书》中的联合式构词共4936个，其中近义联合词1897个，类义联合词2802个，反义联合词231个，偏义联合词6个。类义联合构词占比最大，近义联合次之，反义联合较少，偏义联合最少。

表 12 《南齐书》联合式各类型数量

构词类型	近义联合词	类义联合词	反义联合词	偏义联合词	合计
数量（次）	1897	2802	231	6	4936
比例（％）	38.43	56.77	4.68	0.12	100

（1）近义联合1897个，占双音词的12.94%

名词如：邸舍、第宅、第屋、第寓、屋宇、屋宅、宅舍、宅宇、阶级、街陌、路陌、巷陌、坟籍、坟策、坟素、俸禄、胤嗣、赋税、租税、租赋、科律、功勋、勋绩、蒿艾、历数、氓庶、童孺、童幼、正嫡（嫡子）、晨朝、冢墓

动词如：逋负（逋，拖欠）、逋逃（逋，逃亡）、逋窜、逋亡、逋逸、亡叛、捕逮、宠爱、猜贰、猜疑、怖惧、藏匿、觇察、觇候、觇见、觇视、瞋忿、贩卖、贸易、耕种、好差（病痊愈）、营建、营造、营立、抄略、从纳、辟召

形容词如：差别、差觉、差谬、舛错、舛讹、充腴、充壮、肥腴、丹赤、单寡、豪富、黠惠、丰熟、高危、私亵、宁谧、媚好、酷烈、忠贞、

幼少、优渥、幽深、永久、严肃、暄暖、虚无、朽老、休泰、凶暴、骁勇、淆杂、萎枯

连词如：假令、假使、如令、如使、若使、遂乃（于是）、犹且、犹尚

副词如：率皆、悉皆、咸皆、凡诸、一皆、一同、完全

（2）类义联合 2802 个，占双音词的 19.11%

名词如：兵马、步骑、床筵、齿革、貂蝉、才貌、才地、才行、部曲、部曹、曹局、草隶、豺虎、肠胃、腹心、胆干、耕蚕、尘露、楚汉、川陆、沙屿（沙滩和小岛）、刀笔、僧尼、人纲、僮干、调役、红紫、朱紫、尺寸、老弱、二八（八元、八恺的合称）、三五（三皇五帝的合称）、九五（《易》卦爻位名）

动词如：猜畏、猜迫、亲委、盗发、凋散、调补、驰射、驰逐、陈请、抄撰、诌狎、察判、补缀、卜相、博噬、逼害、奔退、奔赴、罢省、爱敬、哀慕、阐扬、传受、传付、读学、断取、断坏、断盗、断割、防疑、讥斥、废锢

形容词如：亿兆、纯深、寒贱、崇旷、长壮、辩丽、辩捷、安乐、湿热、暗弱、冲远、空浅、聪警、聪明、笃厚、豪纵、短丑、孤贫、短少、惰慢、讹杂、凡贱、烦长、烦浊、宽简、繁广、繁苛、肥白、新净、浮丽、刚暴、刚严

数词如：一二（少数）、二三（约数）、三五（约数）、五三（约数）、三四（为数不多）

代词如：各自

副词如：更相、自相

连词如：岂直、岂可、既以（既然因为）

（3）反义联合 231 个，占双音词的 1.58%

名词如：本末、表里、中外、宾主、客主、朝晡、朝野、旦夕、昼夜、晨昏、日月、绨裘、道俗、华夷、夷夏、华戎、祸福、吉凶、罪福、今古、内外、父母、舅姑、男女、士庶、水旱、水火、天壤、天地、文武、阴阳、灾祥

动词如：褒贬、出入、黜陟、存亡、得失、动止、废立、废兴、俯

仰、攻守、合离、呼吸、进退、可否、能否、寝兴、胜负、升降、盛衰、兴亡、损益、通塞、往反、问答、行藏、学教、依违、迎送、盈缩、用舍、有无、与夺

形容词如：哀乐、安危、长幼、成败、迟疾、低昂、殿最、高下、孩老、俭泰、闲剧、精粗、宽严、美恶、情伪、清浊、赏罚、寿夭、舒惨、文质、遐迩、远迩、远近、先后、详略、虚实、雅俗、优劣、异同、明晦、劳逸、阔狭

代词如：彼我、彼此

（4）偏义联合6个，占双音词的0.04%

【悲喜】偏指欢喜。《豫章文献王传》："又启曰：'违远侍宴，将逾一纪，忧苦间之，始得开颜。近频侍座，不胜悲喜。……'"

【华素】偏指华丽。《豫章文献王传》："臣由来华素，已具上简，每欲存衷，意虑不周，或有乖常。"按，从下文"且臣五十之年，为玩几时，为此亦复不能以理内自制"等自述来看，萧嶷自认比较奢华，而非朴素从简的作风，因而"华素"偏指"华"。

【衰盛】偏指衰微。《柳世隆传》："蚁聚郭邑，伺国衰盛，从来积年，永不解甲。"

【同异】异心，偏指异。《武十七王传·竟陵文宣王子良附子昭胄》："先是王敬则事起，南康侯子恪在吴郡，高宗虑有同异，召诸王侯入宫，晋安王宝义及江陵公宝览等住中书省，高、武诸孙住西省，敕人各两左右自随，过此依军法，孩抱者乳母随入。"

【屯夷】偏指困厄。《高帝纪下》："虽宜省替，其有预效屯夷，宣力齐业者，一仍本封，无所减降。"

【心骨】偏指心。《武十七王传·竟陵文宣王子良》："臣一念此，每入心骨。"

2. 偏正式6787个，占双音词的46.30%

偏正式指的是前一个语素修饰、限制后一个语素，整个词以后一个语素为主，前一个语素为辅的一类复音词。《南齐书》中偏正式共6787个。

（1）定中式5192个，占双音词的35.42%

从修饰限定的构词语素来看，定中式中构词能力最活跃的语素是

"大、天、三"，"大"构词 69 个，"天"构词 68 个，"三"构词 64 个。其他构词达到 20 个以上的还有：国 44、前 41、中 41、军 39、王 35、遗 34、朝 33、小 33、皇 32、外 31、异 31、文 30、太 30、白 29、清 28、人 28、同 28、旧 26、圣 26、素 26、边 25、本 24、明 24、世 23、民 22、高 21、先 21、宗 21。数词方面，除了"三"，其他几个单音节数词的构词能力也都比较强：五 42、四 38、百 38、一 32、六 31、九 30、二 27、万 22、八 18、七 16、十 16。

大 69：大邦、大辟、大宾、大臣、大成、大道、大德、大敌、大典、大度、大夫、大府、大纲、大功、大官、大国、大海、大号、大桁、大化、大患、大纪、大计、大家、大驾、大江、大匠、大将、大军、大郡、大老（德高望重的老人）、大理、大礼、大量、大辂、大庙、大命、大逆（大罪）、大期、大齐、大钱、大人、大丧、大使、大士、大事、大水、大宋、大唐、大体、大王、大威、大贤、大象、大孝、大雪、大言、大业、大邑、大意、大议、大献、大雨、大运、大宅、大镇、大旨、大钟、大众

天 68：天笔、天踔、天步、天藏、天曹、天朝、天慈、天道、天恩、天罚、天法、天符、天府、天阁、天功、天官、天冠、天贵、天和、天辉、天机、天监、天阶、天戒、天界、天矜、天经、天镜、天居、天口、天理、天禄、天伦、天门、天明、天命、天情、天阙、天然、天人、天山、天神、天眚、天时、天识、天数、天听、天庭、天外、天王、天网、天威、天位、天文、天悟、天下、天显、天象、天心、天性、天颜、天邑、天英、天雨、天运、天泽、天旨、天子

三 64：三巴、三百、三宝、三报、三才、三乘、三川、三代、三登、三调、三分、三风、三府、三辅、三更、三公、三鼓、三官、三光、三韩、三河、三侯、三后、三槐、三皇、三会、三季、三监、三江、三教、三绝、三军、三考、三乐、三礼、三灵、三面、三品、三齐、三千、三秦、三善、三圣、三十、三时、三世、三署、三司、三台、三涂、三推、三万、三王、三吴、三星、三铉、三叶、三衣、三元、三月、三正、三重、三状、三祖

（2）状中式 1581 个，占双音词的 10.78%

从修饰限定的构词语素来看，状中式中构词能力最强的语素是"不"，

构词 160 个，其次是"相"65 个、"无"46 个。另外一些比较活跃的语素，构词 20 个及以上的有：何 27、未 22、大 20。

"不"可以修饰名词、形容词、动词、副词，如：不才、不臣、不宾、不果、不名、不伦、不时、不世、不事、不庭；不安、不昌、不耻、不慈、不恶、不慧、不敬、不敏、不忍、不幸、不殊、不利、不衰、不暇、不朽、不异；不备、不称、不成、不逞、不辍、不从、不逮、不待、不敌、不乏、不服、不顾、不禁、不患、不和、不克；不必、不便、不当、不复、不须、不亦、不应、不再、不曾……

相 65：相背、相比、相承、相乘、相持、相处、相传、相次、相得、相对、相方、相妨、相副、相干、相乖、相关、相及、相济、相继、相兼、相见、相接、相结、相聚、相抗、相类、相连、相临、相率、相乱、相慕、相配、相期、相倾、相求、相驱、相去、相饶、相仍、相容、相杀、相善、相识、相受、相似、相通、相图、相推、相忘、相望、相闻、相袭、相系、相续、相宣、相悬、相亚、相要、相应、相友、相与、相遇、相属、相助、相资

无 46：无不、无猜、无从、无当、无得、无断、无烦、无复、无辜、无乖、无关、无加、无咎、无可、无亏、无匮、无令、无论、无明、无乃、无能、无穷、无取、无容、无伤、无赦、无生、无失、无损、无所、无往、无妄、无为、无谓、无闻、无厌、无已、无以、无益、无异、无隐、无庸、无用、无有、无与、无足

（3）正语素在前，偏语素在后 14 个，占双音词的 0.10%

其中有一部分双音词，修饰限定的语素在后，中心语素在前：车牛、辞华（华美的辞采）、丁壮、门素、民黎、女弱、浦海、旗章（章，标记、徽章，具有区别名分的标志的旗帜）、信驿、仪漏（漏仪，即漏刻，计时的仪器）、中江、中心、中野、军屯（指驻屯的军队）。

3. 述宾式 2343 个，占双音词的 15.98%

述宾式又叫动宾式，前一语素表示动作、行为，后一语素表示动作、行为支配的对象。述宾式中构词最活跃的语素是"无、有、失"，分别构词 74、34、27 个。其他比较活跃的构词语素有："受"构词 22 个，"出、从、发"都是 17 个，"奉"16 个，"垂、作、行、应、临、负"都是

15 个。

无 73：无常、无尘、无处、无辞、无次、无道、无地、无度、无端、无二、无贰、无方、无妨、无感、无功、无故、无害、无后、无极、无几、无假、无检、无间、无疆、无救、无据、无倦、无愧、无赖、无礼、无力、无聊、无名、无谋、无年、无愆、无穷、无时、无世、无事、无数、无算、无所、无他、无替、无为、无文、无闻、无嫌、无象、无心、无崖、无央、无遗、无异、无意、无因、无垠、无庸、无壅、无用、无忧、无由、无虞、无员、无缘、无远、无章、无质、无主、无状、无准、无罪

有 34：有差、有处、有道、有德、有断、有分、有功、有何、有境、有旧、有灵、有命、有人、有日、有生、有时、有识、有数、有司、有素、有同、有望、有为、有限、有效、有心、有以、有益、有意、有余、有缘、有知、有终、有罪

失 27：失道、失德、失调、失火、失计、失节、失据、失理、失礼、失利、失律、失明、失偶、失气、失稔、失色、失声、失时、失守、失图、失序、失业、失仪、失职、失旨、失志、失衷

4. 述补式 79 个，占双音词的 0.54%

述补式又叫动补式，后面一个语素作为一种结果状态，补充说明前面一个动词性语素。述补式的语义以述语为中心，主要构成动词和形容词。

（1）补充说明性质或状态达到某种程度。如：哀切、悲切、寒酷、痛酷、峻绝、夐绝、峻极、妙极、穷极、备极等。"切""酷""绝""极"均表示极高程度。

　　吏部尚书王晏启及俭丧，上答曰："俭年德富盛，志用方隆，岂意暴疾，不展救护，便为异世，奄忽如此，痛酷弥深。其契阔艰运，义重常怀，言寻悲切，不能自胜。痛矣奈何！往矣奈何！"（《王俭传》）

　　载丧还青州，徒跣冰雪，土气寒酷，而手足不伤，时人以为孝感。（《孝义传·崔怀慎》）

　　伏谓中堂云构，实惟峻绝，檐陛深严，事隔凉暑，而别为一室，如或有疑。（《武十七王传·竟陵文宣王子良》）

　　开拓玄圃园，与台城北堑等，其中楼观塔宇，多聚奇石，妙极山水。（《文惠太子传》）

　　（2）补充说明动作的状态、趋向或结果。如：积久、申明、辩明、宠盛、惟新（"维持新的状态"之义）、撰定；飞起、坐起；摧却、摧破、击破、攻破、攻克、攻陷、讨破、袭破、闷绝、望见、窥见、诱降、沾湿、烧残、驱合、战败、战亡、射杀、溺死、调平、惊散、摇落等。

　　有些述补式双音词比较特别。有的从短语缩略而来，如"死事（死于事）""伏阙（伏于阙）""形色（形于色）"。有的述补双音词是从短语词汇化而来的，如"变成""出自""肇自""善于"。有的双音词看起来像联合式构词，实际上是述补式，如"逐退（逐使之退）""启闻（启的结果使之闻）"。

　　5. 主谓式 178 个，占双音词的 1.21%

　　主谓式又叫陈述式，前后语素是陈述和被陈述的关系。《南齐书》中主谓式 178 个，如"病笃、病困、齿冷、瘵损、分好、情好、风移、国危、鹤唳、鸿飞、疾瘵、疾笃、籍注、口吃、口哕、口讷、礼异、力竭、力屈、龙飞、龙睡、民和、名重、望重、权重、威振、木落、年长、年登、秋登、岁稔、年荒、年少、年尊、日久、日暮、日浅、日昃、阳和、星陨、月正（月正当中天）、时和、时艰、时屯、识灭、寿终、土崩、天赐、天飞、天明、天行、天赞、天纵、语默、怨结、理顺、响震"等。

　　（三）附加词

　　附加词又叫派生词，由词根加词缀组成，有加前缀的，有加后缀的，据此又可分前附加和后附加两种。

　　《南齐书》中前附加式 8 个。其中比较成熟的中古新生前缀主要是"阿"，如"阿父、阿婆、阿兄"。虽然有"阿"加姓氏或排行的情况，但不属于一般性词语，所以不计入。还有词缀"云"，仅有"云何、云已"两个。另外有一个沿用自上古汉语的前缀"有"，如"有宋、有虞"。

　　后附加式比较多，有 87 个。来自中古汉语的后缀有"自、复、子"。

"自" 4 个，"本自、都自、深自、政自"；"复" 9 个，"不复、当复、非复、将复、况复、虽复、脱复、亦复、知复"；"子" 5 个，"盘子、刀子、帖子、师子、奴子"。来自上古汉语的后缀有"然"和"尔"。"然"构词 53 个，"恻然、超然、淡然、怅然、怆然、愕然、固然、忽然、必然"等，"尔"构词 9 个，"蕞尔、蠢尔、卓尔、率尔、蔑尔、俄尔、甫尔、过尔、交尔"。

　　有些词后面的附加成分本来是助词，并不是词缀，但是跟前面的动词结合得很紧密，二者已经作为一个结构整体使用，也姑且算到附加式中，有 7 个，"忽焉""忽诸""乃者""顷者""久之""静言""嗟来"。

　　（四）其他类型

　　《南齐书》中有 67 个双音词很难用现有的构词类型对其进行分类。因为两个构词的语素间本身关系并不密切，原先是一个比较松散的结构，甚至本来不在同一个音步中，后来或者由于使用频率很高而词汇化，或者由于文学语言使用上的"断章取义"，割裂独立成为典故，因而成为一个固定的双音词。第一种由于使用频率高而词汇化的，如"以后、以还、以降、以来、以前、以上、以外、以下、之后、之前、之外、得以、胡不"之类。第二种由于文学语言"断章取义"，割裂成为典故的，如"友于、策名、亮采"之类。

　　【友于】典出《尚书·君陈》："惟孝友于兄弟。"后即以"友于"为兄弟友爱之义，亦借指"兄弟"。《豫章文献王传》："陛下同生十余，今唯臣而已，友于之爱，岂当独臣钟其隆遇。""朕友于之深，情兼家国，方授以神图，委诸庙胜，缉颂九纮，陪禅五岳，天不慭遗，奄焉薨逝。"

　　【策名】"策名委质"之省。典出《左传·僖公二十三年》："策名委质，贰乃辟也。"杜预注："名书于所臣之策。"孔颖达疏："古之仕者于所臣之人书己名于策，以明系属之也。"后用以指因仕宦而献身于朝廷之事。《豫章文献王传》："荆、江、湘三州策名不少，并欲各率毫厘，少申景慕。"

　　【亮采】辅佐政事。典出《尚书·舜典》："使宅百揆，亮采惠畴。"《尚书·皋陶谟》："日严祗敬六德，亮采有邦。"孙星衍疏："此言助事有邦，谓有土者之臣。"《褚渊传》："孝友著于家邦，忠贞彰于亮采。"

第三节 《南齐书》词汇复音化的特点

一 构词方式发展全面，语法构词占主导地位，偏正式和联合式构词最多

目前已有的专书词汇研究大都有复音词构词类型的统计分析。由于各种语料的语体、篇幅、语言领域等具体情况不同，加之不同学者的判断标准或多或少存在差异，统计的复音词数量和占词汇的比例以及构词类型的数量具体差异较大。但这些研究依然能反映出汉语词汇双音化的基本发展趋势。因此，我们将已有的一些中古语料的复音词构词类型情况与《南齐书》的情况进行比较。

《南齐书》中各种构词方式齐备。从构词数量来看，偏正式和联合式构词最多，述宾式其次，主谓式、单纯词再次之，附加式、述补式、重叠式最少。从目前已有的一些中古汉语专书构词类型统计成果来看，《世说新语》、魏晋南北朝志怪小说的复合词主要构词类型，由多到少，依次大体是联合、偏正、附加[1]。齐梁诗歌中的构词类型构词多少顺序，则是偏正、联合、述宾、单纯、重叠、附加、主谓、述补[2]。具体如下。

> 《世说新语》：联合 > 偏正 > 附加 > 述补 > 述宾 > 重叠 > 单纯 > 主谓
>
> 魏晋南北朝志怪小说：联合 > 偏正 > 附加 > 述宾 > 述补 > 重叠 > 单纯 > 主谓
>
> 齐梁诗歌：偏正 > 联合 > 述宾 > 单纯 > 重叠 > 附加 > 主谓 > 述补
>
> 《宋书》：联合 > 偏正 > 述宾 > 附加 > 单纯 > 主谓 > 述补 > 重叠

---

[1] 《世说新语》参照程湘清《汉语史专书复音词研究》（2003），魏晋南北朝志怪小说参照周俊勋《魏晋南北朝志怪小说词汇研究》（2006）。据程湘清统计，《世说新语》中的述补式多于述宾式。

[2] 齐梁诗歌的统计数据根据吴松博士学位论文《齐梁诗歌词语研究》（南京师范大学，2014）。

《南齐书》：偏正 > 联合 > 述宾 > 主谓 > 单纯 > 附加 > 述补 > 重叠

《南齐书》构词类型与其他语料的比较，具体见表13。

表 13　《南齐书》的双音词构词类型与同时期其他语料比较

类型	南齐书		齐梁诗歌[1]		世说新语[2]		宋书[3]	
	数量（个）	占比（%）	数量（个）	占比（%）	数量（个）	占比（%）	数量（个）	占比（%）
单纯	152	1.04	452	3.89	58	3.03	224	2
偏正	6787	46.30	7039	60.62	573	29.95	2241	19.77
联合	4936	33.67	2589	22.30	926	48.41	7730	68.18
述宾	2343	15.98	1086	9.35	77	4.03	583	5.14
述补	79	0.54	16	0.14	93	4.86	67	0.59
主谓	178	1.21	82	0.71	17	0.89	81	0.7
附加	95	0.65	113	0.97	98	5.12	270	2.4
重叠	23	0.16	209	1.80	71	3.17	49	0.4
其他[4]	67	0.46	25	0.22	—	—	93	0.82
总数	14660	100	11611	100	1913	100	11338	100

注：1. 数据参考吴松《齐梁诗歌词语研究》（南京师范大学 2014 年博士学位论文），吴松统计的单纯词包括联绵词、叠音词和音译词。

2. 数据参考程湘清《汉语史专书复音词研究》（2003），程湘清统计的单纯词不含叠音词，而统计的重叠式中包含了单纯词的叠音词和合成词的重叠式两种类型，他的"其他"一类收的是用两种或两种以上构词方式合成的综合式三音节词和多音节词，共 213 个，不在本表统计范围。他统计的复音词共 2126 个。所以表中统计双音词为 1913 个。

3. 数据参考万久富《〈宋书〉复音词研究》（2006），万久富统计的单纯词包括叠音词、联绵词和音译词。

4. "其他"一栏，《南齐书》、齐梁诗歌、《宋书》指的是割裂式、缩略式或者其他难以判断的构词方式。

　　总体而言，语法构词成为主要的构词类型，重叠式、复合式、附加式复音词均已出现，构词类型完备。复合式的几种方式都完备，主谓和述补也有了明显的发展。

　　联合式和偏正式是中古汉语时期两种能产性最强的构词方式。中古汉语前期联合式多于偏正式，如《世说新语》中的情况。而后期两者之间的差距缩小，偏正式有超过联合式的倾向，《南齐书》、齐梁诗歌等南朝语料都反映了这一特点。据化振红统计，北朝的《洛阳伽蓝记》中也是偏正式多于联合式。

构词法中偏正式和联合式占主导地位，我们认为这与中古汉语时期文学语言的特点有关。潘允中（1989）曾总结了古汉语词汇三个方面的特点，第一个特点即文学语言空前发展，上古时期的文学语言以说理为主，中古时期则基本转向描写。相对于上古时期，汉魏晋南北朝辞赋、散文、乐府诗歌都有了很大的发展，文学语言由先秦百家争鸣的"说理"转向了以"描写"为主。描写的具体化、细腻化，自然促使偏正式和联合式构词增多。

二　单音词和复音词发展互动中，语法构词能产性远高于语音构词

讨论汉语的复音化情况，很容易割裂地看待单音词和复音词的发展，孤立地看待中古时期单音词和双音词发展的情况。单音词在中古时期亦有所发展，只是单音词的孳生数量和发展速度始终比不上双音词。一个单音新词的孳生或者一个单音节的新义位的孳生往往伴随着一个以上的双音词的孳生。也就是说随着语音的简化、表达具体及精细化的需求，尤其是各种构词法的发展成熟，一个单音节的新义位的孳生往往同时带来更多新的双音词的孳生。与此同时，单音词的旧义位也在孳生新的双音词，因此，双音词的孳生数量和速度势必远远超过单音词。下面我们通过几个具体的类型来比较单音词和复音词发展的互动关系。

（一）单音词旧义位发展出新复音词

1. "逼"系列词

"逼"的"逼迫、威胁"义产生于上古汉语时期，《南齐书》中亦沿用，在中古汉语时期通过联合构词、偏正构词的方式发展出"逼害、逼傫、逼令、逼迫、逼突"五个双音词。"逼"的"逼迫、威胁"义系列的单音词和复音词的比例为 1∶5。

【逼害】犹迫害。类义联合构词。《武十七王传·江夏王锋》："锋出登车，兵人欲上车防勒，锋以手击却数人，皆应时倒地，于是敢近者遂逼害之。"《大词典》首引秦牧《艺海拾贝·河汉错综》："秦香莲被陈世美抛弃和逼害之后，死里逃生，向包公投诉。"

【逼僦】强制租赁。偏正构词。《顾宪之传》："寻始立牛埭之意，非苟逼僦以纳税也。"

【逼令】强迫命令。类义联合构词。《武十七王传·竟陵文宣王子良》："破岗水逆，商旅半引，逼令到下，先过己船。"《河南传》："冠先至河南，休留茂逼令先拜，冠先厉色不肯，休留茂耻其国人，执冠先于绝岩上推堕深谷而死。"

【逼迫】紧紧地催促，用压力促使。偏正构词。《柳世隆传》："彼土士民，罹毒日久，今复相逼迫，投赴锋刃。"《垣荣祖传》："荣祖曰：'此非所宜言。政应云刘寅等孤负恩奖，逼迫巴东，使至于此。'"《孔稚珪传》："自西朝不纲，东晋迁鼎，群胡沸乱，羌狄交横，荆棘攒于陵庙，豺虎咆于宫闱，山渊反覆，黔首涂地，逼迫崩腾，开辟未有。"

【逼突】驱赶，追逐。类义联合构词。《豫章文献王传》："前侍幸顺之宅，臣依常乘车至仗后，监伺不能示臣可否，便互竞启闻，云臣车逼突黄屋麾旌，如欲相中。"

2. "鄙"系列词

"鄙"用在名词前，用以谦称自己或与自己有关的事物，该用法产生于上古汉语时期，中古汉语时期通过偏正式构词产生了"鄙怀、鄙土、鄙意"三个双音词。"鄙"的谦称义系列词，单音词和复音词的比例为1:3。

【鄙怀】谦称自己的心愿、心意。《刘善明传》："善明曰：'我本无宦情，既逢知己，所以勠力驱驰，愿在申志。今天地廓清，朝盈济济，鄙怀既申，不敢昧于富贵矣。'"《大词典》首引宋代苏舜钦《舟中感怀寄馆中诸君》诗："作诗寄诸君，鄙怀实所望。"

【鄙土】谦称本土、本地。《豫章文献王传》："若其望碑尽礼，我州之旧俗，倾壖罢肆，鄙土之遗风，庶几弘烈或不泯坠。"

【鄙意】谦辞，称自己的意见。《文学传·陆厥》："虽知五音之异，而其中参差变动，所昧实多，故鄙意所谓'此秘未睹'者也。"

3. "边"系列词

"边"在中古汉语时期产生了4个新义位，分别是"止境、尽头""旁边、附近""偏旁""中、范围内"。而"边"的"边疆、边境"义产生于上古汉语时期，《南齐书》中亦沿用，中古时期通过偏正构词的方式产生了"边备、边防、边臣、边带、边服、边关、边荒、边警、边略、边氓、边民、边师、边事、边维、边效、边役、边裔、边虞、边镇、边州"20个双音词。"边"的"接近、临近"义亦产生于上古汉语时期，《南齐书》中亦沿用，中古时期通过述宾构词的方式产生了"边海、边带、边虏"3个双音词。"边"的"边疆、边境"义系列词，单音词和复音词的比例为1:20。"边"的"接近、临近"义系列词，单音词和复音词的比例为1:3。与"边"相关中古新生义位中，单音词和复音词的比例为4:23。

【边臣】驻守边疆的大臣、官员。偏正式构词。《魏虏传》："泰始以边臣外叛，遂亡淮北，经略不振，乃议和亲。"《大词典》首引唐代贾岛《颂德上贾常侍》诗："边臣说使朝天子，发语轰然激夏雷。"

【边防】为保卫国家安全在边境地区布置的防务。偏正式构词。《陈显达传》："但国家边防，自应过存备豫。"

【边略】守卫、治理边疆的谋略。偏正式构词。《武十七王传·晋安王子懋》："初，子懋镇雍，世祖敕以边略。"

【边师】边军、边防部队。偏正式构词。《高帝纪上》："北鄙黔黎，奄坠涂炭，均人废职，边师告警。"

【边事】边防的事务。偏正式构词。《沈文季传》："遂言及虏动，渊曰：'陈显达、沈文季当今将略，足委以边事'"《垣崇祖传》："崇祖去后，上复遣荀伯玉口敕，以边事受旨夜发，不得辞东宫，世祖以崇祖心诚不实，衔之。"

【边维】边隅、边地。偏正式构词。《刘怀珍传》："明年，怀珍启求还，孝武答曰：'边维须才，未宜陈请。'"

【边效】犹边功。偏正式构词。《东南夷传》："达边效夙著，勤劳公务，今假行龙骧将军，带方太守。"

【边带】（1）邻接，毗连。动宾式构词。《州郡志下》："义熙元年，冠军将军刘毅以为夏口二州之中，地居形要，控接湘川，边带滍沔，请并州刺史刘道规镇夏口。"（2）边境地带。偏正式构词。《武十七王传·竟陵文宣王子良》："边带广途，讹言孔炽，毁立之易，过于转圆，若依旧制通敌，实允观听。"

【边海】靠海，临海。动宾式构词。《刘善明传》："郡境边海，无树木。"

【边虏】与敌人相邻近。动宾式构词。《武十七王传·竟陵文宣王子良附子昭胄》:"以封境边虏,永元元年,改封巴陵王。"

4. "格"系列词

"格"的"法式、标准、规格"义见于上古汉语时期。《礼记·缁衣》:"言有物而行有格也,是以生则不可夺志,死则不可夺名。"郑玄注:"格,旧法也。"《南齐书》中亦沿用。《豫章文献王传》:"作冢勿令深,一一依格,莫过度也。"该义位中古时期通过联合构词、偏正构词的方式产生了"条格、优格、旧格、定格、赦格"5个双音词。"格"的"法式、标准、规格"义系列词,单音词和复音词的比例为1:5。

【条格】条例、法规。联合构词。《武帝纪》:"疾病穷困不能自存者,详为条格,并加沾赉。"《郁林王纪》:"又询访狱市,博听谣俗,伤风损化,各以条闻,主者详为条格。"

【优格】宽大的规定。偏正构词。《武十七传·竟陵文宣王子良》:"顷市司驱扇,租估过刻,吹毛求瑕,廉察相继,被以小罪,责以重备。愚谓宜敕有司,更详优格。"

【旧格】旧有的规章、条文。偏正构词。《陆慧晓传附顾宪之》:"旧格新减,尚未议登,格外加倍,将以何术?"

【定格】一定的标准、规则。偏正构词。《豫章文献王传》:"事在可通,随宜开许,损公侵民,一皆止却,明立定格,班下四方,永为恒制。"《褚渊传》:"先是庶姓三公辒车,未有定格。"

【赦格】赦免的条例。偏正构词。《武十七王传·竟陵文宣王子良》:"值今夕酒谐肉饫,即许附申赦格;明日礼轻货薄,便复不入恩科。"

5. "仍"系列词

"仍"的"接续、连续"义见于上古汉语时期,中古时期通过联合构词、偏正构词产生了"仍续、累仍、仍叠、仍岁、仍世"5个双音词。"仍"的"接续、连续"义系列词,单音词和复音词的比例为1:5。

【仍续】连续。联合构词。《五行志》:"九年二月丙子,西北有电光,因闻雷声隆隆,仍续十声而止。"《大词典》未收该词。

【累仍】屡次、频仍。联合构词。《高帝纪下》:"辞德匪嗣,至于累仍。"

【仍叠】频繁。联合构词。《高逸传·沈骥士》:"年逾七十,业行无改。元嘉以来,聘召仍叠。"

【仍岁】连年、多年。偏正构词。《豫章文献王传》:"旧楚萧条,仍岁多故,荒民散亡,寔须缉理。"《大词典》首引《南史》。

【仍世】累世、历代。偏正构词。《高帝纪上》:"末叶不造,仍世多故,日蚀星陨,山沦川竭。"

(二) 单音词新义位发展出新复音词

1. "宸"系列词

"宸"本为"屋檐、屋边"义,在中古时期由"北极星所居"借指"帝王之所居",又引申为王位或帝王的代称。《高帝纪上》:"皇齐受终建极,握镜临宸"。《乐志》:"昭事上祀,飨荐具陈。回銮转翠,拂景翔宸。"由此新义通过偏正构词又产生了"宸居、宸运、宸听、宸严、宸衷"。"宸"的"王位或帝王的代称"义系列词,单音词和复音词的比例为 1:5。

【宸居】帝位。《刘善明传》:"普天归奉,二三年间,允膺宝命,胄临皇历,正位宸居,开辟以来,未有若斯之盛者也。"《魏虏传》:"宸居重正,鸿化增新,四海承休,莫不铭庆。"

【宸运】享有皇位的气数,同"皇运"。《高帝纪上》:"诏曰:'宸运革命,引爵改封,宋氏第秩,虽宜省替,其有预效屯夷,宣力齐业者,一仍本封,无所减降。'"

【宸听】谓帝王的听闻。《王融传》:"所以敢布丹愚,仰闻宸听。"《大词典》首引清代蒲松龄《聊斋志异·续黄粱》:"臣夙夜祗惧,不敢宁处,冒死列款,仰达宸听。"

【宸严】帝王的威严,亦喻指君王。《武十七王传·鱼复侯子响》:"敢冒宸严,布此悲乞。"《崔慧景传》:"臣频触宸严,而不彰露,所以每上封事者,非自为戆地,犹以《春秋》之义有隐讳之意也。"

【宸衷】帝王的心意。《王慈传》:"今局禁欷邃,动延车盖,若使銮驾纡览,四时临阅,岂不重增圣虑,用感宸衷?"

2. "储"系列词

"储"本是"蓄积,储存"义,中古时期发展出"储君、太子"义,

《礼志上》："今南郡王体自储辉，实惟国裔，元服之典，宜异列蕃。"《礼志下》："临汝、曲江既非正嫡，不得祢先储，二公国臣，并不得服。"《皇后传》："裴穆储闱，位亦从隮。"该义通过偏正构词产生了"储傅、储宫、储后、储皇、储胤、储元、储君、储妃、东储"。"储"的"储君、太子"义相关系列词，单音词和复音词的比例为1:9。

【储傅】指太子太傅，为辅导太子之官，故称储傅。《资治通鉴·晋简文帝咸安二年》："元相之重，储傅之尊。"胡三省注："储傅，太子太傅也。"《豫章文献王传》："且储傅之重，实非恒选，遂使太子见臣必束带，宫臣皆再拜，二三之宜，何以当此。"

【储宫】太子所居的宫室，亦借指太子。《礼志上》："议者乃云先在储宫，已经致敬，卒哭之后，即亲奉时祭，则是庙见，故无别谒之礼。"《文惠太子传》："太子年始过立，久在储宫，得参政事，内外百司，咸谓旦暮继体。"

【储后】储君、太子。《礼志上》："储后在宫，亦从郊祀，若谓前虔可兼后敬，开元之始，则无假复有配天之祭矣。"《江谧传》："复敢贬谤储后，不顾辞端，毁折宗王，每穷舌杪。"

【储皇】皇太子。《礼志上》："今同于储皇则重，依于诸王则轻。"《礼志下》："伏寻御服文惠太子期内不奏乐，诸王虽本服期，而储皇正体宗庙，服者一同，释服，奏乐姻娶，便应并通。"《豫章文献王传》："圣主储皇及诸亲贤，亦当不以吾没易情也。"

【储胤】太子的别称。《武帝纪》："阴阳舛和，纬象衍度，储胤婴患，淹历旬晷。"

【储元】太子。《东昏侯纪》："皇祚之重，允属储元。""兼军警屡兴，伤夷不复，戍役残丁，储元半菽，小民嗷嗷，无乐生之色。"

【储妃】太子之妃。《礼志下》："储妃之重，礼殊恒列，既有哀策，谓不须石志。"《礼志下》："而况储妃正体王室，中军长嫡之重，天朝又行权制，进退弥复非疑。"《大词典》首引唐代胡元范《奉和太子纳妃太平公主出降》诗之一："帝子威仪绝，储妃礼度优。"

【东储】东宫储君，指皇太子。《文惠太子传》："即正位东储，善立名尚，礼接文士，畜养武人，皆亲近左右，布在省闼。""况夫正体东储，方树年德，重基累叶，载茂皇家，守器之君，已知耕稼。"

3. "作"系列词

"作"表示"从事某种动作或活动"义习用于中古汉语时期，是中古时期口语中常用的动词（第一章"《南齐书》的语料性质"已举例），同时通过述宾构词产生了"作适、作计、作俪、作诺、作声、作贼、作纪、作治"8个复音词。"作"的"从事某种动作或活动"义系列词，单音词和复音词的比例为1:8。

【作适】玩耍。《桓康传》："帝曰：'我今夕欲一处作适，待明日夜。'"

【作计】谋划，考虑。《垣荣祖传》："安都曰：'不知诸人云何，我不畏此。大蹄马在近，急便作计。'"

【作俪】作配偶，成婚。《皇后传》："缫盆献种，罔非耕织，佩管晨兴，与子同事，可以光熙阃业，作俪公侯。"

【作诺】连声答应，表示顺从。《张绪传》："绪忘情荣禄，朝野皆贵其风，尝与客闲言，一生不解作诺。"

【作声】开口说话。《王敬则传》："敬则谓众曰：'卿诸人欲令我作何计？'莫敢先答。防阁丁兴怀曰：'官秖应作耳。'敬则不作声。"

【作贼】造反。《武十七王传·鱼复侯子响》："子响曰：'我不作贼，长史等见负，今政当受杀人罪耳。'"

【作纪】管理，治理。《豫章文献王传》："且作纪江、汉，道基分陕，衣冠礼乐，咸被后昆。若其望碑尽礼，我州之旧俗，倾壒罢肆，鄙土之遗风，庶几弘烈或不泯坠。"《大词典》未收该词。

【作治】医治。《褚渊传附弟澄》："嗣为作治，盛冬月，令伧父髁身坐石上，启以百瓶水，从头自灌。"《大词典》未收该词。

4. "冲"系列词

"冲"的"淡泊、谦和"义产生于中古时期，同时通过联合构词产生了"冲粹、冲素、冲损、冲挹、冲远"5个复音词。"冲"的"淡泊、谦和"义系列词，单音词和复音词的比例为1:5。

【冲粹】中和纯正。《豫章文献王传》："丞相冲粹表于天真，渊照殆乎机象。"

【冲素】冲淡纯朴。《高逸传·沈骥士》："骥士曰：'明府德履冲素，留心山谷，民是以被褐负杖，忘其疲病。必欲饰浑沌以蛾眉，冠越客于文冕，走虽不敏，请附高节，有蹈东海而死尔。'"

【冲损】淡泊谦让。《褚渊传》："济、河昔所履牧，镇军秩不逾本，详校阶序，愧在未优，就加冲损，特亏朝制。"《大词典》首引北齐颜之推《颜氏家训·止足》："谦虚冲损，可以免害。"

【冲挹】谦抑谦退。《芮芮虏传》："设未龙飞，不宜冲挹，上违天人之心，下乖黎庶之望。"

【冲远】冲和高远。《陈显达传》："建安殿下秀德冲远，寔允神器。"

（三）新生单音词发展出新复音词

1. "仗"系列词

"仗"是中古汉语时期的新词，表示弓、矛、剑、戟等兵器的总称。《东昏侯纪》："又催御府细作三百人精仗，待围解以拟屏除。"《豫章文献王传》："嶷知蕴怀贰，不给其仗，散处外省。"伴随着这个新生义，通过偏正构词产生了"斋仗、甲仗、器仗、人仗"4个复音词。"仗"系列词，单音词和复音词的比例为1∶4。

【斋仗】帝王斋宫禁卫。《东昏侯纪》："又虚设铠马斋仗千人，皆张弓拔白，出东掖门，称蒋王出荡。"《王敬则传》："三年中，遣萧坦之将斋仗五百人，行武进陵。"《大词典》首引《梁书·江蒨传》："居父忧以孝闻，庐于墓侧，明帝敕遣斋仗二十人防墓所。"

【甲仗】"甲杖"，指披甲执兵的卫士。《高帝纪上》："甲午，太祖移镇东府，与袁粲、褚渊、刘秉各甲仗五十人入殿。""三月己酉，增班剑为四十人、甲仗百人入殿。"

【器仗】武器总称。《武十七王传·晋安王子懋》："子懋见幼主新立，密怀自全之计，令作部造器杖。"《沈文季传》："会稽郡丞张思祖遣台使孔矜、王万岁、张繇等配以器仗将吏白丁，防卫永兴等十属。"《幸臣传》："领武官，有制局监，领器仗兵役，亦用寒人被恩幸者。"《大词典》首引《北齐书·高季式传》："季式兄弟贵盛，并有勋于时，自领部曲千余人，马八百匹，戈甲器仗皆备，故凡追督贼盗，多致克捷。"

【人仗】（1）士兵所携带、配备的军械。《高十二王传·长沙威王晃》：“诸王在京都，唯置捉刀左右四十人，晃爱武饰，罢徐州还，私载数百人仗还都，为禁司所觉，投之江水。”（2）（携带军械的）士兵、军士。《武十七王传·竟陵文宣王子良》：“大行出太极殿，子良居中书省，帝使虎贲中郎将潘敞领二百人仗屯太极西阶防之。”

2. “抄”系列词

“抄”的“掠夺、袭击”义①和“誊写”义新生于中古时期，并通过联合构词产生了“抄断、抄敚、抄击、抄掠、抄略、抄写、抄撰”7个复音词。“抄”系列词，单音义位和复音义位比例为2∶7。

【抄断】抄袭截断。《吕安国传》：“众军击破琰长史杜叔宝军于横塘，安国抄断贼粮道，烧其运车，多所伤杀。”

【抄敚】又作“抄夺”，抢劫掠夺。《张敬儿传》：“百姓既相抄敚，敬儿至江陵，诛攸之亲党，没入其财物数十万，悉以入私。”

【抄击】包抄袭击。《沈文季传》：“建武二年，虏寇寿春，豫州刺史丰城公遥昌婴城固守，数遣轻兵相抄击，明帝以为忧，诏文季领兵镇寿春。”

【抄掠】抢劫掠夺。《州郡志上》：“且犬羊侵暴，抄掠滋甚。”

【抄略】侵扰。《沈文季传》：“寓之向富阳，抄略人民，县令何洵告鱼浦子逻主从系公，发鱼浦村男丁防县。”

【抄写】按照原文写下来。《高逸传·沈驎士》：“笃学不倦，遭火，烧书数千卷，驎士年过八十，耳目犹聪明，手以反故抄写，火下细书，复成二三千卷，满数十箧，时人以为养身静嘿之所致也。”

【抄撰】抄集编撰。《孔稚珪传》：“使兼监臣宋躬、兼平臣王植等抄撰同异，定其去取。”《高逸传·沈驎士》：“宋元嘉末，文帝令尚书仆射何尚之抄撰《五经》，访举学士，县以驎士应选。”

从上述具体例子中，可以看出一个单音节的新词或新义往往伴随数个新双音词的孳生，其中偏正式、联合式是能产性很强的构词法。上文所举的双音词仅以见于《南齐书》的为例，实际情况可能更多。

---

① 方一新：《东汉魏晋南北朝史书词语笺释》，黄山社，1997年，第21页，提到“抄”由“掠夺”动词义引申出名词“贼、匪”义，引《南史》为例，《南齐书》中未见此用法。

（四）单音词受双音词影响而产生新义位

有些单音词的义位不是自身引申发展而来的，而是因为某个义位常与另一语素搭配构词，从而获得两者构成的双音词的义位，也即词义演变中常说的通过"词义沾染"或"相因生义"获得了新的义位。

其中一个典型的现象便是中古汉语时期产生的很多新的疑问代词，诸如"所、缘、等、如、若、那、为"，石锓（1997）认为这些词表疑问用法都来源于疑问词"何"的一些双音结构。

再如，"刍"本是动词"割草"的意思，在中古时期"刍"有"卑微、浅陋"义，首见于《宋书·恩幸传·徐爰》："先朝尝以刍辈之中，粗有学解，故渐蒙驱策，出入两宫。"这个义位与"刍"动词用法并无直接关联，而是来自"刍狗"一词。"刍狗"本是古代祭祀时用草扎成的狗。《老子》："天地不仁，以万物为刍狗；圣人不仁，以百姓为刍狗。"魏源本义："结刍为狗，用之祭祀，既毕事则弃而践之。"后来用以喻微贱无用的事物或言论，如晋代刘琨《答卢谌》诗："如彼龟玉，韫椟毁诸。刍狗之谈，其最得乎？"从"刍狗"一词中，"刍"沾染获得了该词的"微贱"义，而由"微贱"义又发展出新的复音词"刍议"和"刍舆"。"刍议"，浅陋的议论，多用作自谦之辞，《刘善明传》："瞽言刍议，伏待斧钺。""刍舆"指地位低微的人，如《崔祖思传》："虽课励朝僚，征访刍舆，莫若推举质直，职思其忧。"

总之，从单音词和双音词的互动可看出语法构词的能产性明显高于语音构词，双音词的孳生速度远高于单音词。社会的发展、新事物的涌现、民族融合、文化交流等因素带来大量新概念，促使汉语词汇必须产生大量新词新义来承载这些新概念。语法构词能产性更高，更能满足这个新的需求。同时，上古到中古时期汉语语音系统的简化导致大量同音词的产生，复音化是区别语义的必然途径。所以，复音化，或者更准确地说双音化，是汉语语言内部发展需求的必然，单音词的发展已经到了它内部的限度，随着社会发展和语言发展需求的提高，单音词已经无法满足这个需求。

同时，还有一个重要的物质条件不能忽视——纸的出现。邱冰（2012）在讨论中古时期鲜明和特殊的时代特点时提到造纸术在东汉时期的出现引起了书写材料的革命，促进了文化的交流和教育的普及，深刻地影响了中国与世界文明的发展进程。我们也认为书写材料的革命无疑为汉语词汇的复音化提供了非常重要的物质条件。古代汉语的研究很大程度地依赖于文献即书面材料。至少从书面材料的角度来看，从最早的甲骨、青铜器刻字到简帛书写，这些材料的大小、获取的难易、价格的高低和书写的难度多多少少影响到书面语言的繁复与简练。造纸术的出现和普及无疑大大改善了这种局面。而且，书面材料获取的便捷也为文学的繁荣提供了物质条件。而文学的繁荣发展则同时促进语言的发展。中古以来文学"觉醒"和"描写"性倾向也促进了语言的复音化。

第四节 小结

本章主要从共时和构词的角度来分析《南齐书》所反映的中古汉语词汇复音化（主要的趋势是双音化）的情况。我们从宏观的角度统计了《南齐书》中的词汇总数、单音词总数和复音词总数，又统计和比较了单音词使用总次数和复音词使用总次数。《南齐书》纪传部分的词共 18520 个，其中单音词 3505 个、复音词 15015 个，单音词仅占词总数的 18.9%，复音词占词总数的 81.1%。从词汇系统中单音词和复音词的数量比较来说，《南齐书》中的复音词数量远多于单音词。纪传部分词的总使用次数为162447 次，单音词的使用次数为 105803 次，占 65.1%，复音词的使用次数为 56644 次，占 34.9%。从词汇系统中词语的使用频率来说，单音词的数量虽然在一定范围内的词汇系统中比复音词少得多，但其使用比复音词频繁得多。

《南齐书》的单音词、复音词比例与《搜神记》、《世说新语》、《洛阳伽蓝记》和南朝宋齐梁诗歌的情况大体相同，都是复音词占一半以上，只是《南齐书》单音词和复音词的比例差距更大些，而与中古汉语早期的史书《三国志》相比，两者的情况则比较接近。《尚书》《诗经》《论语》等11 部先秦典籍中的复音词占全书词汇总数的比例为 20%～40%，与上古汉语的情况相比，中古时期的这个比例是 50.5%～84.4%，复音化明显加强。《南齐书》的单音词、复音词使用情况与南朝宋齐梁诗歌的情况相近，都是单音词使用频率占 60% 以上。可见，中古时期虽然是复音词大量孳生的阶段，但这些复音词大都处于新生阶段或为非基本词汇，使用频率还不高，没有占据语言使用的主导地位。从语义场的微观角度能更直接、具体地看出这一情况。

这一现象的产生一方面在于很多新词新义不是常用词，使用频率不高，另一方面与中古时期的文学特点有关。文学史将魏晋南北朝当作文学觉醒和独立的时期。宗白华曾在《美学散步》中指出："汉末魏晋六朝是中国政治上最混乱、社会上最苦痛的时代，然而却是精神上极自由、极解放，最富于智慧、最浓于热情的一个时代，因此也就是最富有艺术精神的一个时代。"① 精神的自由促进了文学创作的繁荣，文学创作的繁荣对语言的发展无疑有促进的作用。中古时期复音词大量孳生，而很多新生复音词的使用频率不高，《南齐书》中很多复音词仅使用一次，这一现象很可能与文人文学创作的自觉造词有关，如"典故造词"和"缩略造词"便是两种典型的文学造词方式。

本章还用计量的方式重点描写了《南齐书》中各种构词法的发展情况并分析《南齐书》复音化的特点。《南齐书》中的双音词共 14660 个，按构词类型划分，单纯词 152 个，占 1.04%；合成词 14508 个，占 98.96%。《南齐书》各个构词法按照构词比例从多到少排列如下：偏正＞联合＞述宾＞主谓＞单纯＞附加＞述补＞重叠。总体而言，语法构词成为主要的构词类型，重叠式、复合式、附加式复音词均已出现，构词类型完备。复合式的几种方式都完备，主谓和述补也有了明显的发展。偏正式和联合式大量增加，与中古时期的文学特点也有关，中古时期的文学语言由上古的"说理"转向了以"描写"为主，描写的具体、细腻化自然促使偏正式和联合式的增多。从上古到中古，语音系统的简化也使复音化成为一种必然。在单音词和复音词新词新义发展的互动关系比较中，明显看出语法构词的能产性远高于语音构词。各种构词法的成熟，促进了复音词的孳生，中古时期一个单音节新义的出现往往带来数个各种构词方式的双音新词的出现，在这一场"角力"中，单音词的数量不可能超过复音词，复音化成为一种必然的趋势。

---

① 宗白华：《美学散步》，上海人民出版社，1981 年，第 177 页。

《南齐书》反映的中古语言现象在闽方言中的遗留

　　本编主要采用汉语史与方言、方言史研究结合的方法，利用《汉语方言大词典》（以下简称《方言大词典》）、方言志等现代方言研究成果，比较南方方言词汇（以闽语为主）与《南齐书》所反映的中古汉语新兴语言质素，抽取仍在南方方言中活跃的中古语言质素，结合南朝以来的具有南方方言色彩的文献和抽样方言调查，比较、描绘这些中古新兴语言质素在南方方言中的继承与变化，一方面利用方言的研究成果解决中古汉语研究中存在的一些问题，另一方面借助中古汉语史的研究解释现代方言研究中的一些疑难问题，进而探索现代闽语的形成与中古汉语的关系。

　　周振鹤、游汝杰（1986）曾说，汉语南方六大方言——吴、湘、粤、闽、赣、客的形成，都与历代北方居民南移有关。在我国移民史上，从西晋末年延续到南北朝时期的北方人民大南移，是中国历史上第一次大规模的内地移民运动。

　　西晋末年到南北朝时期正值汉语史上的中古汉语时期。北方居民带到南方的语言正是中古汉语。也就是说中古汉语与南方方言的形成有关。相比不断受到阿尔泰语系冲击的北方方言，南方方言中保留了更多中古汉语的底层。正如唐代张籍《张文昌文集》卷四杂诗《永嘉行》所描述的："黄头鲜卑入洛阳，胡儿执戟升明堂。晋家天子作降虏，公卿奔走如牛羊。紫陌旌幡暗相触，家家鸡犬惊上屋。妇人出门随乱兵，夫死眼前不敢哭。九州诸侯自顾土，无人领兵来护主。北人避胡多在南，南人至今能晋语。"虽然，南方方言也会受到南方的少数民族的影响，但是南方的少数民族从未进入汉族的政权中心，其影响力远远不如几次进入汉族政权中心的北方游牧民族。

　　东晋和南朝的政治中心都在以金陵为中心的长江流域，按理说吴语的关系与中古汉语更为密切，而本文之所以选择闽语作为主要的比较对象，一方面是因为闽语是公认的保留古汉语特色比较多的南方方言，另一方面是因为闽语的形成与中古汉语密切相关，闽语与吴语之间的关系也尤为密切，吴语不断受到南下的北方话影响，有些比较古老的语言特征反而保留在闽语里。

　　闽语的来源、吴闽语之间的关系是学术界关注的热点问题之一，也是众说纷纭、争议很多的问题。

罗杰瑞《闽语里的古方言字》认为，闽语是从《切韵》之前的吴语或江东方言分化出来的。①

周振鹤、游汝杰认为，闽语主要是东汉三国时期的吴语分化出来的。"吴语历史虽然最为久远，但在表现形态上却不算最古老。因为三千年来它一直受到不断南下的北方话的强烈影响。比较原始的吴语特征反而保留在闽语里头。……闽语的形成应该后推至汉末三国晋初的百年之间，这一时期，来自江南浙北的移民分别从海路（以福州为中途港）和陆路（经浦城）大批涌入福建。沿海地带相继新设了罗江（福鼎）、原丰（福州）、温麻（霞浦）、东安（泉州）、同安五县，在闽西北则出现了汉兴（浦城）、建安（建瓯）、南平、建平（建阳）、邵武、将乐六县，形成了古闽语的基地。这时的福建方言即是当时的吴语。"②

李新魁《广东闽方言形成的历史过程》认为闽语的形成至少包括三个时间层次："第一，先秦至三国东吴之前。闽语逐渐从吴语分化出来，应该在这一个时期之内。第二，三国之后的魏晋南北朝时期，这是闽语与中原汉语发生融合，接受中原汉语较为巨大的影响的时代。第三，唐宋时代，这个时期主要是接受中原汉语书面语和读书音更进一步的影响。广东各闽方言从福建闽语完全分化出来，主要是在这第三个时期。"同时他还认为"战国时期的吴越语已经不再全属于少数民族语言，而是一直受到汉语影响，吸收了汉语的一些成分的，与楚语比较接近的，属于华夏语的一支方言。福建的闽族，古属越族的一支，在春秋战国时期，归越国统治。吴越人不断进入闽地，吴越语也在闽地产生了影响。公元前 221 年，秦征服了东瓯、福建一带，置'闽中郡'，越地人民与闽人的交流进一步加强，吴越语也进一步向闽地渗透。至迟在三国末期，闽语便已经基本形成了，古闽语的基础来自吴越语，同时吸收了楚语和中原汉语的一些成分，是汉

---

① 罗杰瑞：《闽语里的古方言字》，《方言》1983 年第 3 期。原文为英文，具休表述为：The fact that the oldest stratum of vocabulary in the Mǐn dialects deviates in many respects from the Qièyùn system is a further confirmation of Mǐn's status as a form of the pre-Qièyùn Wú or Jiāngdōng dialect.

② 周振鹤、游汝杰：《方言与中国文化》，上海人民出版社，1986 年，第 38—39 页。

语的方言之一"。①

丁邦新《吴语中的闽语成分》（1988）认为，"在南北朝时代，北语势力越来越强大时，原来的吴语潜藏到白话层里，只留下部分的痕迹，就是我们现在在平阳蛮话及丽水方言中所发现的具有闽语特色的白话音。我们可以说南北朝时代的吴语就是现在闽语的前身，而那时的北语则是现在吴语的来源"②。他以《南史·王亮传》口语"当作无骸尊傍犬？为犬傍无骸尊"中的"骸"和吴歌中的"侬"为例说明南朝口语中的"骸"字、"侬"字不仅保存在闽语里，也保存在吴语的白话音里。

林伦伦《也谈粤东方言的形成及其有关问题——兼与黄甦先生商榷》认为，闽地多中原移民后代，闽语中自然保留有秦汉时代乃至晋唐时代的汉语特点。闽方言的基础在"八王之乱"和"五胡乱华"之前已经形成，"它保持着三国以前的语音特点而未发生太大的差异。在词汇上，闽语吸收了魏晋六朝的不少语词。此后，闽语与吴语分歧越来越大，乃至独立成为一种方言"③。

徐通锵曾用语言年代学的方法做过统计，得出闽南方言从上古汉语分化是从东汉末年（汉献帝时代）开始的。④

严棉《从闽南话到日本汉字音》（1994）提到："在 1989 年以前，几乎所有的学者都认为日本汉字音中的吴音是直接借自汉语的吴方言，而汉音是借自唐朝的长安方言。蒲立本（Pulleyblank）和梅祖麟则认为日本的汉音是借自唐朝的长安方言，吴音则借自江东方言。笔者（Sung，1989/1992）把日本汉音和吴音跟汉语的上古音、中古音以及现代的几个汉语大方言做了一个系统的比较研究，发现日本汉音和吴音实际上跟闽语，尤其是闽南语所经过的相同的历史音变（包括主要音变 primary sound changes 和次要音变 secondary sound changes）要比跟其他的汉语方言为多。因此，

①　李新魁：《广东闽方言形成的历史过程》，《广东社会科学》1987 年第 3 期。
②　丁邦新：《吴语中的闽语成分》，《中国语言学论文集》，中华书局，2008 年，第 252 页。《吴语中的闽语成分》的英文稿 1988 年 10 月在第二十一届国际汉藏语言学会上宣读，中文稿 1988 年 12 月在第一届国际吴语研究会议上宣读，1988 年曾发表于《史语所集刊》。
③　林伦伦：《也谈粤东方言的形成及其有关问题——兼与黄甦先生商榷》，《广东社会科学》1991 年第 4 期。
④　徐通锵：《历史语言学》，商务印书馆，1991 年。

认为日本吴音当是借自闽语（Old Min），而不是现代的吴语。"①

张光宇《论闽方言的形成》认为吴闽语的关系可以概括为三种意见："一、吴闽一家说：古吴语和闽越语交融之后成为闽语，古吴语又受后起北方话影响形成今日吴语。二、移植说：古吴语即今日之闽语，今吴语即古代之北方话。三、青徐移民夹带说：闽语中的吴语成分是中原移民'路过'江东时期夹带南下的结果。"②

《福建省志·方言志》则认为唐代的中州汉语才是形成闽方言的最重要的基础成分，这个基础既有东晋时期中原人士保留的上古雅言成分，又有唐代洛下正音（以《广韵》为代表）的中古汉民族标准语成分。第一次东晋的南迁，对闽地影响有限，永嘉时代闽地尚属荒凉，南徙之民多止苏南，进入湘、赣、浙等地者为数不多，一举入闽的更在少数。侯景之乱后才确有南迁江浙的士大夫进一步入闽避难。初唐时期陈政、陈元光父子平定"蛮獠啸乱"后屯守闽南。唐代两批入闽的汉人，都以河南中州人为主体、为首领。③

林华东④则认为：古吴语＝上古汉语＋古越语；古泉州话＝上古汉语＋闽越语（古闽语＋古越语）。吴语和闽语有相同之处是因为二者形成的历史过程和构成成分接近，而非谁是谁的根源问题。闽南方言与闽语其他次方言的内部差异，跟早期带来上古汉语的移民有关。最早进入福建的汉人先民来自不同时期不同地方：一是秦汉中原军民及其后裔和部分中原移民进入福建南部；二是江东南下的吴（汉）人进入闽东、闽北。第一组移民用周秦上古汉语同化闽越土语，逐渐形成闽南方言；第二组移民用古吴语同化闽越土语，逐渐形成闽北、闽东方言。他认为闽南方言的基础是古代闽中郡的秦汉军民后裔所操之上古汉语，由秦汉时期上古汉语直接演变而来，泉州方言体现了中古汉语的许多特征，同时出现了丰富的文白异

---

① 严棉：《从闽南话到日本汉字音》，《中国语文》1994 年第 2 期。文章还提到："古闽语的人在南北朝时代原是居住在长江下游的江浙一带（也就是现在的吴语地带），后来因为五胡乱华和永嘉之乱迁移到福建。而现代的吴语则是来自唐代的长安方言。"按，此说时间上矛盾，"五胡乱华""永嘉之乱"发生在西晋末年，在南北朝之前。

② 张光宇：《论闽方言的形成》，《中国语文》1996 年第 1 期。

③ 《福建省志·方言志》，方志出版社，1998 年。

④ 林华东：《泉州方言研究》，厦门大学出版社，2008 年。

读现象，是晋唐以来移民和文化教育传播的缘故，而闽东、闽北话的基础是东汉以降入闽之吴（汉）语。

郑张尚芳（2010）认为："现在通行吴语方言的上海、浙江、江苏南部、安徽南部、江西东北部这片地区，先秦本属吴越两国的土地。当时吴越土著说的古越语原是属于侗台先民的百越语，不是汉语。越灭吴，语言未变。后来楚国灭越，把这里列为东楚，楚语逐渐取代古越语，才形成汉语方言的基础。秦汉设立会稽郡、吴郡后，驻军吏民又带来中原汉语，它与东楚语融合，慢慢形成汉晋六朝的江东方言（或江东吴语），那还是今日吴语、闽语、徽语、江淮话这些方言的共同祖语，到唐代，吴语、闽语等分立后才形成真正自成一系的吴语方言。"并认为"江东旧语多留于闽语"①，如宋代马令《南唐书》："江浙谓舅为官，姑为家。"楚语称"人"为"农"，这两种表达闽语至今仍如此。

综合上述观点，按闽语的来源、基础来划分，主要有四派观点。

第一，认为闽语的基础是古吴语，根据古吴语与现代闽语关系的不同，又分为两种。一种认为闽语是从古吴语分化出来的，持这一观点的如罗杰瑞、李新魁、周振鹤和游汝杰、郑张尚芳。另一种则认为现代闽语直接继承自古吴语，持这一观点的如丁邦新、严棉。这一派对古吴语的基础存在不同的看法，或认为是吴越语受中古汉语的同化，或认为是古楚语受上古、中古汉语同化。

第二，认为闽语的基础是上古汉语，闽语是从上古汉语分化出来的，持这一观点的如徐通锵和林华东。不同的是林华东认为闽语的基础是上古汉语加闽越语。

第三，认为闽语的基础是中古中原地区的汉语，其中的吴语特征是中原移民路过江东夹带的效果，持这一观点的如张光宇。

第四，认为闽语的基础是唐代中州方言，如《福建省志·方言志》。

不论各家认为闽语的来源基础为何，各家基本一致认为闽语带有魏六朝汉语的特点，而且与吴语关系密切。我们认为现代闽语的特点并不是某

---

① 郑张尚芳：《吴语方言的历史记录及文学反映》，潘悟云主编《东方语言学》第七辑，上海教育出版社，2010年，第103页。

个单一时代的汉语特点或某一个特定地域的古方言所能概括的，它应当包含不同民族语言、不同时期汉语和地域古方言的层次，所以我们认同闽语包含不同语言层次的说法，同时我们认为闽语的形成与汉、晋中原汉人大规模徙入闽地分不开，闽语中有一个层次应当是与中古汉语密切相关的。

从移民史的角度看，当时的汉语对闽语的形成是有影响的。秦始皇时曾设立闽中郡。汉武帝平南越后，设郡远至海南岛儋耳、珠崖。三国时，孙吴的军队曾五次入闽，并在闽中设置建安郡。而后五胡乱华，中原大乱，东晋南渡，远至福建泉州附近。南朝政权在南方活动，进一步开发了闽地。之后北人再度南下，严重损害了江东世家大族的经济利益，矛盾突出。江东士族进一步南移到温、台一带。林、黄、陈、郑四姓则移居福建。

从语言史的角度看，中古汉语对现代闽语的形成也是有影响的。如丁邦新提到的《南史·王亮传》口语中的"骹"和吴歌中的"侬"。这两个词至今在现代闽语里仍是基本词。中古时期的新生疑问代词"底"首见于南朝乐府，史书中也可见踪迹，《南齐书·王敬则传》："兴盛使军人遥告敬则曰：'公儿死已尽，公持许底作？'""底"作疑问词在吴语中仍存在，如太湖片吴语的毗陵小片，如常州、丹阳、靖江、溧阳、金坛等地。以常州话为例，以"底"形成的疑问代词有"底家（什么）、底人（谁）、底辰光（什么时候）"[①]。"底"作为疑问代词在闽南语潮汕片中也仍广泛使用，如"底个（哪个）、底侬（谁）、底时（什么时候）"等。王建设（1993、2004）曾将《世说新语》的语言与闽南语泉州话进行比较，发现不少晋代的特色表达在闽南语中仍有痕迹。如《世说新语》中最主要的三身代词"我、汝、伊"，闽南语中最主要的三身代词亦是"我、汝、伊"。"我、汝"都来自上古，"我"在普通话中也沿用，"汝"虽然现代北方方言比较少见，但南方方言中多数沿用。"伊"作第三人称，中古时期开始比较常见，现在南方方言中也颇有继承。但是"我、汝、伊"三者在一个方言中同时存在并且是最主要的三身代词，这样的情况即使在南方方言中

---

① 郑伟：《从北部吴语几个虚词的来源看古江东方言》，《2007 年全国博士生学术论坛——中国语言文学论文集》，北京师范大学。

也是少有的。再如《世说新语》中的"奴""阿奴"作对称、昵称，至今在闽南语中也有存留。《世说新语》中丈夫的弟弟小叔子称为"小郎"。《世说新语·规箴》："王平子年十四五，见王夷甫妻郭氏贪欲，令婢路上儋粪。平子谏之，并言不可。郭大怒，谓平子曰：'昔夫人临终，以小郎嘱新妇，不以新妇嘱小郎。'"南朝亦如此。《宋书·谢景仁传》："（景仁弟述乘小船，寻兄纯丧舫。纯妻）庾遣人谓述曰：'丧舫存没，已应有在。风波如此，岂可小船所冒，小郎去必无及，宁可存亡俱尽邪？'"福建永春仍称小叔子为"小郎"。

姑且抛开闽语的来源争议问题，可以明确看出的是闽语的形成确实与中古汉语、吴语相关，故本编以闽语与《南齐书》所反映的中古汉语语言现象相比较，探讨中古汉语在现代闽语中的存遗，是完全可行的，对于中古汉语与现代闽语形成的关系研究亦是有益的。

对闽语造成影响的，泛而言之，可谓中古汉语，具体而言，对闽语影响比较大的，到底是中古哪个地区的汉语，亦是一个有待讨论的问题。当时最大的方言分歧普遍认为是北方和江东方言的区别。罗杰瑞在《闽语里的古方言字》（1983）中说："晋朝郭璞时代（276—324），中国主要方言的分歧在北方和跨越长江叫做江东或吴的各地区之间。"① 游汝杰（1992）提到东晋郭璞注《方言》中始见"北方通语"的字眼，北方汉语自两汉至西晋时期，伴随着人口的流动，经历了一场长期的混合和内部趋向一致的过程，因此郭璞才有可能将其独立为一个方言区看待。

《台湾闽南语辞典》张光宇序："方言是历史的产物，方言的历史就是人民的历史。中国历史上最大的一次民族迁徙发生在西晋末年'永嘉之乱'，大批北人南徙，造成'北人避胡皆在南，南人至今能晋语'的现象。闽南先民有的随司马睿从山东南下，有的是'两京倾覆'之时从洛阳及其近旁仓皇南逃。两方人马汇聚江东，其后又辗转南下，抵达福建。南北朝对峙期间，汉语方言开启了南北分途发展的序幕。北方在五胡轮番执政之下进行民族大融合，加速语言的变化；南方在东晋政权成立之后，形成中

---

① 罗杰瑞：《闽语里的古方言字》，《方言》1983 年第 3 期。原文为英文：Be that as it may, it seems evident that in Guō Pú's time，the chief dialectal cleavage in China was between the North and the trans-Yangtze region variously called Jiāngdōng 'east of the Yangtze' or Wú 吴.

国文化的新中心，孤臣孽子心态倾向保守，但民族融合也势所难免。这个时期的汉语方言发展，就是颜之推所说的'南染吴越，北杂夷虏'。"①

　　鲁国尧《客、赣、通泰方言源于南朝通语说》："自永嘉起的北人大规模南徙导致了黄河流域的汉语北方方言伸展至江淮地区即原吴语区及楚语区的北部，历二百余年，至南北朝后期形成了以洛阳话为标准的北朝通语和以建康话为标准的南朝通语。"② 鲁国尧先生归纳其中最重要者有二："少数民族入主中原，汉语吸收了一部分少数民族语言的成分；一部分汉人南迁，将北方方言带到南方。这两次大规模的语言入侵，其结果是形成了南北两个通语中心的局面。"按鲁先生的观点，则北朝通行的是以洛阳话为标准的北朝通语，南朝通行的是以建康话为标准的南朝通语，那么《南齐书》主要反映的是南朝通语。

　　近来有学者从这个角度去研究中古汉语有南北差异的语言成分，这一点我们在"绪论"中也介绍过。东晋以来的南北对立中，不论是留在北方的中原汉人，还是南渡的中原汉人，肯定分别受到北方少数民族、南方少数民族或江南汉人的影响。

　　从简单的饮食细节便可看出当时南北方汉人文化上的差异：北方食羊肉、奶酪；南方食鱼、贝类，喝茶，甚至嚼槟榔。前者带有北方游牧民族饮食习惯的痕迹，而后者则带有南方百越民族饮食习惯的痕迹。

　　《南齐书·豫章文献王传》中，萧嶷临死前反复叮嘱儿女祭祀要用槟榔。《东南夷传·扶南》提到扶南国进贡的物品中有槟榔盘。记载南朝故事的《金楼子》亦提到南朝人食槟榔的事。《金楼子·立言下》："有寄槟榔与家人者，题为'合'字，盖人一口也。"《金楼子·杂记上》："刘穆之居京下，家贫。其妻江嗣女。穆之好往妻兄家乞食，每为妻兄弟所辱，穆之不为耻。一日往妻家食毕，求槟榔，江氏兄弟戏之曰：'槟榔本以消食，君常饥，何忽须此物？'后穆之来为宋武佐命，及为丹阳尹，乃召妻兄弟设盛馔，劝酒令醉，言语致饮，座席将毕，令府人以金盘贮槟榔一

---

①　张光宇：《台湾闽南语辞典·序》，董忠司总编纂《台湾闽南语辞典》，五南图书出版公司，2001年，第2页。

②　鲁国尧：《客、赣、通泰方言源于南朝通语说》，《鲁国尧语言学论文集》，江苏教育出版社，2003年，第128页。

斛，曰：'此日以为口实。'客因此而退。"槟榔是极富南方特色的植物，汉代以来才开始见于汉语。郦道元《水经注》卷三十六《温水》注引东晋人俞益期《与韩康伯书》："惟槟榔树，最南游之可观，但性不耐霜，不得北植，不遇长者之目，令人恨深。"南朝人嚼槟榔很可能是受南方少数民族的习惯影响，至少是受到南方土著汉人影响。明代闽南戏曲中也记载泉漳潮一带有客入门即奉茶与槟榔的习俗。南方闽、台、粤、湘等地至今仍多有嚼槟榔的习俗。通过一个饮食细节，便可看出当时南北汉人生活习惯、文化上的差异，这些差异在语言上必然也是有所反映的。

本编正是希望通过将《南齐书》所反映的中古汉语语言现象与闽语进行比较，从词汇和语法的角度去探索中古汉语在现代闽语的存遗，是否受到南北朝方言差异的影响，同时也利用闽语中的语言现象来解决中古汉语研究中的一些问题。下文我们用个案研究的形式来将《南齐书》所反映的中古汉语语言现象与闽语进行比较。

第四章 代词类："侬""若"

第一节 "侬"的自称义和名词义

目前学界普遍认为"侬"是古今吴语特征词。《南齐书》有两个非常具有代表性的例子。

(1) 世祖亦知帝昏纵，密谓其党茹法珍、梅虫儿曰："何世天子无要人，但阿侬货主恶耳。"(《东昏侯纪》)

(2) 仲雄于御前鼓琴作《懊侬曲》，歌曰："常叹负情侬，郎今果行许!"(《王敬则传》)

通行的观点认为"侬"是第一人称代词。这两例中的三个"侬"却不能笼统地看成第一人称代词，后两个明显解释不通。《汉语大词典》"阿侬"条的第二义项是"称对方"，所引便是《南齐书》的例子。而周一良先生则认为"阿侬"是世祖自谓①。"懊侬曲"的"侬"另有观点认为是"他"。明代张自烈《正字通》卷一："('侬')又'他'也。古乐府有《懊侬歌》。"潘悟云、陈忠敏则认为，"懊侬""负情侬"的"侬"是"人"的意思②。

词义的解释除了考虑所处语境外，如果放到词的共时语义系统和历时语义发展中去考察，无疑能更好地避免随文释义，从而解释得更加准确。

---

① 周一良：《魏晋南北朝史札记》，中华书局，1985年，第248—250页。
② 潘悟云、陈忠敏：《释"侬"》，*Journal of Chinese Linguistics*，1995年第2期。

尤其是对一些有争议的词语和例子的解释，如果能在对该词的共时语义系统描写和历时语义发展梳理的背景下审视，无疑更加准确。

无论中古汉语、古吴语，还是现代吴语、闽语，"侬"都是一个非常有代表性的词，学界对其探讨颇多，而争议也颇多。周大璞、潘悟云、陈忠敏、李鼎、金寅、徐时仪、邵慧君等先生曾先后撰文讨论，讨论的焦点涉及"侬"的来源、语源义、本义、基本义、语义演变过程以及在现代不同方言中指代差异的由来。研究大都采用历史文献考证和历史比较相结合的方法。

关于这两种研究方法，徐通锵《历史语言学》曾有非常细致的阐释："如何从方言或亲属语言的差异中推断其不同形式所反映的年代顺序，实质上就是如何从语言的空间差异中去推断语言在时间上的发展序列。这是历史比较法的核心。……语言的空间差异反映语言的时间发展，说明语言的发展同时表现在空间和时间两个方面。语言发展中的时间是无形的，一发即逝，难以捕捉，而语言的空间差异则是有形的，是听得见、看得清（把实际的音值记下来）的，是时间留在语言中的痕迹，可以成为观察已经消失的时间的窗口。所以，从语言的空间差异探索语言的时间发展就成为历史比较法的一条重要原则。"[1]

徐先生同时强调时空结合的原则和书面文献资料的运用，"语言的空间差异和书面文献资料都可以成为观察语言演变的时间窗口，因而在实际的研究工作中可以把这两者结合起来去探索语言发展的线索和规律"。[2]

但遗憾的是以往的研究往往偏重方言比较，而书面文献资料的利用不足，尤其在语义的历时演变过程考证上。

首先，书面文献的使用仅限于证明"侬"的某个义位，而不是观察其语义演变。其次，偏重两头历史文献，即早期的晋六朝和晚清以来的方志类文献，而忽视中间时段的语料，以致在构拟"侬"的语义发展过程时只能以抽象推拟的形式描述，缺少相应的语料实证，然而语法化的论证是需要相应的历史语料支撑的。再者，在利用历史文献作证时，又时常忽略语

---

[1]　徐通锵：《历史语言学》，商务印书馆，1991年，第96页。
[2]　徐通锵：《历史语言学》，商务印书馆，1991年，第137页。

料的时代性，将相关的历史语料不加区分地放在同一个平面上讨论，这无疑将影响结论的可靠性和清晰性。

比如施俊《论婺州片吴语的第一人称代词——以义乌方言为例》勾勒了吴语"侬"的演变过程："侬"由"人"义产生复数的意义，又产生第一人称代词"是侬"，后来随着"我"传入，与"侬"产生竞争，产生"我侬"新形式，接着"侬"进一步语法化，三身代词后皆可加①。

这样的演变过程从推理上似乎说得通，但放到历史语料中去考察，就会发现其不合理之处。首先，"我侬""尔侬"的出现并不晚于"是侬"；其次，比"是侬"更早的还有"阿侬""侬家"，其中的"侬"已是第一人称代词；再次，早期"我侬""尔侬（汝侬、你侬）""渠侬"的"侬"都带有实义，并非"侬"语法化之后才类推产生的。

另外，在利用现代方言进行比较方面，涉及吴语、闽语、赣语，以吴语为主要比较对象，闽语其次，同时比较充分地利用吴语方志类的历史文献。实际上，闽语也有不少口语性很强的明清历史文献，闽语因为地域的封闭和语言的保守，更多地保留"侬"的早期面貌。

历史语言学的解释必须以语言事实为根据。对语言变化的解释必须从历史上找到根据。鉴于以往对"侬"研究存在的不足，我们将着重从"书面文献资料"方面入手，充分考察书面文献资料，加强对语料的区分，尤其是语料所反映的时代性和地域性；同时结合一定的方言比较，加强对闽语历史语料的利用，尝试对"侬"的不同时期的语义的历时发展过程进行更深入、详细地探讨和梳理，通过"侬"的历时的语义发展梳理，更进一步反观"侬"在几个主要时期的共时语义系统。

一 "侬"的自称义

"侬"最早可见的文献记载出现于晋代。

（3）揽枕北窗卧，郎来就侬嬉。（《乐府诗集》卷四十四晋无名氏

---

① 施俊：《论婺州片吴语的第一人称代词——以义乌方言为例》，《中国语文》2013 年第 2 期。

《子夜歌》四十二首）

（4）欢愁侬亦惨，郎笑我便喜。（《乐府诗集》卷四十四晋无名氏《子夜歌》四十二首）

（5）徒怀倾筐情，郎谁明侬心。（《乐府诗集》卷四十四晋无名氏《子夜歌》四十二首）

“侬”在六朝时期记载颇多，主要见于南朝民歌，偶见于小说、史传等其他文体所记录的民歌、对话中，如南朝宋刘敬叔《异苑》卷七：“坐侬孔雀楼，遥闻凤凰鼓。下我邹山头，仿佛见梁鲁。”

史书中除了《南齐书》尚有《晋书·武十五王传》：“长史谢重举板答曰：‘故宣武公黜昏登圣，功超伊、霍，纷纭之议，宜裁之听览。’道子颔曰：‘侬知侬知。’”

通常以《晋书》该例作为“侬”见于文献的首例。但《晋书》是唐代人所写，并非同时语料，而且编撰者多是北方人，用于证明晋代口语时须审慎对待。《晋书》记载司马道子说“侬知侬知”，而《世说新语·言语》中原作“我知！我知！”陈寅恪曾考：“东晋南朝官吏接士人则用北语，庶人则用吴语，是士人皆北语阶级，而庶人皆吴语阶级。”[1] 当时的江东士族中即便本为吴人的，与士人交谈，尚多不操吴音，更何况司马道子是南渡的北方皇族，此时又非接待吴人，在接待士人的口语中故意使用吴语的可能性不高。

相比而言，《南齐书》中的两例更为可靠，一例出现在民歌中，一例出现在下层庶族的对话中。王仲雄无传记，其父王敬则，临淮射阳人，侨居晋陵南沙县（今江苏常熟），出身低微，市井小贩，不识文字。《王敬则传》：“敬则名位虽达，不以富贵自遇，危拱傍遑，略不尝坐，接士庶皆吴语，而殷勤周悉。”可见，王敬则的母语是吴语。王仲雄是王敬则的儿子，故能歌南朝民歌。徐世㮧，新蔡人，未有详细传记，不知侨居何处，虽祖籍北方，但生活在江东，出身下层阶级，下层的广大居民主要是吴地土著，生活其间，也是说吴语，而且与其对话的茹法珍、梅虫儿都是出身低

① 陈寅恪：《东晋南朝之吴语》，《历史语言研究所集刊》1936 年 1 期。

微的吴人，《南史·恩幸列传》："茹法珍，会稽人，梅虫儿，吴兴人，齐东昏时并为制局监，俱见爱幸。"所以，此时徐世欟以吴语与二人对话，亦不出奇。

六朝时期的"侬"是什么意思呢？普遍认为是第一人称代词"我"。如游汝杰："自六朝以来'侬'就是一个典型的吴语人称代词。"① 实际上不能一概而论，这个时期的"侬"同时还有另一个重要却容易被忽略的义位——"人"。

潘悟云、陈忠敏（1995），李鼎② 都提出"侬"的本义是"人"，由"人"义引申为第一人称代词。徐时仪认为"侬"的本义是族称，引申到指人，再引申到人称代词。③

邵慧君进一步提出质疑，文献中"侬"并非严格意义上的第一人称代词，而是类似小称的用法，为了便于下文讨论，这里比较详细地征引一下。

　　"侬"作为第一人称代词的身份颇可斟酌。理由如下：1）吴歌多属民间的吟咏对唱，基本上是对话体，在对话体中，由于有语言环境的帮助，对话双方的话语很容易确定，即是说，吟咏者可以通过对话的场景确定对方的身份，而无须使用代词；2）人类的语言普遍规律证明，代词系统往往是语言发展到较成熟阶段才出现的，且多系从通称引申而来。古代汉语也是如此。因此，从"侬"作为"人"这一通称来看，即使吴语后来的代词用"侬"，在时间上也应晚于作"人"的"侬"。3）从上述作品来看，"侬"多与"君""郎""欢"对举，实际上是通称在一定的语言环境里用于专称（有点类似于普通话的"人家"），而不是严格意义上的人称代词，假如我们将"侬"认定为人称代词，那么也可以以同样的理由将"君""郎""欢"等认定为人称代词（第二身）。但这样显然是不妥的。还有一个有力的证据证

① 游汝杰：《吴语里的人称代词》，梅祖麟等著《吴语和闽语的比较研究》第一辑，上海教育出版社，1995年，第32页。
② 李鼎：《"吴侬"和人称代词辨析》，《医古文知识》2001年第1期。
③ 徐时仪：《"侬"的语源义探析》，《医古文知识》2003年第3期。

明早期吴语的第一人称为"我"而非"侬"，就是在吴歌中有不少作品是用"我"自称的。①

邵文认为早期的"侬"不是严格意义上的人称代词。那什么是严格意义上的人称代词？文中并未给出解释，但从文中否定"君""郎""欢"这类词是第二人称代词，认为"人家"这样的词算是语用上的称代，而非语法意义上的代词可知，她应该是对人称代词的定义、外延的限定相对严格。

相比之下，陈翠珠《汉语人称代词考论》中人称代词的定义则比较宽松："人称代词，是在言语交际中代替交际双方和相关联（言语交际双方谈及）的第三方的名称的一类词。"她还认为"一个词意义等于人称代词，不等于它就是人称代词。而要看它的称代凝固性和约定俗成性。偶尔、临时的用法不能形成人称代词"。② 陈文把"妾""君""卿""子""公"这类称谓词也当作人称代词，可见她的限定外延比较宽。

陈文所说的"称代凝固性"和"约定俗称性"很有启发性。语法归根结底是母语者的语感。但是对已经逝去的语言，很难从语感来判断，只能从遗留下来的文献和留有"遗迹"的方言中尽量去比较，加以推理判断。

从语义上看，中古时期的"侬"确实可以理解为"我"。当时的人亦如此认为。南朝顾野王《玉篇·人部》："侬，吴人称我是也。"故而古代字书、韵书中多以"我"释"侬"，如《广韵·冬韵》："侬，我也。""侬"前面还可以加一个词缀"阿"构成"阿侬"，亦表示自称。《太平广记》卷三二四引南朝宋刘义庆《幽明录·刘隽》："间一日，又见向小儿持来门侧，举之，笑语隽曰：'阿侬已复得壶矣。'言终而隐。"《洛阳伽蓝记》卷第二："元慎即口含水噀庆之曰：'吴人之鬼，住居建康，小作冠帽，短制衣裳。自呼阿侬，语则阿傍。……'"

上文提及的《南齐书》中，刘世㦤所说"何世天子无要人，但阿侬货主恶耳"也当是自呼，而非称对方。从上下文意看，我们认为这里的"阿

---

① 邵慧君：《"侬"字称代演化轨迹探论》，《中国语文》2004 年第 1 期。
② 陈翠珠：《汉语人称代词考论》，光明日报出版社，2013 年，第 6、270 页。

侬"作复数的自称理解更合理。刘世䂂与茹法亮、梅虫儿为同党，刘说我们不过是替天子萧宝卷作恶而已，故引得茹、梅二人不悦，若仅是说自己，不至于引二人不悦。古代汉语的人称代词多单复数同形，"侬"单用也有作复数的。南朝梁陶弘景《周氏冥通记》卷三："陶曰：'夜已深，宜去。'便欲去。诸女曰：'待侬。'因相随而灭。""阿侬"自然也可作复数。

二 "侬"的名词义

虽然在"侬"的具体来源、本义和语义发展上，研究者存在意见分歧，但他们一致认为"侬"的自称义来自其"人"义[①]。中古时期的"侬"除了表示自称，还表示"人"义。

《南齐书》中王仲雄所歌的"懊侬曲"，歌词中的"负情侬"，这两个"侬"当是"人"的意思。代词一般不受定语修饰，"负情侬"的"侬"作名词解更适宜。"侬"作"人"义，六朝民歌中不乏例子。李鼎《吴声歌曲中称人为侬》（2007）中引证甚多，这里略引若干例子。

（6）当曙与未曙，百鸟啼窗前。独眠抱被叹，忆我怀中侬，单情何时双？（《前溪歌》）

（7）诈我不出门，冥就他侬宿。鹿转方相头，丁倒欺人目。（《读曲歌》其四十八）

（8）鸡亭故侬去，九里新侬还。送一却迎两，无有暂时闲。（《寻阳乐》）

"侬"受"怀中""他""故""新"的修饰，明显是名词"人"。这里的"他侬"是"他人"的意思，不是第三人称，不同于宋代以来的

---

① 曾有观点认为"侬"的第一人称用法来自第一人称"奴"。周大璞《释侬》（1986）认为"侬"从"奴"来。向熹《简明汉语史（下）》（1993）认为："北方话里'奴'由名词变为第一人称代词的谦称，南方话音转为'侬'，也用作第一人称代词。"清代雷浚《说文外编·人部》："侬即奴之声。"后来李鼎、潘悟云等学者已有辨析，当是"奴"从"侬"来，我们赞成李、潘的观点。

"渠侬"。

虽然在乐府诗中，"侬"的自称义的出现频率要远高于"人"义，但是"侬"的"人"义绝不是偶然、短暂的出现。到隋唐时期，"侬"在表示自称的同时，也仍保留有"人"义。

《庄子·让王》："石户之农。"李颐注："石户，地名。农，谓农人也。"隋末唐初成玄英疏："今江南唤人曰农。"这个"农"即"侬"。邵慧君先生据此例认为，"侬"的"人"义在战国时期就已有记载。我们认为以"石户之农"作为"侬"在战国时期就指"人"的证据不甚可靠。"石户之农"可能如李颐所注是指石户的农民，也可能就是一个比较奇怪的名字，《庄子》中不乏奇怪的名字，《让王篇》中讲述尧以天下让许由、子州支父（又作子州之父）、舜让天下于子州之伯、善卷、石户之农。不过，成玄英的注疏倒是反映出其所处的隋唐时期江南人的确唤"人"为"侬"。

《大业拾遗记》记载隋炀帝喜效吴语，隋炀帝曾作诗云："个侬无赖是横波，黛染隆颅簇小蛾。幸得留侬伴成梦，不留侬住意如何？"唐诗中的"个侬""吴侬""越侬""牛侬""诸侬""稽山侬""北侬"，"侬"都受定语修饰，从语义看也不可能是代词"我"，而是名词"人"，分别是"那人""吴人""越人""牛人""诸人""稽山人""北人"之义。

（9）个侬居处近诛茅，枳棘篱兼用荻梢。（韩偓《赠渔者》）

（10）才子从今一分散，便将诗咏向吴侬。（刘禹锡《福先寺雪中酬别乐天》）

（11）桃胶迎夏香琥珀，自课越侬能种瓜。（李贺《南园》其三，有的版本作"越人"）

（12）牛侬惊力直，蚕妾笑睢盱。（元稹《春分投简阳明洞天作》）

（13）渡口诸侬乐未休，竟陵西望路悠悠。（罗虬《比红儿诗》其三十六）

（14）昔闻咸阳帝，近说稽山侬。（李商隐《李肱所遗画松诗书两纸得四十韵》）

（15）北侬初到汉州城，郭邑楼台触目惊。（韦庄《汉州》）

"侬"从六朝到唐代，直至宋明时期，仍有"人"义。宋代戴侗（永嘉人）《六书故·通释》："凡方言往往以声相禅，虽转为数音实一字也。……吴人、越人呼人为奴红切。今俗书作'侬'。台人鱼邻切，温人奴登切。"又《六书故》卷八："侬，奴冬切，吴人谓人'侬'，按此即人声之转。瓯人呼若'能'。"宋明诗词小说中亦可见"侬"作"人"义。

（16）曰予非此侬，又不负谴尤。（宋代欧阳修《怀嵩楼晚饮示徐无党无逸》）

（17）要知两侬心，等是它山石。此诚不可转，彼情无自入。（宋代贺铸《追和亡友杜仲观古黄生曲》其三）

（18）茂林扇物送高春，潜世幽怀况老侬。（明代范凤翼《河上丈人坨避暑兼喜时雨有作招饮》）

（19）嗟嗟人散财复空，赢得人称薄幸侬。（《三刻拍案惊奇》第二十五回）

至今，南部吴语的"人"多源自"侬"，绝大部分闽语区的"人"亦源自"侬"，只是不同地区语音上有些差别，有的读［noŋ］[1]，有的读［naŋ］，有的读［laŋ］，等等。

因此，晋六朝的"侬"还不是严格意义上的第一人称代词，至多是自称代词，而且它在晋六朝到宋代期间不只作吴语的代词，而是兼有名词义的"人"，是兼类词。

三 "侬"的自称义与名词义的关系

自称的"我"是从名词义的"人"引申而来的。这一点潘悟云、徐时仪、邵慧君等先生多有论述，此处不再赘言。本来表示"人"的"侬"在对话中亦起到称代作用，在民歌中尤为常见，表达一种亲昵、随意、谦卑的情感，是一种语用层面上的效果。不少表称代的例子确实看起来介于"我"义、"人"义之间。如《子夜变歌》其三："蟋蟀吟堂前，惆怅使侬

---

① 文中的读音用国际音标，但除非特别需要，不标明声调。

愁。""使侬愁"可以理解成"使我愁"，也可以理解成"使人愁"。鲍照《鲍明远集》卷第八《吴歌》其二："夏口樊城岸，曹公却月楼。观见流水还，识是侬泪流。""侬泪流"可以是"我的泪"，也可以是"人的泪"。上文所引隋炀帝的《个侬》："幸得留侬伴成梦，不留侬住意如何？""留侬"可以是"留我"，也可以是"留人"。

"侬"作自称的语用用法和语法位置使"侬"有了向单纯表称代作用的代词转化的趋势。加词缀的第一人称代词"阿侬"和"侬家"的出现意味着这种趋势的加强。

"阿侬"六朝已见，见上文所引，后世亦有沿用，但多见于诗词中。

（20）虚心陪燕寝，不受虢秦封。惟有冰霜节，全无云雨踪。李娥书旧恨，湘女敛愁容。却是专房宠，无人妒阿侬。（宋代胡仲弓《竹夫人》）

（21）沧洲大胜黄尘路，万顷月波难滓污。阿侬原是个中人，非谓鲈鱼留不住。（宋代贺铸《续渔歌》）

第一人称代词"侬家"文献记载最早见于唐代。值得注意的是须与中古文献已见的偏正式的"侬家"（如乐府诗《华山畿》其五："未敢便相许，夜闻侬家论，不持侬与汝。"）区别开。

（22）侬家暂下山，入到城隍里。（唐代寒山《诗》之一六九）

（23）待取天公放恩赦，侬家定作湖中客。（顾况《谅公洞庭孤橘歌》）

（24）侬家本是持竿者，为爱明时入帝乡。（李咸用《湘浦有怀》）

"侬家"在宋代诗词、禅宗语录中亦可见，元明以来则少见。

（25）江楼月夜吹长笛，谁似侬家不负身？（陆游《江楼次前辈韵》）

（26）采菱歌罢行云散，望断侬家心眼。（郑仅《调笑转踏·肠断》）

（27）指法座前云："象王回，师子步，侬家看着双眉聚。……"

（《古尊宿语录》卷二十 X68/0129c18）

我们认为"侬"兼类的情况影响了"侬"作第一人称代词的稳定性。宋代以来吴语中的"侬"的称代义不断强化，名词义则相对弱化，出现越来越少，元明时期吴语中"人"义构词能力已经很弱，较常见于文献的只剩作为诗题的"个侬"和习用词"吴侬"，今天的北部吴语中"人"一词多被北方日母真韵的"人"取代。

四 "我侬"系列词

除了"阿侬""侬家"，近代汉语时期开始出现人称代词"我""吾""尔""汝""你""渠"加"侬"的形式。这些形式的出现反映了"侬"的意义的新变化。

（一）"我侬"系列词的构词类型

关于人称代词加"侬"这种形式的意义，通行的说法是将这些构词形式当作人称代词。如《大词典》"我侬""吾侬""你侬""渠侬"条分别解释为"方言。我""我""方言。你""方言。他、她"，而未收"尔侬""汝侬"。

关于这种形式的结构层次，通行的说法是同义叠架，即同义复合。潘、陈文将"我侬"看成同义叠架的形式，即"我""侬"都是第一人称代词。但是这样一来，第二人称"尔侬""汝侬"和第三人称"渠侬"该如何解释？

对此有一种补充解释，把前两种当成同义叠架，把"渠侬"当成前两种的类推。金寅先生认为，"侬"与"我""俺"等处于不同历史层面，属同源派生关系，在古诗文里"侬"兼表第二人称的情况早已存在，"侬"的第一人称和第二人称同形，至今沪上口语中的"侬"仍保存作第二人称，"吾侬""你侬"属于同义复合连用，"渠侬"是"吾侬""你侬"的类化。①

---

① 金寅：《从"侬"谈本义和语源义就李、金两文说点看法》，《医古文知识》2001 年第4 期。

而邵慧君先生（2004）则认为，"我侬""尔侬（你侬）""渠侬"是早期吴语的特殊语言现象，但它们还不是稳定的人称代词，而应看作由代词"我""尔""渠"加上中心语"人"（侬）的偏正结构，这时"侬"尚未虚化为词缀，仍带有很强的实义，指称我（你、他）方的这类人，不等同于普通话的三身代词的复数。

我们认为两种观点都可进一步商榷。金文使用的例证须进一步推敲。金先生认为元代杨维桢《西湖竹枝词》其四"劝郎莫上南高峰，劝侬莫上北高峰"中的"侬"是第二人称①。实际上，此句中的"侬"当是"人""人家"的意思。清以前的文献中很难找出"侬"作第二人称的其他例子。乐府诗《读曲歌》有："白门前，乌帽白帽来。白帽郎是侬，良不知乌帽郎是谁。"有人认为这个"侬"是"你"，实际上这里断句有问题，当是"白帽郎是侬良"，即"白帽郎是我的良人"意思。

我们找到另外两例可以真正作第二人称理解的例子：

（28）徐谢氏，名蠋，松江宦家女。……时里闬少艾被絷者相属。谢阻板桥，遽厉声曰："桥有柱我，侬趋救可乎！"（《新元史》卷二四五《列女中》）

（29）畹香歌道："俏冤家，我爱你的庞儿俊。去了来，来了去，挨得我腿儿疼。却谁知那多娇，一见心先订。侬爱我聪明，我爱侬风韵，两下里牵情，也将好向门前等一等。"（清代《风流悟》第三回）

这两例的"侬"虽确作第二人称，但时代相隔甚远，实际上反映的是清以来上海等吴语区以及个别闽语区里作第二人称的"侬"。这个"侬"是由"尔侬"发展来的，和早期作自称的"侬"不是直接继承关系。《新元史》是清末民初山东人柯劭忞所写，很可能是他根据当时上海话所写的对话。《风流悟》前文写道"福建建宁府有一人，姓王，名兰，字畹香"。据《方言大词典》，今天福建建宁地区确以"侬"作第二人称。

---

① 《大词典》"侬"的第二人称代词义即举此例，金寅先生之观点可能是受《大词典》影响。

《大词典》"侬"字前四个义项即三身代词和"人",第二人称即引杨维桢的例子,第三人称则引明代张自烈《正字通》的例子。

(30)"侬"乃同切,音农。俗谓"我"为"侬"。陈后主喜称"侬"。隋炀帝亦自称"侬"。韩愈《泷吏》诗:"鳄鱼大于船,牙眼怖杀侬。"又"他"也。古乐府有《懊侬歌》。《六书故》:吴人谓人"侬",即"人"声之转。瓯人呼若"能"。(《正字通》卷一)

(31)"我侬",《隋书》炀帝宫中喜效吴音多有侬语。《乐府》《子夜》等歌用"侬"字特多,若"郎来就侬嬉,郎唤侬底为之"。《湘山野录》载《吴越王歌》:"你辈见侬底欢喜,永在我侬心子里。"程倚《悼贾岛诗》:"驰誉超前辈,居官下我侬。"宋裴《江上歌》:"我侬一日还到驿,你侬何日到邕州。"吴俗自称"我侬",指他人亦曰"渠侬"。古《读曲歌》:"冥就他侬。"《孟珠曲》:"莫持艳他侬。"隋炀帝诗:"个侬无赖是横波"。"他侬""个侬"犹之云"渠侬"也。元好问有"大是渠侬被眼谩"句。(清代翟灏《通俗编》卷十八)

这样看来,似乎"侬"兼"我""他""人"三义。若说"懊侬"的"侬"是第三人称"他",那么在六朝时期,"侬"就兼指"我"和"他",则"侬"不当是第一人称代词,而是泛指人称代词,类似普通话的"人家",但上文已分析"懊侬"实际上是"懊人"之义,并非第三人称,"个侬"是"个人"(相当于"彼人""那人"之义),"他侬"是"他人",文献中亦很难找出"侬"可理解作第三人称的其他例子。因此,所谓"侬"既是第一人称代词,后来又是第二、第三人称代词,支撑这样的说法的例证并不可靠。

相比之下,邵文认为这种结构中的"侬"未失去实义,这一观点更可靠。也就是说"我侬"等结构是偏正结构。但邵文又忽略"我侬""你侬(尔侬、汝侬)""渠侬"的语义历时演变,这些结构并非一直都是短语到现代才变成代词。"我侬""你侬(尔侬、汝侬)""渠侬"在不同历史时期是有所发展变化的。在有书面语料的情况下,应当充分利用历史语料提供的线索去确定年代顺序。

（二）"我侬"系列词的出现

从历史语料看来，最初"我侬"的"侬"未完全虚化。"我侬"始见于唐代。唐代安锜（一作程锜）《题贾岛墓》："倚恃才难继，昂藏貌不恭。骑驴冲大尹，夺卷忤宣宗。驰誉超先辈，居官下我侬。司仓旧曹署，一见一心忡。""我侬"与"先辈"相对，类似"我辈"之意。但到宋代时，"我侬"的第一人称代词的性质趋于稳定，用于指称单数，后面的"侬"基本虚化。

（32）薛八丈黄门昂，钱塘人也。……夫人偶过焉，适见而大骇，归告其夫曰："异哉，左丞，我侬今日过大内前，安得有此大鼻驴耶！"（北宋蔡绦《铁围山丛谈》卷第六）

（33）武肃觉其欢意不甚浃洽，再酌酒高揭吴喉唱山歌以见意，词曰："你辈见侬底欢喜（吴人谓侬为我），别是一般滋味子（呼味为寐）永在我侬心子里。"止歌阕合声赓赞呌笑振席欢，感闾里今山民尚有能歌者。（宋代释文莹《湘山野录》卷中）

（34）所以我侬寻常问你诸人。（《古尊宿语录》卷三十七 X68/0237b15）

这些例子的"我侬"应当已经是第一人称代词。"尔侬""汝侬"最初也带有"尔辈""汝辈"的意思。

（35）王老小儿吹笛看，我侬试舞尔侬看。（唐代司空图《力疾山下吴村看杏花》其七）

（36）雪厄黄精饥杜二，花欹白发笑陈三。尔侬柏下已骨朽，此老橘中犹手谈。（宋代刘克庄《后村集》卷四十《十和》）

（37）我今齐举唱，方便示汝侬。（唐代《祖堂集》卷十一）

这些例子的"尔侬""汝侬"的"侬"还有一定实义，表示一类人。后来"汝侬"亦可指称单数，如清代《梼杌近志》："万人迷语仆：'汝侬当自审所处，坐食当僵死矣。'"

"吾侬""你侬""渠侬""谁侬"始见于宋代。

（38）吾侬劝渠且归去，请君更学遥遥祖。（宋代叶绍翁《登谢屐亭赠谢行之》）

（39）庆历丙戌岁，春榜省试，以"民功曰庸"为赋题，题面生梗，难为措词，其时路授、饶瑄各场屋驰名，路则云"此赋须本赏"，饶则云"此赋须本农"。故当时无名子嘲曰："路授则家住关西，打赏骂赏；饶瑄则生居浙右，你侬我侬。"（宋代吴处厚《青箱杂记》卷八）

（40）毗耶病虎实难亲，触着渠侬便丧身。非但文殊遭毒口，吞尽灵山一会人。（宋代释慧开《维摩居士赞》X69/365c11）

（41）初时出土平如荠，后日横空矫似龙。每见路旁多合抱，不知手植是谁侬。（宋代马之纯《栽松岘》）

"吾侬"的"侬"相对虚化，第一人称代词的性质明显。宋代戴复古《沁园春·一曲狂歌》："夫诗者，皆吾侬平日，愁叹之声。"此例的"侬"还有一定实义性。下面几例中"侬"已经基本虚化。

（42）同年相逐云龙处，应念吾侬乃一猪。（宋代陈元晋《渔墅类稿》卷八《韶石使君年丈扁舟过我于松桂林敬哦小诗留为一日款就寄石洲主人以发千里外一笑也》其二）

（43）持钱老叟送公还，诧说吾侬好长官。（林希逸《别梯飙》）

（44）（生）吾侬听这般药石之言铭刻在心胸。（明代毛晋《六十种曲》之《千金记上》）

以上三例中"吾侬"明显指称第一人称单数。"你侬"的情况与"吾侬"相似，后面的"侬"基本虚化。

（45）老优惯著沐猴冠，却笑旁人被眼谩。造物若留残喘在，我侬试舞你侬看。（金元好问《杂著》）

（46）我侬犹索长安米，你侬指日到蕲州。（元代宋褧《送翰林应

奉寿同海涯挐家觐省》其十)

（47）小张道踪兄大哥，帽子大人，你侬弗要出言吐气，我侬唱介一只曲子你听听。(《明清民歌时调集·山歌》卷九)

而第三人称的"渠侬"则发展慢一点，虽然很多例子明显是第三人称，但"侬"还未完全虚化。指称第三人称单数的，如：

（48）师指庭前鹿，曰："会幺？"曰："不会。"师曰："渠侬得自由。"(宋代《五灯会元》卷三 X80/84b07)

（49）夜深不应有飞蝶，渠侬似欲伴人行。(南宋杨万里《月夜散策县圃有飞蝶仍闻笛声》)

"渠侬"分别指上文的"鹿""飞蝶"，指称第三人称单数。"渠侬"还可指称复数，如：

（50）阴何绝倒无人怨，却怨渠侬秘不传。(南宋杨万里《和段季承左藏惠四绝句》其二)

（51）玉薄冰轻不自持，可能当此恶风吹。要知此物坚牢质，不比渠侬软脆姿。(南宋赵蕃《感梅属周文显》其二)

"渠侬"分别指上文的"阴、何""玉、冰"，指称第三人称复数。但有些例子中"渠侬"明显还是"他人"的意思，类似中古时期已见的"他侬"，"侬"的实义性还是很强，尚未完全虚化。

（52）渠侬得此良佳矣，我辈为之或未然。(宋代刘宰《送张端衮赴潘莽》)

（53）认自家一尺箠，管渠侬万丈光。(南宋刘克庄《目痛一月未愈自和前九首》其七)

（54）渠侬眩耀麒麟楦，我辈翻腾鸳鹭吟。(南宋王迈《和刘编修潜夫读近报蒋岘被逐》其二)

　　后面表示"他人"的例子主要出自福建诗人笔下。刘克庄是福建莆田人，他的笔下颇多用"渠侬"，且基本都表示"他人"。王迈是福建仙游人。这种虚化程度的差异也可能是地域差异的表现，因为至今闽语中"侬"的虚化程度没有吴语高，由于语料有限，暂时难下定论。

　　而"谁侬"的意义亦介于"谁""谁人"之间，"侬"没有完全虚化。

　　（55）老我客乡归不得，空劳杜宇唤谁侬。（元代谢应芳《龟巢稿》卷八《洪武丁卯年诣烈塘祖坟祭扫恐朝暮即世子孙不知所葬者为谁且追念墓松在昔为邑里诸宰木之冠感怆写情并图葬穴以示两子及孙使识之以永其孝思》）

　　（56）为着谁侬，俏样子等闲抛送？（明代汤显祖《牡丹亭·闹殇》）

　　（57）殷勤心事谁侬知，诗成相对生感慨。（明代方凤《送嘉定马尹为沈秀才作》）

　　元代高德基《平江记事》记载嘉定号称"三侬"之地："嘉定州去平江一百六十里，乡音与吴城尤异，其并海去处，号三侬之地。盖以乡人自称曰'吾侬''我侬'，称他人曰'渠侬''你侬'，问人曰'谁侬'。夜晚之间闭门之后，有人叩门，主人问曰：'谁侬？'外面答曰：'我侬。'主人不知何人，开门视之，认其人矣，乃曰：'却是你侬。'好事者遂名其处为'三侬'之地。"

　　邵慧君先生认为其中的"我侬""渠侬""你侬"都还不能算是稳定的人称代词。结合前文的分析，我们认为这三个词在当地已经是三身代词，吴语中"侬"虚化程度比闽语高，虚化进程比闽语快。

　　明代《三刻拍案惊奇》第二十七回《为传花月道　贯讲差使书》讲述了一个发生在浙江绍兴府山阴县的故事，里面对话多用方言口语，正可见明代绍兴方言中亦有"三侬"：

　　（58）钱公布道："勿用，我侬有一计，特勿好说。"……钱公布道："渠侬勿肯听教诲，日后做向事出来，陈老先生毕竟见怪，渠侬公子，你侬打渠，毕竟吃亏。依我侬，只是老兄勿肯！"……钱公布道："个须吩咐令正哄渠进，老兄拿住子要杀，我侬来收扒，写渠一张服辨，还要诈渠百来两银子，渠侬下次定勿敢来！"

另外，宋代还有与"我侬"构词类似的短语"侬辈"（"我辈"之意）。

（59）边头可是怜侬辈，忽作徐熙雪雁图。（宋代吴则礼《北湖集》卷四《自太和冲雪归而旅雁数鸣据鞍偶作书赠令权元凯》）

（60）君家注述舒怀抱，侬辈荒疏鲜论评。（元代胡一桂《双湖先生文集》卷五附录诗文序《斗元》其二）

（61）今年官宽尚如此，他年官恶知何似。忍将侬辈卖儿钱，重买双鬟教管弦。（明代陆可教《陆学士遗稿》卷三诗《征催行》）

从上述例子可见"侬辈"开始亦是定中结构，表示"我辈"的意思，后来在个别方言中，"辈"虚化，"侬辈"变成第一人称代词。

（62）大夨，水榭未笄者，质洁而妍，人每以明珠仙露比之，又称为花魁，声价殊重。大夨恒以置身卑辱为恨，每语人曰："侬辈增一分声价，便多一分贱态。人以为可喜，侬辈以为悲也。"（清代支机生《珠江名花小传》）

（63）一缕痴情偏了解，诉来又恐旁人怪。辜负冤家情似海，徒相会，相冷眼谁瞅睐。镇日锁眉兼蹙黛，愁词谱出无聊赖。但愿慈云常自在，替侬辈，还了鸳鸯债。（《吴三桂演义》第三回）

从"侬辈"一词亦可看出"侬"在当时是第一人称，"我侬"与"侬辈"在结构和意义上有相似之处。

综上分析，我们认为"我侬（吾侬）""尔侬（你侬、汝侬）""渠侬"最早不是稳定的人称代词。在这类结构中，"侬"的实义一开始是比较强的，后来才逐渐虚化，因此把这类结构看成同义叠架是不合适的，但认为这些词到现代方言中才发展为稳定的人称代词也不合理，这些结构大都在宋代以来就逐渐虚化向人称代词发展，最迟在元明时期在吴语等南方方言中已成为比较稳定的人称代词。

五 "我侬"系列词的意义变化

值得注意的是，吴语中即使出现了"我侬""你侬""渠侬"这类三身代词，单音节的三身代词"我""汝"（或"尔""你"）"渠"（或"伊"）依然并行。除上文所见的"渠侬"和"渠"并行，"我侬"与"我"、"你侬"与"你"也见并行。

(64) 都氏问道："大爷日日出去，做甚勾当？实实说来，免你的打；若有隐瞒，活活敲死！"文彬道："我侬弗话。"都氏道："怎不说？"文彬道："大爷原教我弗要话，方才成华阿叔又告我弗要对别人话，我侬也只是弗话罢。"（明代小说《醋葫芦》第十三回）

(65) 结识私情好像风，只为你南北东西再来里惯撮空，姐道郎呀，你侬九十日春光弗会着子奴一日个肉，我只爱你来无形迹去无踪。（《明清民歌时调集·山歌》卷六）

《明清民歌时调集》的人称代词中，第一人称有我、奴（小阿奴奴）、侬、我侬①；第二人称有汝、尔、你、你侬；第三人称有他、伊。邵文认为两套代词系统有语用和语法上的差异，"我侬、汝侬、渠侬"类不算是稳定的代词，但是从语料比较看来，这种区别并不明显。单音节和双音节两套代词并行，不免冗余，基于语言的经济原则，两套代词系统后来又产生了分工。

现代吴语和闽语中，代词加"侬"结构多发展为指称复数。如福建福鼎、龙岩、大桥等地以及广东雷州半岛、海南的闽语中大部分三身代词复数分别是"我侬、汝侬、伊侬"。雷州话中有个疑问代词 [tian]，表示"谁"，是"底侬" [ti nan] 的合音。福建本土的厦门、泉州、漳州和台湾的闽南语三身代词复数"我侬、汝侬、伊侬"已经合音变成"阮 [gun]（排除式）、

---

① "侬"与"我侬"不一起出现。

恁［lin］、因［in］"。台湾闽南语有个疑问代词［siaŋ］，表示"谁，什么人"，是"啥侬"［siã laŋ］合音而来，在询问对方是谁时，可以用［siaŋ］，也可以用"啥侬"。广东汕头、潮州、揭阳的"我侬""汝侬"已经完成合音"［uŋ］或［uaŋ］""恁［niŋ］"，而第三人称"伊侬［i naŋ］"则未完成合音。其中汕头市潮阳区的第三人称已经完成合音变成"因［iŋ］"。

六朝口语还有另一个很重要的第三人称代词"伊"，为什么后来的历史语料出现"渠侬""他侬"，却不见"伊侬"呢？事实上，"伊侬"确实存在。

在明代闽南语戏曲文献中就有记载，但因为时代的久远和语音的隔阂，明朝时闽南语区的人已不知道原来口中所说的"人"实际上是"侬"，所以写成文字时用训读字"伊人"。

（66）早知伊人无行止，障般为伊乜该再。（明万历刊《苏六娘戏文·六娘死继春自缢》）

（67）你力只礼聘送转去还伊人，我打一双金钗句可重伊人个乞你。（明嘉靖刊《荔镜记戏文》第十四出）

（68）小姐听起，张君瑞须着钦敬，咱俩通忘除伊人深恩义。伊人府地（第）官家门楣，兼又人物生得可怜（伶）俐，赛过潘安标致。早间遇见在咱书房内（里），千懊恨万懊恨，千懊恨万懊恨，咱夫人话说无定期。又恨咱小姐那卜无心意，何卜力（掠）只琴操，惹动伊人心猿意马卜佐（做）乜？（明刊《新刻增补戏队锦曲大全满天春上栏》之《锦曲曲词》上卷《叠字驻马听》，下文简称《满天春》）

与今天闽语中"伊侬"主要作复数不同，这几个"伊人（伊侬）"都是单数"他"的意思。不仅闽语区存在"伊侬"，吴语区也存在"伊侬"，个别已经发生音变成为另一词。清光绪《黎里续志》："自称唔奴，称旁人曰伊奴。"黎里，今苏州市吴江区。这个"奴"源自"侬"的音变。民国《嘉定县续志》："伊侬，他称也。"

六　"侬"的自称义和名词义的并存、竞争、分化

在对"侬"的语义变化历时过程进行一番梳理的基础上，我们再回顾前

面提出的问题——"侬"到底是不是严格意义上的人称代词。首先必须考虑人称代词的定义问题。研究者对人称代词的界定宽严不一。一般做代词研究时，会把范围放宽些，像"君""公""卿""臣""妾"等这类名词起称代作用的情况也常常被归到代词研究范围。但是进一步比较，又会发现这类词和"我""吾""余""尔""汝""你""渠""他"等代词不同。高名凯在《古代汉语的人称代词》中曾说："一般人所谓的代词则是专指代替名词地位的所谓代词而言。"① 那么像"君""公""卿""臣""妾"这些本身就是名词的怎么算呢？高先生在后文亦提到"'身'字大约是'身体、自身'的意思，是不是可以算是真正的第一人称代词，颇成问题"。② 高先生也觉得"身"这类名词作称代的归类存在问题。"侬"也存在这样的情况。

我们这里讨论的严格意义上的人称代词更多是从语义的历时演变和共时语义系统两方面来考虑的。具体来说，就是更多考虑到词义的引申和词的派生问题。相比"我""吾""汝""你""他""渠"这类假借字形或已与本义关系比较远的代词，"妾""君""公"这类名词起称代作用的引申义，一开始与其本义的关系还是比较密切的，其本义还比较有活力，引申义还没有完全与本义脱离，还没从名词虚化到代词。这种情况下，这类词还不能算是严格意义上的人称代词。

从"侬"在历史上长期保有"人"的名词义和在现代周边方言中的遗留来看，一开始"侬"并非严格意义上的第一人称代词，只是名词兼作自称代词，类似"臣""妾"。

闽语远离中原，相对保守，这种格局在明代闽南语戏曲文献中还能略见痕迹。在明代的闽南语中，第一人称代词是"我"和"阮"。"侬"的基本义是"人"，偶尔也可自称，但不是第一人称。文献中的"侬"都写作训读字"人"。

　　（69）人那不嫁乞伊，并硬甲人嫁乞伊。（我不嫁给他，非要我嫁给他。）（明万历刊《荔镜记·责媒退婚》）

---

① 高名凯：《汉语语法论》，商务印书馆，2011 年，第 137 页。
② 高名凯：《汉语语法论》，商务印书馆，2011 年，第 141 页。

两个"人"实际是"侬"的训读字，这里都作自称。

（70）（旦）阮爱回秀才一杯酒，那人无人通执壶。（我想回秀才一杯酒，但我没有人可执壶。）（《满天春》之二《招商店》）

第一个"人"就是自称，指她自己，意思是没有人可替自己执壶。

（71）（外）袂相瞒得，近日人乞有一亲情，未知合婚如何，朝来只庵中乞信，卜寻尼姑断签。（不相瞒，近日我求得一婚事，不知道合婚如何，朝来庵中求信，要找尼姑断签。）（《满天春》之六《寻三官娘》）

这里"人"不是指别人，而指他自己，他自己有一亲事。

（72）（生）我做点检都察使。主上赐我宝剑一柄，除奸去暴。人那要害你兄嫂，如反掌折枝之易。（明万历刊《金花女戏文·南山相会》，下文简称《金花女》）

"人那要害你兄嫂，如反掌折枝之易。"意思是我若要害你兄嫂，易如反掌。

潘、陈认为"侬"的本义为"人"，但同时认为在古吴语中也是第一人称，古吴语的三身代词主要是"侬、汝、伊"，"我"是北方来的。因为语料有限，我们无法判断更早时期的吴语的情况。但我们认为在六朝时期，"侬"是吴语带有感情色彩的自称代词，当时吴语主要的第一人称已经是"我"。南朝民歌或南朝其他语料记载的吴人对话中第一人称用"我"的情况非常普遍，这未必是受南渡北人语言的影响。我们以 243 首南朝清商曲辞[①]为例进行考察，其中用"侬"作自称 43 次，"人"义 6 次，第一人称代词"我"25 次。《南齐书》中多次记载以吴语接士庶的王敬则的言

[①] 243 首南朝清商曲辞根据彭黎明、彭勃主编《全乐府（二）》，上海交通大学出版社，2011 年。

语，第一人称都是"我"，如"敬则大悦，曰：'我宿命应得雨。'""敬则唾其面曰：'小子！我作事，何关汝小子！'"现代闽方言中，一些片区虽然以"侬"为自称，但第一人称仍是"我"。正是主要的第一人称"我"的存在很大程度上限制了"侬"成为稳定的、主要的第一人称代词。

邵文认为六朝乐府诗中"侬"是一种特殊的小称，类似"人家"，因此不是严格意义上的人称代词。现代汉语研究中多把"人家"看成泛指人称代词，可以指自己，意思指"我"，也可以指某个人或某些人，意思指"他"或"他们"。但六朝文献以及随后的反映吴语的文献中几乎不见后者的例证。因此，从约定俗成性和当时母语者的语感来看，中古的"侬"是吴人的自称代词，某种程度上相当于"我"，如前文所引南朝梁顾野王《玉篇·人部》中所说，顾野王是吴郡吴县人。"阿侬""侬家"的出现说明"侬"后来转向第一人称代词发展。

邵文所描述的情况应是比六朝更早的吴语现象。而中古时期的"侬"是兼类词，兼名词和代词。近代汉语时期的"侬"也是兼类词。唐诗中的"越侬""牛侬""诸侬""稽山侬"等，"侬"都是"人"义。王维《酬黎居士淅川作昙壁上人院走笔成》："侬家真个去，公定随侬否。""侬"和"侬家"对应，都是"我"义，是代词。唐代李白《横江词》其一："人道横江好，侬道横江恶。""侬"和"人"相对，"侬"指"我"，"人"指"他人"。李煜《渔父（浪花有意千重雪）》："一壶酒，一竿身，世上如侬有几人。""侬"亦明显是"我"。

但是这种兼类造成了"侬"一定程度上的不稳定，毕竟"人""我"这两个意义都是非常基础、常用的，用同一个语音记录，始终不太方便。"侬"要成为更稳定的人称代词，须与"人"分化成不同的词形。

最直接的分化就是语音差别。"阿侬""侬家"通过双音化手段与名词的"侬"区分开。而现代吴语中，有三条路径：（1）表示"人"的"侬"被北方日母真韵的"人"取代；（2）保留"人"义的"侬"，但代词的"侬"被其他代词取代；（3）代词"侬"和名词"侬"都保留，但发生语音分化。

北部吴语区多是第一条路径，"侬"成为第二人称代词，名词的"侬"多被北方的"人"取代，如上海、太仓、嘉定、定海、常州。这个第二人称"侬"不是直接继承自古代吴语的"侬"，而是通过"尔侬（汝侬）"的合音演变而来的，详见潘、陈文和邵文。再如宁波话老派的三身代词在单音节的字词"吾、尔、其"后都带上了词缀"侬"［nəu］的读音，而宁波话新派读音吾［ŋo］、尔［ɦŋ］、侬［nɛu］（第二人称）、其［dʑi］①，新派的第二人称"侬"是"尔侬"合音。

南部吴语地区有的是第二条路径，保留"人"义，但与三身代词不重合，如台州地区"侬"音变成"宁"［n̥iŋ］，三身代词是我［ŋe/ŋo］、尔［n̥/ŋ］、渠［ge］②。温州地区"侬"音变成"能"③，三身代词是我［n̥i］、你［ŋ］、渠［gi/gei］④。

第三条路径，如义乌方言里的"侬"既表"人"［noŋ²］又作第二人称［noŋ³］⑤，但是两者的声调区别开了，同样的这个第二人称"侬"也是后来"尔侬"的合音。

闽语的情况则与吴语很不同。闽语中的"侬"以名词"人"义为基本义，除了诸如"人世""人参""人心"等比较偏书面语语体的词用日母真韵的"人"，主要的口语词都保留用"侬"。

"侬"在闽语中为名词兼作泛指代词。清乾隆十九年《福州府志》："相谓曰侬，自称曰侬，问何人曰那侬，连江称人亦曰侬。"清道光十九年《福州府志》："自称曰侬。"《福建省志·方言志》中记载，福建福州话的三身代词有我［guai］、奴［nu］、侬［nøyŋ］、汝［ny］、伊［i］⑥。"侬"作第一人称，同时又表示"人"，读音完全相同。编者虽然将"侬"列在第一人称，但特别标注"侬"作第一人称时表示谦称。结合《（乾隆）福州府志》记载的情况看来，实际福州话中"侬"并不是真正意义上的第一人称代词，还是更倾向于"人"义，偶尔作自称，表示特殊的语气，相当于普通话的泛指人称代词"人家"，主要的第一人称代词还是"我"。

海南闽语文昌话中第一人称是"我"，另外还有一个"侬［noŋ］"是

---

① 赵则玲：《宁波方言的三身代词》，《宁波大学学报（人文科学版）》2008 年 6 期。
② 台州地区地方志编纂委员会：《台州地区志》，浙江人民出版社，1995 年，第 1078 页。
③ 实际发音是［naŋ］，与温州话的"能"同音，故写作"能"。
④ 郑张尚芳：《温州方言志》，中华书局，2008 年，第 235 页。
⑤ 施俊：《论婺州片吴语的第一人称代词——以义乌方言为例》，《中国语文》2013 年第 2 期。
⑥ 福建省地方志编纂委员会：《福建省志·方言志》，方志出版社，1998 年，第 89 页。

晚辈专用的自称，而表示"人"义的"侬"则读作"［naŋ］"，这个"［naŋ］"可以作泛指称谓，同普通话的"人家"①。符玉川《海南古代移民与海南方言》提到"侬：潮语又作'奴'。长辈对幼童或小辈的昵称，琼语中小辈对长辈也自称侬，含谦逊之意"。②

　　在大部分现代闽南方言中，"侬"的基本义是"人"，主要的三身代词是"我""汝""伊"，"侬"也兼作泛指人称代词，相当于普通话的"人家"。可以看出，"侬"即使在个别闽南语地区中作自称，也总是带有一定特殊色彩的，不是第一人称代词，母语者也不认为"侬"是第一人称代词。

　　从上文分析可见，一方面，"侬"的自称义趋向于从引申义演变成与本义"人"有词形区别的派生词，成为稳定的人称代词；另一方面，主要第一人称代词"我"的强势存在又压制了"侬"成为稳定的第一人称代词。

　　义位的分离和独立有时也呈现为书面上的文字差异，比如指示代词"其"发展成为稳定的第三人称代词时改作"渠"。前文提及的成玄英疏"今江南唤人曰农"以及前文提及的《青箱杂记》卷八"此赋须本农"和"你侬我侬"，表示"人"时用"农"，表示代词用"侬"，很可能反映的也是一种义位的分离。

七　"侬"的历史地域分布

　　最后，我们来看看"侬"在历史上的地域分布。汪维辉说："每一个词都有其时代性和地域性。时代性是指词只在一定的时段内使用，地域性是指词只在一定的地域内通行。揭示词的时代性和地域性是词汇史学科的基本任务之一，也是正确训释词义的一个重要因素。……论证词的时代性和地域性都是难度很大的工作，地域性比时代性更难。"③

　　一般认为"侬"是著名的吴语词，但它在历史上的地域分布不仅限于吴语地区。我们以中国基本古籍库为依托，检索"侬"字出现的文献，排

---

① 海南省地方志办公室编《海南省志·方言志》，南海出版公司，1994年，第415页。
② 符玉川：《海南古代移民与海南方言》，《海南大学学报（社会科学版）》1996年第2期。
③ 汪维辉：《论词的时代性和地域性》，《语言研究》2006年第2期。

除重复和姓氏义的"侬",然后根据作者的籍贯、生平和文本涉及的地域来分析"侬"出现的地域,发现在文献中出现"侬"的地域除了主要的吴语区江浙一带之外,尚有以下一些南方地区。

（一）江西地区

江西地区自隋唐以来就有"侬"的痕迹。《北史·蔺缪传》:"饶州吴世华起兵为乱,生脔县令,啖其肉。于是旧陈率土皆反,执长吏,抽其肠而杀之,曰:'更使侬诵五教邪?'"饶州在今天江西,唐代属于江南西道,受到江南文化影响比较深,今天江西境内此地也仍有吴语分布。前文所举的唐代诗人李咸用,祖籍陇西（今甘肃临洮）,寓居江西庐山等地。唐代伊用昌《题游帷观真君殿后》:"日日祥云瑞气连,侬家应作大神仙。"《太平广记》卷五五引熊瞮《补阙》说:"顷年,有伊用昌者,不知何许人也,其妻甚少,有殊色,音律女工之事,皆曲尽其妙。夫虽饥寒丐食,终无愧意。或有豪富子弟,以言笑戏调,常有不可犯之色。其夫能饮,多狂逸,时人皆呼为伊风子。多游江左庐陵、宜春等诸郡,出语轻忽,多为众所殴击。"伊用昌也生活在江西。

宋代以来仍有不少江西诗人的作品中常见"侬"。欧阳修《怀嵩楼晚饮示徐无党无逸》:"曰予非此侬,又不负谴尤。"还有前面举过的杨万里、陈元晋,杨万里是江西人,而陈元晋,本蜀人,侨居崇仁（今属江西）。刘埙《谒金门·庆彭教任满》:"休笑吾侬行色缓,待君来作伴。"刘埙,江西南丰人。马迁鸾《沁园春·为洁堂寿》:"相逢处,记吾侬堕地,嘉定明时。"马迁鸾,江西乐平楼前村人。刘辰翁《金缕曲·寿李公谨同知》:"吾侬心事凭谁诉,有谁知闭户穷愁。"刘辰翁,庐陵灌溪（今江西吉安）人。元代胡一桂《双湖先生文集》卷五附录诗文序《斗元》其二:"君家注述舒怀抱,侬辈荒疏鲜论评。"胡一桂,徽州婺源（今江西婺源）人。汪元亨《折桂令·归隐》曲:"休怪吾侬,性本疏慵。赢得清闲,傲杀英雄。"汪元亨,饶州（今江西鄱阳县）人。李存《绝寄之》:"颇闻上人最好客,早暮新茶雪满瓯。应笑吾侬老尘垢,几时来上竹边楼。"李存,安仁（今江西余江）人。刘鹗《闻新事》:"太息渠侬终不悟,翛然吾自爱吾贫。"刘鹗,江西吉安永丰人,曾在扬州、江州、广东当过官。

明代汤显祖《牡丹亭·闹殇》:"为着谁侬,俏样子等闲抛送?"汤显祖，江西临川人。清代谢旻《（康熙）江西通志》卷一百三十记载江西百姓对话仍用"侬"："百姓俱曰：'昔者何时？今者何时？安佣之工非总制之功而谁功？侬辈朝夕得以自由……'"

（二）安徽地区

潘悟云、陈忠敏《释侬》（1995）提到："徽语的底层就是吴语。"安徽诗人笔下也颇用"侬"。唐代杜荀鹤《感秋》："自是侬家无住处，不关天地窄于人。"杜荀鹤，池州石埭（今属安徽省石台）人。南宋吴潜《八声甘州》其一《和魏鹤山韵》："任渠侬、造物自儿嬉。安能止吾归。"吴潜，宣州宁国（今属安徽）人。元代方回《雨余早起》其四："浓绿园林晓雨新，莺啼近树不疑人。千枝罂粟红如锦，谁谓侬家已送春。"方回，徽州歙县（今属安徽）人。元代洪焱祖《甲子元夕》其一："灯市群嬉彩服鲜，回头追忆少年年。何曾得似渠侬乐，未有生时已不天。"洪焱祖亦是歙县人。清代胡文学《甬上耆旧诗》卷十四《西野》："书素相宾主，梅花作汝侬。"胡文学亦是歙县人。以上几个地方在唐代均一度隶属江南道。

（三）两湖地区

湖南、湖北地区的诗人亦用"侬"。向熹《简明汉语史（下）》曾指出"侬"在吴、楚歌辞里出现最多，并不只是吴方言，荆楚方言亦有①。宋代吴则礼《北湖集》卷四《自太和冲雪归而旅雁数鸣据鞍偶作书赠令权元凯》："边头可是怜侬辈，忽作徐熙雪雁图。"吴则礼，永兴（今湖北阳新）人。宋代邓深《寄饶云叟渠怪人不作书》："别来每辱遗双鲤，颇怪吾侬不作书。"邓深，湘阴（今湖南省北部）人。宋代林希逸《竹溪鬳斋十一稿续集》之《潘左藏墓志铭》记录了一段对话："俄桂阳寇急，权令盛桂以城危告。……群獠章章竞出迎拜曰：'我侬非敢弄兵以自速祸，常时不堪侵，枉使我至此。公，生佛也。今惟令是从。'……辞拜之际有出而言者，曰：'我侬何以报公？苟有驱令，愿为朝廷尽死力。'"桂阳在今天的湖南，当地少数民族叛乱，后出投降，林希逸记录的这段对话中，少数民族自称亦用了"我侬"。当时与汉族官员对话，应当不是用自己纯粹的

---

① 　向熹：《简明汉语史（下）》，高等教育出版社，1993年，第228页。

少数民族语言，很可能是夹杂了自己民族语言和当地汉族方言的一种中介语。元代李道纯《述工夫》十七首其一："自从四象归中后，造化机缄在我侬。"李道纯，都梁（今湖南武冈市）人。明代方逢时《大隐楼集》卷九《贾客谣》："今夜吾侬不须住，月明应到竹林湾。"方逢时，嘉鱼（今属湖北）人。边贡《除夕哭祖母》其三："悔来阆阖陈情晚，不是儒冠解误侬。"边贡，历城（今山东济南市）人，曾任荆州知府。

（四）两广地区

粤地自唐到清初的文献记录中，亦多见"侬"。最著名的首推韩愈的《泷吏》：

> （73）南行逾六旬，始下昌乐泷。险恶不可状，船石相舂撞。往问泷头吏，潮州尚几里。行当何时到，土风复何似。泷吏垂手笑，官何问之愚。譬官居京邑，何由知东吴。东吴游宦乡，官知自有由。潮州底处所，有罪乃窜流。侬幸无负犯，何由到而知。官今行自到，那遽妄问为。不虞卒见困，汗出愧且骇。吏曰聊戏官，侬尝使往罢。岭南大抵同，官去道苦辽。下此三千里，有州始名潮。恶溪瘴毒聚，雷电常汹汹。鳄鱼大于船，牙眼怖杀侬。州南数十里，有海无天地。飓风有时作，掀簸真差事。圣人于天下，于物无不容。比闻此州囚，亦在生还侬。官无嫌此州，固罪人所徙。官当明时来，事不待说委。官不自谨慎，宜即引分往。胡为此水边，神色久怅慌？顽大瓶罂小，所任自有宜。官何不自量，满溢以取斯。工农虽小人，事业各有守。不知官在朝，有益国家不。得无虱其间，不武亦不文，仁义饰其躬，巧奸败群伦。叩头谢吏言，始惭今更羞。历官二十余，国恩并未酬。凡吏之所诃，嗟实颇有之。不即金木诛，敢不识恩私。潮州虽云远，虽恶不可过。于身实已多，敢不持自贺。

韩愈被贬到潮州，途经昌乐泷。昌乐泷，今武水流经广东乐昌市北的一段。诗中记载韩愈和泷吏的对话，泷吏的话中多处出现"侬"，涉及"侬"的代词义和名词义。"侬幸无负犯""侬尝使往罢"，此二处"侬"为自称代词义。"牙眼怖杀侬""亦在生还侬"，此二处"侬"则为

"人"义。

唐代刘禹锡《插田歌并引》（连州城下俯接村墟偶登郡楼适有所感遂书其事为俚歌以俟采诗者）："路旁谁家郎，乌帽衫袖长。自言上计吏，年幼离帝乡。田夫语计吏，君家侬定谙（一作记，一作喻）。一来长安道，眼大不相参。计吏笑致辞，长安真大处。省门高轲峨，侬入无度数。昨来补卫士，唯用筒竹布。君看二三年，我作官人去。"唐代卢肇《文标集》补遗《谪连州书春牛榜子》："不得职田饥欲死，儿侬何事打春牛？"连州在广东。

宋代吴处厚《青箱杂记》卷三："《史记》称四夷各异卜，《汉书》称粤人以鸡卜，信有之矣。元丰中，余任大理丞，断岭南奏案，韦庶为人所杀，疑尸在潭中，求而弗获。庶妻何以铛就岸爨煮鸡子卜之，咒云：'侬来在个泽里，他来在别处。'少顷，鸡子熟，剖视得侬。韦全曰：'鸡卵得侬，尸在潭里。'果得之。然不知所谓得侬者，其兆如何也。"吴处厚断案的地方在宾州，在今广西境内。

元代大都人宋褧的《江上歌》："我侬一日还到驿，你侬何日到邕州。"邕州，在今广西南宁。

明末清初，屈大均的《广东新语》多处反映粤人的口语中亦有"侬"。《广东新语·草语》："谚曰：'食米得薏，薏一米二。从郎二米，侬只一薏。'又曰：'郎是薜珠儿，侬是薏珠子。自怜同一珠。甘苦长相似。'"又"蒌与槟榔，有夫妇相须之象，故粤人以为聘果，寻常相赠，亦以代芍药。予诗：'欢作槟门花，侬作扶留叶。欲得两成甘，花叶长相接。'"《广东新语·文语》："阳春谓外祖父曰翁爹，外祖母曰婆爹，自称则曰侬。"《广东新语·文语》："香山谓人曰能。""人曰能"实际就是源自"侬"。阳春、香山均属于粤语区。屈大均原籍番禺，是广府人。

清代吴淇《粤风续九》之《日出》："日头出在那边山，抽眼上天看朵云。有银买得穿绒伞，单遮侬两莫遮人。"又《杂歌》："真是不怜妹早说，莫作乌云盖日边。请媒又怕媒人讲，不如侬两暗偷莲。"又《竹根生笋》："竹根生笋各自出，兄在一边妹一边。衫袖遮口微微笑，谁知侬两暗偷莲。"

有意思的是，屈大均还在《广东新语·文语》提到："广州语多与吴趋相近，如须同苏，逃同徒，豪同涂，酒同走，毛同无，早同祖，皆有字有音。"屈大均，广东番禺人，身为广州话母语者，认为广州话和吴语相近。然而清代苏州人沈复作为一个吴语母语者，在《浮生六记》中也曾谈及他对广东方言（涉及粤地两种方言）的印象。《浮生六记》第四记《浪游记快》讲述沈复在粤东的妓院"打水围"，即游河观妓，便提到他对粤东三种妓帮的评价。其一粤帮（按，广府），"又至军工厂，装束亦相等，惟长幼皆能琵琶而已。与之言，对曰：'咪。''咪'者'何'也。余曰：'少不入广者，以其销魂耳，若此野妆蛮语，谁为动心哉？'"其二潮帮（按，潮汕），"其粉头衣皆长领，颈套项锁，前发齐眉，后发垂肩，中挽一鬏似丫髻；裹足者着裙，不裹足者短袜，亦着蝴蝶履，长拖裤管，语音可辨。而余终嫌为异服，兴趣索然"。其三扬帮（按，扬州），"皆吴妆"，"对面两排仅十余艇，其中人物皆云鬟雾鬓，脂粉薄施，阔袖长裙，语音了了"。[①] 沈复对粤语的评价是"蛮语"，对潮汕方言（闽南语的一支）则感觉是"语音可辨"，相差一百多年，却与屈大均的说法大相径庭。

（五）福建地区

福建地区自南唐以来亦有"侬"语。《祖堂集》是现存最早的一部禅宗史，序写于南唐保大十年（952），书中所记主要是福州雪峰义存禅师（822—908）一系在福州、泉州、漳州的历史，所记录的其他宗派大多活跃于湖南、湖北、江西、广东、浙江一带。前文所举偈"我今齐举唱，方便示汝侬"的作者是睡龙和尚，福唐县人，福唐在今福建福清市东南。五代王延彬《春日寓感》："也解为诗也为政，侬家何似谢宣城。"王延彬，武肃王王审邽长子，祖籍河南光州固始，生长于泉州。前文所举的宋代词人、诗人刘克庄、王迈、林希逸都是福建人。林希逸，福清（今属福建）人。元代黄清老《送海东之》："得官固好好，东之情最真，遂使吾侬日相亲。"黄清老，福建邵武人。吴海《闻过斋集》卷之三："且于是凡咏歌之人与乡人父老咸来告于予曰：'吾侬居水滨不能去舟楫，然数十年间，阽危者屡矣，哀溺者数矣。……'"吴海，闽县人。清代郑杰《闽诗录》戊集卷七颂歌谣《福宁州谣（至正十七年春正月诸部各起团社吞并田土民怨

---

① 沈复：《浮生六记》，人民文学出版社，2010 年，第 64—66 页。

有谣)》：“吾侬生长莆山曲，三尺茅檐四尺屋。”

（六）四川地区

《竹枝词》本是巴蜀民歌，以《竹枝词》为题的诗中常有“侬”字。唐代刘禹锡《竹枝词》：“花红易衰似郎意，水流无限似侬愁。”唐代薛涛《段相国游武担寺病不能从题寄》：“消瘦翻堪见令公，落花无那恨东风。侬心犹道青春在，羞看飞蓬石镜中。”薛涛，长安（今陕西西安）人，但长期生活在蜀地，武担寺在蜀地。唐代韦庄《汉州》：“北侬初到汉州城，郭邑楼台触目惊。”韦庄是长安人，汉州为蜀地，韦庄自称“北侬”，可能是受蜀地口语影响。从文献中看，蜀地用“侬”字的情况相比其他地区少得多。

另外还必须补充说明一种情况——北人仿写。北人在诗歌创作中偶然效仿吴语是隋唐时期的时兴风尚，尤其是写与江南题材有关的诗词，如《子夜歌》《江南曲》之类。

唐代李商隐《又效江南曲》：“郎船安两桨，侬舸动双桡。”元稹《病醉戏作吴吟，赠卢十九经济、张三十四弘、辛丈丘度》：“醉伴见侬因酒病，道侬无酒不相窥。”元稹诗题“作吴吟”故用标志性的“侬”。李郢《阳羡春歌》：“溪头铙鼓狂杀侬，青盖红裙偶相值。”阳羡，古称荆溪、荆邑，秦始皇二十六年（公元前221年）置阳羡县，属会稽郡。刘禹锡《福先寺雪中酬别乐天》：“才子从今一分散，便将诗咏向吴侬。”这首诗是刘禹锡送白居易去苏杭任官时所写。

有些北方文人仕宦或寓居于南方，诗词中也用“侬”。白居易《房家夜宴喜雪戏赠主人》：“不醉遣侬争散得，门前雪片似鹅毛。”又《夜招晦叔》：“为君更奏湘灵曲，夜就侬来能不能。”白居易曾历杭、苏二州刺史。唐代韩偓《此翁》：“高阁群公莫忌侬，侬心不在宦名中。”韩偓，陕西万年县（今樊川）人，后来恐遭朱温之害，弃官携眷入闽，先后在长汀、沙县、邵武等地寓居。这首诗题下自注：“此后在桃林场。”桃林场是福建永春县之前身。

宋代战乱，宋王室偏安南方，不少北人亦南渡，长期生活于南方，比如著名词人辛弃疾。南宋李曾伯《沁园春》其二《自和》：“纷纷辈，笑渠侬桃李，徒竞春华。”李曾伯，原籍覃怀（今河南沁阳附近），南渡后寓居嘉兴（今属浙江）。南宋赵蕃《感梅属周文显》其二："玉薄冰轻不自持，可能当此恶风吹。要知此物坚牢质，不比渠侬软脆姿。"赵蕃原籍郑州，南渡后侨居信州玉山（今属江西）。宋代王千秋《菩萨蛮·荼蘼》："何物慰侬怀，荼蘼最后开。"王千秋，东平（今属山东）人，流寓金陵，晚年转徙湘湖间。

综上可见，除了北人的仿写，古代"侬"的使用不仅限于吴地，南方地区使用的范围甚广。究其原因大体有三。

（1）广大南方地区受吴文化的影响比较大，尤其是和江浙一带临近的江西、安徽、福建，很可能受吴语影响使用"侬"。唐代设置江南道，范围极广，辖区时有改动。《初学记·州郡部》："江南道者，禹贡扬州之域。又得荆州之南界，北距江东际海，南至岭，尽其地也。"据《唐会要》卷七十一《州县改置下》记载包括润、常、苏、湖、杭、宣、婺、衢、台、明、越、饶、福、泉、汀、漳、潮、建、邵、郴、潭、岳、衡、吉、虔、道、洪、抚、信、歙、睦、池、温诸州，共三十三州，相当于今江苏南部、江西、浙江、湖南及安徽、湖北之大江以南、广东东北部。《唐六典》卷三《尚书户部》记载："八曰江南道，古扬州之南境，今润、常、苏、湖、杭、歙、睦、衢、越、婺、台、温、明、括、建、福、泉、汀（已上东道）、宣、饶、抚、虔、洪、吉、郴、袁、江、鄂、岳、潭、衡、永、道、邵、澧、朗、辰、饰、锦、施、南、溪、思、黔、费、业、巫、夷、播、溱、珍（已上西道）。凡五十有一州焉。黔中又管羁縻州。东临海，西抵蜀，南极岭，北带江。"又一度把四川东南部、贵州东北部涵括进去。这些地区受到行政划分的影响，或多或少受到强势的吴文化的影响，从前文所引韩愈的《泷吏》中泷吏称广东潮州为东吴之地，亦可看出当时吴文化辐射范围之广。

（2）这些地区的"侬"可能与吴语的"侬"一样来自更早的百越语，不是受吴语影响才产生的。潘、陈《释侬》（1995）就认为："'侬'的'人'义用法，从长江沿岸一直延伸到岭南、广西，分布于古百越人居住的广大地区。考古学的发现告诉我们，文化现象的分布跟人种的分布往往互相叠合。'侬'的地理分布跟百越人分布地区的重合，也许就是这个现象。"

（3）有些地区确实是因为地域临近影响，而有些地区是受本身百越语底层影响。关于"侬"源自百越语的说法，潘、陈、徐、邵讨论、分析甚深，这里不详引。

与潘、陈研究不同的是，我们发现蜀地亦有使用"侬"的痕迹。排除以上几个用"侬"的类型，有一个比较特别的现象是山东文人似乎也颇爱用"侬"语，如前文所提的辛弃疾，元代的张养浩、刘敏中、谭处端，明代的边贡，清代的王士禄等。不知因为邻近江苏，还是纯粹仿写，其中辛弃疾、边贡有南方仕宦的经历，其他诗人则比较难找到在南方生活过的记录，而且巧的是这些大都是济南人。《方言大词典》"侬"条下，记录的唯一一个北方方言片区用"侬"的是冀鲁官话，但仅举了河北献县的例子，没有举到山东地区的例子，不知道鲁地是否也一度用"侬"。①

从"侬"在历史上的地域分布，也可以看出，除了传统认为的吴语区之外，江西、福建、广东是从唐代到清代以来有"侬"相关记载最多的三个地区。现在福建地区闽语仍很大程度地保留了"侬"的用法，至今仍保留"人"义或人称代词义。江西地区客赣方言也留有一些"侬"的痕迹。潘、陈文中提到，客赣方言中的"人"虽然不说"侬"，但是"侬"作为"人"义还残留在一些方言的人称代词里，如都昌、宿松、余干"我、你、他"说"我侬、你侬、他侬"。令人颇为意外的是广东地区，潮汕方言本是闽南语的一个分支，自是保留"侬"的用法，但现代粤语的"人"和三身代词单复数形式都看不出与"侬"有什么关系，文献中却曾多有记载，这倒是值得进一步研究探讨。

综上，"侬"的本义是"人"，由此发展出自称的用法。六朝至宋明间，吴语中"侬"的实义和自称义一直并存。南朝后期至唐，"阿侬、侬家"的出现标志着"侬"由自称用法进一步演变成第一人称代词。唐代开始出现"我侬、尔侬、汝侬"诸词，其中"侬"的实词义还比较明显，相当于"我辈、你辈"之义，不是稳定的人称代词。宋代以来吴语中"侬"的代词义渐占主导地位，"人"义渐式微，开始出现"吾侬、你侬、渠侬、谁侬、侬辈"诸词，"我侬、吾侬、你侬"已是人称代词，"渠侬、谁侬"

---

① 《汉语方言大词典》，中华书局，1999 年，第 3444 页。

的"侬"则未完全虚化。元明时期"侬"已成为吴语中的第一人称代词，"我侬、你侬、渠侬"也已是三身代词，但强势的第一人称代词"我"的存在一直限制了"侬"成为稳定的、主导的第一人称代词。现代吴语中，"侬"的名词用法和代词用法已然分化，大致有三条路径：（1）"侬"的"人"义被北方日母真韵的"人"取代；（2）保留"侬"的"人"义，但"侬"的代词义被其他代词取代；（3）代词"侬"和名词"侬"都保留，但发生语音分化。现代闽语中，基本保留"侬"的名词义，兼用"侬"作泛指代词，"我侬"系列词发展成三身代词的复数形式。

第二节 "若"的疑问代词用法

"若"是中古汉语时期新兴的疑问代词。《大词典》中"若"的该义位首引即《南齐书》中的例子：

（1）初为散骑使虏，于北馆种杨柳，后员外郎虞长耀北使还，敬则问："我昔种杨柳树，今若大小？"（《王敬则传》）

不少学者对"若"充当疑问代词的语法功能和语义由来做过有益的探索，但存在的争议也颇多，尤其是关于"若"的疑问代词义的由来，至今尚无一致或可为定论的观点。下文我们将对"若"在中古汉语时期充当疑问代词的用法、由来及功能的演变展开详细探讨，并借助与现代闽南语的比较，再反观中古汉语时期"若"的疑问代词由来及相关结构。

一 疑问代词"若"的用法

中古汉语时期，"若"出现疑问代词用法，其主要用法有两种。

第一，在疑问句中，在谓语动词前充当前置宾语，"若行""若去"，询问地点，相当于普通话里的"哪里"。但据我们考察，这种用法仅见于汉译佛经，中土文献中几乎不见。

（2）树神人现，问梵志曰："道士那来？今若行耶？"同声答曰：

"欲诣神池澡浴望仙，今日饥渴，幸哀矜济。"（后汉昙果共康孟详译《中本起经》下 T04/156c24）

（3）天头若去？众人聚会，天神失头，是为无有神。（西晋竺法护《生经》卷五 T03/108a28）

（4）其人言："我不知何所从来，亦不知当若去。我但饥渴，欲逐饮食。"（东晋竺昙无兰译《佛说铁城泥犁经》卷一 T01/827b27）

第二，在疑问句中，在谓语形容词前充当状语，"若远""若大小""若近""若近远""若高下"，询问程度、数量，如大小、远近、高低等，相当于普通话里的"多""多少"，回答一般有数量说明。刘开骅（2006）认为此种用法不见于译经，只在南北朝中土文献出现。据我们考察，实际上，中土文献和译经均有例证。

中土文献中，除了前文所举的史书，还见于小说、道教文献、诗歌中，而且不乏出现在对话中的例子。

（5）未至家少许，见一人着黄皮裤褶，乘马将猎，少明问曰："逸民家若远？"（《古小说钩沉·裴子语本》）

（6）子良因请问："不审几试？试若大小？"（南朝梁陶弘景《周氏冥通记》卷三）

（7）当是忽然起灭，不由孔穴，但未知其形若大小耳。（南朝梁陶弘景《真诰》卷十一）

其中以南朝诗歌中最为多见。

（8）石城定若远，前溪应几深？（南朝梁庾肩吾《咏舞曲应令》）

（9）敦煌定若远，一信动经年。（南朝梁刘孝先《春宵诗》）

（10）王孙客若远，讵待送将归。（南朝陈张正见《泛舟横大江》）

（11）谷城定若近，当终黄石言。（南朝陈沈炯《六府诗》）

（12）山阿若近远，独有楚人知。（南朝陈刘删《赋松上轻萝》）

（13）贞楼若高下，如何上阳台？（南朝陈伏知道《咏人聘妾仍逐

琴心》)

"定若远"与"应几深"对应，"若"正是与"几"相对，表示疑问。"定若远"与"动经年"对应，"经年"是对"多远"的回答。"若"不一定要加正反义形容词才能构成疑问，也可只加单个形容词，疑问重心不在正反义形容词结构，而在"若"。

译经中亦有用例。

（14）有比丘问佛："世尊，从刹浮提至梵处为若近远？"佛言比丘："从刹浮提至梵处，甚远甚高，相异相离。"（南朝陈真谛译《佛说立世阿毗昙论》卷第六 T32/197b16）

（15）尔时海龙王白佛言："世尊！宝庄严殿今在何处？复若大小？"尔时世尊告龙王言："龙王！彼宝庄严殿置在欲色二界空中，纵广三千大千世界。"（北周阇那耶舍译《大乘同性经》卷下 T16/648a25）

疑问代词"若"的用法主要有以上两种，第一种询问地点的用法目前仅见于译经；第二种询问程度与数量的用法更多见于中土文献，译经较少，而且多见于南朝语料中，带有一定地域性。

第二种用法，《大词典》中解释为"怎么；怎样"，除了引《南齐书》的例子，还引了唐代杜荀鹤《春宫怨》诗："承恩不在貌，教妾若为容？"以及元代关汉卿《调风月》第一折："觑了他兀的模样，这般身分，若脱过这好郎君？"比较中古时期的其他例子，我们认为《大词典》中的后两个例子和第一个例子的具体用法其实有差异。"若大小"询问的是程度、数量，如树的大小、粗细。"若为容"询问的是方式，怎么打扮。"若脱过这好郎君"，询问的是原因。

中古时期"若"可表达"怎么""怎样"义，但大都出现在"若为"中，几乎不单独用"若"来表示。"若为"可充当状语或谓语，询问方式、方法或性状、情况，还可以在反问句中，充当状语，表示加强否定：

（16）兄在城中弟在外，弓无弦，箭无括。食粮乏尽若为活？救

我来！救我来！（《乐府诗集》卷二十五《隔谷歌·其一》）

（17）僧远问僧绍曰："天子若来，居士若为相对？"（《南齐书·高逸传·明僧绍》）

（18）魏静云："安置朕何所，复若为去？"杨愔对："在北城别有馆宇，还备法驾，依常仗卫而去。"（《北齐书·高德政传》）

"若为活""若为相对""若为去"询问方式、方法，不作"若活""若相对""若去"。

（19）可驶归去，看汝家若为。（南朝梁慧皎《高僧传·宋长安太后寺释慧通》）

（20）子良因问："不审此星在何方面？形模若为？"（南朝梁陶弘景《周氏冥通记》卷一）

（21）梁武曰："黑獭若为形容？高相作何经略？"绘曰："黑獭游魂关右，人神厌毒，连岁凶灾，百姓怀土。丞相奇略不世，畜锐观衅，攻昧取亡，势必不远。"（《北齐书·李浑传附弟绘》）

"汝家若为""形模若为""若为形容"询问情况、性状，也不单用"若"。因此，我们认为南北朝时"若"单独作疑问代词，主要是询问数量、程度的，而"若为"是询问方式、方法、性状、情况的，两者并不相同。

二　疑问代词"若"的语义由来

（一）关于疑问代词"若"由来的争议

关于疑问代词"若"的由来一直存有争议，主要观点有如下三种。

（1）"若"受到"若何"的"何"的词义沾染或词义渗透而产生疑问词的用法。朱庆之认为，"如"是因"何如/如何"连用，受"何"字词义沾染而获得了疑问代词的意义，"若"的疑问代词义由来与之相似①。董志翘、蔡镜浩认为，因为"如何"可写作"若何"，"如"受"何"的沾

① 朱庆之：《试论汉魏六朝佛典里的特殊疑问词》，《语言研究》1990 年第 1 期。

染，产生了疑问的用法，“若”也同样受到“何”的沾染而产生疑问代词的用法①。石毓智认为，魏晋时期“所、缘、等、如、若、那、为”几个词都有表疑问的功能，它们表疑问的用法在上古汉语里未出现，在近代汉语中逐渐消失，它们都与疑问词“何”有着某种必然的联系，“所、缘、等、如、若、那、为”的表疑问用法都来源于疑问词“何”，疑问词“何”把表疑问的用法渗透到了那几个本不表疑问的词语之上②。

（2）“若”是“若何”的省缩。冯春田认为疑问词“若”即“若何”的省缩，正如“那”是“奈何”的省缩③。

（3）疑问代词“若”的产生可能与“那”有关。俞理明认为“若”作疑问代词，问处所相当于“哪里”，用例比“如”要少见，“如、若”和“那”一样问处所位于动词之前，在西晋以前的佛经中，有用“如、若”问处所的，可能跟“那”有密切联系，如《正字通》所言：“那，借为问辞，犹何也。如何、奈何之合音也。”④刘开骅认为，疑问代词“如”“若”“那”都是用于动词“行”前充任前置宾语，表示处所询问，它们不仅意义相同而且句法位置完全一致，这三个词可以任意互相替换，因此，他同意疑问代词“如”“若”的产生可能与“那”有一定关系的看法⑤。

我们认为“若”的疑问代词义确实与“若何”有关。但是说“若”从“若何”省缩而来，省缩的原因和条件是什么呢，为什么缩成“若”？认为“若”可能从“那”来的观点，只是分析了“若”充当前置宾语询问处所的用法和句法环境，实际上这个用法只是“若”的部分功能，而且只出现在译经中，未必反映当时中土汉语的实际情况，中土文献中“若”更多是充当状语，修饰形容词，询问数量、程度，而“那”没有这样的功能。

相比之下，我们比较倾向于第一种观点。但是第一种观点存在一个悬

---

① 董志翘、蔡镜浩：《中古虚词语法例释》，吉林教育出版社，1994年。
② 石毓智：《论疑问词“何”的功能渗透》，《古汉语研究》1997年第4期。
③ 冯春田：《反诘疑问代词“那”的形成问题》，《语言科学》2006年第6期。
④ 俞理明：《汉魏六朝的疑问代词“那”及其他》，《古汉语研究》1989年第3期。
⑤ 刘开骅：《中古新生疑问代词“如”“若”“若为”及其来源》，《浙江师范大学学报（社会科学版）》2006年第1期。

而未决的问题：对此观点提出质疑的学者认为，如果疑问代词"若"是由"若何""何若"组合同化或词义沾染、渗透而来，根据组合同化、词义沾染的规律，"若"的疑问代词义和语法功能就应当与"若何/何若"（或"如何/何如"）的结构意义和语法功能一致，从历史语言事实看来，两者并不十分一致。刘开骅（2006）就曾指出："何如/如何""若何/何若"与具有"何"义的"如""若"的具体用法和出现的句法环境明显不同，因此，说"如""若"的疑问代词用法是由"何如/如何""若何/何若"中的"何"沾染而得，似乎理由不足。

（二）"若"的词义引申路径

下文我们将通过梳理"若"的词义引申路径来系统地看待这个问题。"若"的本义为"顺"。甲骨文中的"若"，𠃊，像一个人跪着用双手梳顺头发，梳理使头发通顺，用以表示"顺"，后假借用以表示"如"。

（22）乃命义和，钦若昊天，历象日月星辰，敬授人时。（《尚书·尧典》）

（23）恭上疏谏曰："臣伏见诏书，敬若天时，忧念万民，为崇和气，罪非殊死，且勿案验。进柔良，退贪残，奉时令。所以助仁德，顺昊天，致和气，利黎民者也。"（《后汉书·鲁恭传》）

另有从手从右的"若"，本义为"择"，甲骨文中字形本有别，隶定之后，字形相混，所以有"若"的本义为"顺"和本义为"择"两种说法。《说文·艸部》："若，择菜也，从艸、右。右，手也。一曰杜若，香草。"段注："《晋语》：'秦穆公曰：夫晋国之乱，吾谁使先若夫二公子而立之，以为朝夕之急。'此谓使谁先择二公子而立之，若正训择。择菜引伸之义也。……毛传曰：'若，顺也。'于双声假借也。又假借为如也，然也，乃也，汝也。……"

从语音的角度看，"如"日母鱼部，"若"日母铎部，按上古语音阴阳对转的观点，则"若"可假借为"如"。随着复音化趋势的加强，出现"如何""何如"，而"若"可假借为"如"，因此由"如何""何如"又可类推出"若何""何若"。而在"若何""何若"这样的组合中，"若"

获得了该结构的"怎样"义。

上文我们分析过"若"充当疑问代词的主要语法功能有两种：一是在疑问句中，在谓语动词前充当前置宾语，询问地点，相当于普通话的"哪里"；二是在疑问句中，在谓语形容词前充当状语，询问数量、程度，如大小、远近、高低，相当于普通话里的"多""多少"。

那么"若何""何若"的语法功能和句法位置是否与此相符呢？为了比较，我们对其语法功能的分类尽量细致。

1. "若何""何若"的语法功能、句法位置

（1）"若何"主要有如下四种用法。

①在疑问句中，充当谓语，询问意见：

（24）使归就戮于秦，以逞寡君之志，若何？（《左传·僖公三十三年》）

（25）母曰："亦使知之，若何？"（《史记·晋世家》）

②在疑问句中，充当谓语，询问方式、方法：

（26）令尹将必来辱，为惠已甚，吾无以酬之，若何？（《左传·昭公二十七年》）

（27）武王问于太公曰："治国之道若何？"（《说苑》卷第七）

③在疑问句中，充当谓语，询问性质、状貌：

（28）御者对曰："臣闻河洛之神，名曰宓妃。然则君王所见，无乃是乎？其状若何，臣愿闻之。"（《全三国文》卷十三曹植《洛神赋并序》）

④在疑问句中，充当状语，询问原因：

（29）有罪，若何告无？（《左传·襄公十四年》）

（30）大夫辞曰："取奋信有罪，然杀之非其罪也，君若何杀之？"（《说苑》卷第十四）

（2）"何若"主要有如下七种用法。
①在疑问句中，充当谓语，询问意见：

（31）谢后见王曰："题之上殿何若？昔魏朝韦诞诸人，亦自为也。"（《世说新语·方正》）

②在疑问句中，充当谓语，询问方式、方法：

（32）武王曰："然何若矣？"太公曰："爱其人，及屋上乌；恶其人者，憎其骨余。咸刘厥敌，靡使有余。"（《韩诗外传》卷三）

③在疑问句中，充当谓语，询问性质、状貌：

（33）问瞽师曰："白素何如？"曰："缟然。"曰："黑何若？"曰："黮然。"（《淮南子》卷九《主术训》）
（34）今有人于此而不知弹者，曰："弹之状何若？"应曰："弹之状如弹。"（《说苑》卷第十一）

④在疑问句中，充当谓语，询问情况：

（35）楚庄王围宋，有七日之粮，曰："尽此而不克，将去而归。"于是使司马子反乘闉而窥宋城，宋使华元乘闉而应之。子反曰："子之国何若矣？"华元曰："惫矣！易子而食之，析骸而爨之。"（《韩诗外传》卷二）
（36）颜渊问于仲尼曰："成人之行何若？"（《说苑》卷第十八）

⑤在疑问句中，充当定语、谓语、宾语，询问性质、评价：

（37）子墨子见王曰："今有人于此，舍其文轩，邻有敝舆，而欲窃之……此为何若人？"（《墨子·公输》）

（38）子夏问仲尼曰："颜渊之为人也，何若？"曰："回之信，贤于丘也。"（《说苑》卷第十七）

（39）今奏诸贤，以为何若。（《全齐文》卷十五张融《以门律致书周颙等诸游生》）

⑥在疑问句中，充当补语，询问程度、数量：

（40）唯与诃，其相去几何？美与恶，其相去何若？（《马王堆汉墓帛书·老子甲本·道经》）

（41）遂使国储空悬，户口减半，好战之功，其利安在？战不及和，相去何若？（《南齐书·孔稚珪传》）

（42）故有善恶之文，同其文墨，寿与不寿，相去何若？（《太平经合校》卷一百十四）

⑦在陈述句中，充当宾语，虚指某种情况：

（43）孔子为鲁司寇，听狱必师断，敦敦然皆立，然后君子进曰："某子以为何若，某子以为云云。"又曰："某子以为何若，某子曰云云。"辩矣。（《说苑》卷第十四）

（44）古者以贤制爵，或有秩满而辞老，以庸制禄，或有身病而求归者，永瞻前良，在己何若。（《南齐书·刘瓛传》）

"若何""何若"是同素逆序词，两者的语义、语法功能本当是一致的，只是受到文献的限制，才呈现出差异，实际语言中应该没有差别，因此，"若何/何若"的用法应该是七种。其中询问程度和数量的用法与疑问代词"若"相似，但句法环境不太吻合。

前文我们提到"若何""何若"从"如何""何如"而来，"若"本身可以假借为"如"，是否有可能"如"获得"何"的疑问代词义，而

"若"可假借为"如",故也有此义位。那么出现得更早、更成熟的"如何""何如"的语法功能与句法位置是否与"若"相符合呢?

2. "如何""何如"的语法功能与句法位置

(1)"如何"的用法主要有如下四种。

①在疑问句中,充当谓语,询问意见:

(45)齐侯曰:"岂不谷是为,先君之好是继,与不谷同好,如何?"(《左传·僖公四年》)

(46)二世召博士诸儒生问曰:"楚戍卒攻蕲入陈,于公如何?"(《史记·叔孙通传》)

(47)崇祖召文武议曰:"贼众我寡,当用奇以制之。当修外城以待敌,城既广阔、非水不固,今欲堰肥水却淹为三面之险,诸君意如何?"(《南齐书·垣崇祖传》)

②在疑问句中,充当谓语、状语,询问方式、方法:

(48)取妻如何?匪媒不得。(《诗经·豳风·伐柯》)

(49)嗟嗟保介,维莫之春。亦又何求?如何新畬?(《诗经·周颂·臣工》)

(50)骊姬问焉,曰:"吾欲作大事,而难三公子之徒,如何?"对曰:"早处之,使知其极。"(《国语·晋语》)

③在疑问句中,充当状语,询问原因:

(51)明耻教战,求杀敌也。伤未及死,如何勿重?(《左传·僖公二十二年》)

(52)卿常言比迹夷、叔,如何一旦行过桀、跖邪?(《南齐书·张敬儿传》)

④在感叹句中使用,充当状语、宾语,虚指某种方式、方法、情况:

（53）在直省常醉，上召见，语及北方事，超宗曰："虏动来二十年矣，佛出亦无如何！"（《南齐书·谢超宗传》）

（54）父丧不食盐，母曰："汝既无兄弟，又未有子胤。毁不灭性，政当不进肴羞耳，如何绝盐！吾今亦不食矣。"（《南齐书·崔慰祖传》）

（2）"何如"的用法主要有如下四种。

①在疑问句中，充当谓语，询问意见：

（55）孟孙曰："二三子以为何如？恶贤而逆之？"（《左传·哀公七年》）

（56）怀珍曰："尧圣人，而与杂神为列，欲去之，何如？"（《南齐书·崔祖思传》）

（57）帝憎妇人妒，尚书右丞荣彦远以善棋见亲，妇妒伤其面，帝曰："我为卿治之，何如？"（《南齐书·刘休传》）

②在疑问句中，充当谓语、宾语，询问情况：

（58）司马子反曰："子之国何如？"华元曰："疲矣。"曰："何如？"曰："易子而食之，析骸而炊之。"（《公羊传·宣公十五年》）

（59）太祖践阼，召瓛入华林园谈语，谓瓛曰："吾应天革命，物议以为何如？"（《南齐书·刘瓛传》）

（60）郁林心疑高宗，诸王问讯，独留锵谓之曰："公闻鸾于法身何如？"锵曰："臣鸾于宗戚最长，且受寄先帝。臣等年皆尚少，朝廷之干，唯鸾一人，愿陛下无以为虑。"（《南齐书·高十二王传·鄱阳王锵》）

③在疑问句中，充当谓语、宾语、定语，询问性质、评价：

（61）是其人也，君以为何如？（《国语·周语中》）

（62）齐愍王亡居卫，谓公王丹曰："我何如主也？"王丹对曰："王贤主也。"（《吕氏春秋·过理》）

（63）晔善射，屡发命中，顾谓四坐曰："手何如？"（《南齐书·高十二王传·武陵昭王晔》）

④在疑问句中，充当谓语，询问程度、数量：

（64）王曰："其小大何如？"（《国语·楚语下》）

（65）良马劲卒，彼中不无，良皮美劂，商贾所聚，前后贡奉，多少何如？（《南齐书·张敬儿传》）

从上分析，可见"如何/何如"的语法功能和句法位置与"若何/何若"基本相符，也是询问程度、数量这一用法与疑问代词"若"相似，但句法位置不太符合。

因此，我们认为"若"在"若何/何若"结构中获得"何"的"怎么""怎样"义之后，还发生进一步的词义引申，在与"何"有一个相同义位的基础上，通过相因生义，获得了疑问代词"何"的其他用法。"何"是中古汉语时期主要的疑问代词①，其语义和语法功能相对全面。

3. "若"词义引申过程中的相因生义（"错误的类推"）

"相因生义"是蒋绍愚提出的一种词义演变的方式。"A 词原来只和 B 词的一个义位 B_1 相通。由于类推作用，A 词又取得了 B 词的另一个义位的意义 B_2，甚至取得了 B 这个字的假借意义 B_2'。这就叫词的'相因生义'。"② 周俊勋、吴娟将蒋绍愚的"相因生义"理论的条件归纳为二，其一是限制性条件，A、B 两个词同义或反义，B 因 A 而生。其中 A 有 a_1、a_2、a_3 等义位，这些义位之间可以是引申关系，也可以是假借关系。假设 B 最初只有 b_1 义，后来有了 b_2、b_3、b_4 等和 a_2、a_3、a_4 等相同或相反的义位，并且 b_2、b_3、b_4 等不能从 b_1 引申出来。其二是发生"相因生义"的先

① 石锓：《论疑问词"何"的功能渗透》，《古汉语研究》1997 年第 4 期。
② 蒋绍愚：《论词的"相因生义"》，《汉语词汇语法史论文集》，商务印书馆，2000 年，第 97 页。

决条件，即在"相因生义"前，二者至少应该有一个义位是相同的①。

"若"在"若何/何若"的结构中获得与"何"相同的一个义位，以这个义位为桥梁，通过相因生义，进而获得疑问代词"何"的部分其他用法。相因生义的机制是类推。

蒋绍愚认为："从某种意义上说，'相因生义'也可以说是一种错误的类推。因为它没有把一个词的两个或几个不同的义位加以区分，仅仅因为A词和B词的一个义位同义（或反义），就认为在其他场合下，A词都可以作为B词的同义词（或反义词）使用。这是一种误解。但是尽管如此，只要这种类推能得到社会的承认，就能在全民语言中站住脚，从而形成一种新的词义。"②

从这个角度就可以解释，为什么疑问代词"若"的部分用法只在译经中出现，中古时期为什么出现那么多与"何"相关的新兴疑问代词"如""缘""等""为"等，而这些新兴的疑问代词或它们的某些用法大多只出现于译经中，而罕见于中土文献，这种情况很可能与母语非汉语的译经者的错误类推有关。

而且如果只看中土文献中疑问代词"若"的用法的话，主要是询问数量、程度，与"若何""如何"的用法是符合的，译经中的用法很可能是错误的类推。但随着佛教的盛行，这种错误的语言类推不排除被后代汉语使用者接受的可能。

4."若"的疑问代词用法由来和词义引申路径

我们总结疑问代词"若"的语义由来、发展路径和机制如下：

若—［假借］→如—［复音化］→如何、何如—［类推］→若何、何若—［组合同化（或"词义沾染"）］→获得"若何"中的"何"的"怎样"义—［相因生义］→获得疑问代词"何"的更多用法

---

① 周俊勋、吴娟：《相因生义的条件》，《南京社会科学》2008年第6期。
② 蒋绍愚：《论词的"相因生义"》，《汉语词汇语法史论文集》，商务印书馆，2000年，第107页。

三　疑问代词"若"的语义新发展——副词用法

近代汉语时期，疑问代词"若"的用法，一方面继承了中古汉语时期中土文献中的用法，充当状语，修饰形容词，询问数量、程度，意思相当于"多""多少"。这一用法主要出现在南方人撰写的诗词中。如：

（66）桃源若远近，渔子棹轻舟。（唐代奚贾《寻许山人亭子》）

（67）汉宫若远近，路在寒沙上。（唐代戴叔伦《相和歌辞·昭君词》）

（68）函关若远近，紫气独依然。（唐代皇甫冉《登玄元庙》）

奚贾，富春人，今浙江人；戴叔伦，润州金坛人，今江苏人；皇甫冉，润州丹阳人，今江苏人。

另一方面，疑问代词"若"在询问大小、远近、高低、数量基础上，进一步语法化，发展出了新的用法，作程度副词，在陈述句中，在形容词前充当状语，意思相当于"多""多么"。如"若远""若苦"，多么远、多么苦：

（69）中正又曰："眷彼名公悉至，何惜兔园。雅论高谈，抑一时之盛事。今去市肆若远，夜艾兴余，杯觞固不可求，炮炙无由而致，宾主礼阙，惭恧空多。吾辈方以观心朵颐，而诸公通宵无以充腹，报然何补？"（唐代《东阳夜怪录》）

（70）望乡心若苦，不用数登楼。（唐代白居易《见敏中初到邠宁秋日登城楼诗诗中颇多乡思因以寄和》）

但整体而言，近代汉语中"若"作疑问代词的出现频率比中古时期低，后来也逐渐消失了。实际上中古时期疑问代词"若"在文献中的出现频率也不高，在《南齐书》中"若"单独出现作为疑问代词仅一例，更多见的是"何""如何""何如""若何""何若"。在口语性更强的《周氏冥通记》中，单用的也只出现一例。因为"若"的出现频率不高以及在近代汉语通语中又趋于消亡，有些学者在研究中古汉语的疑问代词时，对"若"是否属于疑问代词和其用法等问题上，态度不是十分明确。

四 明代闽南语中的"若"

虽然，疑问代词"若"在近代汉语通语中逐渐消亡，但在闽南语中得到了很好的保留，而且有了新的发展。我们认为明代的闽南语戏文中的疑问代词"若"与中古时期的疑问代词"若"一脉相承。闽南语中的疑问代词"若"的用法与中古和近代汉语时期的用法相比，既有继承，又有发展。

（一）在疑问句中，充当状语，修饰形容词，询问数量，常见的有"若多""若久""若远"等组合。与中古汉语时期不同的是，"若"后面的形容词不是正反义形容词，而是单个形容词，基本上是积极义的形容词。

（71）不知你绣有若多花了？（不知你绣多少花了）（《金花女·姑嫂赏花》）

（72）（生）你共刘永做有若久夫妻了？（旦）有三个月了。（你和刘永做了多久夫妻）（《金花女·南山相会》）

（73）（生）娘子且那只处，待我共义童去瞕：贼离天有若远。（还有多远）（《金花女·投江得救》）

（74）（丑）官人共娘子行有若久路了？（生）有半月日了。（官人和娘子走了多久路了）（《满天春》之二《招商店》）

（二）在疑问句中，充当状语，修饰形容词，询问程度。

（75）（末）许人有若富贵？（净）：富贵亦共赧处平。（那人有多富贵）（《苏六娘·林婆见六娘说病》）

（三）在疑问句中，充当定语，直接修饰名词，询问数量。这一用法是中古汉语和近代汉语中的疑问代词"若"所没有的。

（76）（旦）官人，东京去有若路？（生）只去亦有三千里路。（去东京有多少路）（《金花女·夫妻乐业》）

（77）（旦）只说也是，问看伊，只一镜卜若工钱？（这一镜要多少工钱）（《荔镜记》第十九出）

（78）（外）伊有若田在只处，可有若田客（有）？（净）伊有五百田客，九郎公那有五十名田客，那教伊做秧借也好。（他有多少田在这处，又有多少田客）（《荔镜记》第三十二出）

（79）（生）未知娘子只货卜卖若艮（银）？（不知道娘子这货物要卖多少银子）（《满天春》之十《郭华买胭脂》）

（四）在疑问句中，充当宾语，询问数量。这也是闽语中的疑问代词"若"发展的用法，中古、近代汉语中没有。

（80）（旦）人说"上天说价，落地还钱"。看秀才恁还若。（生）还娘子一分艮（银）。（看秀才你还多少）（《满天春》之十《郭华买胭脂》）

（81）（旦）有若？（生）足到一钱。（有多少）（《满天春》之十《郭华买胭脂》）

（五）明代闽语中的"若"还继承了近代汉语中"若"作程度副词的用法。在陈述句中，充当状语，修饰形容词，表示程度很高，相当于普通话的"多么"，可与表示积极义的形容词组合，如"若好""若远""若久"，也可与表示消极义的形容词组合，如"若恶""若怯"，前面还可以加否定词，如"不若好"。

1."若好"，多么好。"不若好"，不怎么好，不太好。

（82）（旦）送阮返（转）去，甲（教）我爹结起彩楼，招尔（你）佐（做）亲，卜若见好。（送我回去，让我爹结彩楼，招你做亲，要多么好）（《满天春》之二《招商店》）

（83）（贴）碍阮哑妈身上不若好，卜听候哑妈，不得来。（我们

夫人身体不太好）（《荔镜记》第二十八出）

2. "若远"，很远。

（84）（生）又一说，我走来都若远了，尔（你）随后来，因乜都在我头前？（我走很远了）（《满天春》之十四《朱文走鬼》）

3. "若久"，多久、很久。

（85）（旦）阮变都若久了。（我都改变很久了）（《满天春》之六《寻三官娘》）

（86）（旦）秀才去未？（丑）秀才去若久了。子（仔）细。（秀才去很久了）（《满天春》之二《招商店》）

4. "若恶"，多么凶恶。

（87）（生）待我再试恁阿嫂，天有若恶。（待我再试你阿嫂，还有多么凶恶）（《金花女·南山相会》）

5. "若怯"，多么坏。"怯"，闽语中"坏、不好"之义。

（88）（外）只一孜娘若怯，放雕（刁）卜跷我到（倒）了。（这一女人多么凶恶）（《满天春》之六《寻三官娘》）

（六）"若"还可以充当定语，直接修饰名词，意思相当于"很多""那么多"。这一用法也是中古、近代汉语中所没有的。

（89）（丑）乜哑，甲婆仔送林厝去，许婆仔不敢送去，婆仔食伊人若物了，做乜好送转去！（吃他许多东西了。）（《荔镜记》第十四出）

（90）（生）我今旦迢来卜呾若话，甲（教）我那按障返（转）去。（我今天特地来要说许多话）（《满天春》之十《郭华买胭脂》）

五　现代闽南语的疑问代词、程度副词"若"

现代闽南语基本继承了明代闽南语疑问代词和程度副词"若"的用法，但是在不同的方言片区呈现为不同的语音形式，

第一，泉漳片的台湾［lua³³］①（阳去调），福建厦门、漳州的［lua²²］（阳去调），福建泉州［lua²²］（阳上调）②。

第二，潮汕片的广东潮汕地区的［ʣioʔ⁵］（阳入调）。

第三，雷琼片的广东雷州半岛［ua³³］（阳上调）和海南的［ua³³］（阳去调）。

由于三者的语音差别比较大，到底本字是否都是"若"，目前尚未形成定论。潮汕片的［ʣioʔ］，日母药韵阳入调，日母多数字在潮汕方言中读［ʣ］③，药韵读［ioʔ］④，本字明显就是"若"。泉漳片和雷琼片的音读形式争议比较大。潮汕片的［dzioʔ］一般写成"若"。泉漳片的［lua］，有的词典、方言志写成"若"，更多写成"偌"⑤。雷琼片的［ua］语音与前两个片区差别太大，因而有的从漳泉片写"偌"，有的写"夥"，有的写成记音的"活"，有的学者则更谨慎地只标音不写本字。⑥

泉漳片的［lua］，日母在漳泉片中读音［l］，声母的来源问题不难解

---

①　文中台湾话语音材料参考董忠司总编纂《台湾闽南语辞典》，该辞典用的是《台湾闽南语音标系统》，我们将其转换成国际音标。厦门话、漳州话、泉州话参考周长楫《闽南方言大词典》，潮汕片语音以汕头话代表，参考施其生《方言论稿》，雷州话（海康话）参考张振兴、蔡叶青《雷州方言词典》及张振兴《海康方言记略》，海南闽语参考陈鸿迈《海口方言词典》。

②　厦门话、漳州话上声不分阴阳，去声分阴阳。泉州话的上声分阴阳，泉州话的去声不分阴阳。

③　或记音为［z］，潮汕片闽南语中［z］与［ʣ］不构成音位对立，我们从母语者的语感出发，认为比较靠近塞擦音，为行文简便，本文统一采用［ʣ］。

④　或记为［iok］。泉漳片入声［-t］、［-k］可区分，而潮汕片入声［-t］、［-k］趋于不分，大都弱化成喉塞尾［-ʔ］，故潮汕片统一采用［ioʔ］。

⑤　《汉语方言大词典》《台湾闽南语辞典》作"若"，《闽南方言大词典》《厦门方言词典》《台湾闽南语常用词辞典（网络试用版）》《泉州方言志》作"偌"。

⑥　如《海口方言词典》作"偌"，《徐闻县志》作"活"，《海康方言记略》不标字。

释。然而韵母本是药韵开三入声韵，怎么会变成合口阴声韵的［ua］，这个问题比较费解。王建设给明刊闽南戏文中的"若"作注释，"若［lua²］——'惹'的音近借字，副词，多么"，则认为"若"的本字是"惹"[①]。但是"惹"与"若"都是日母药韵的而灼切，语音上存在同样的问题，意义上也对不上，《大词典》中"惹"最与"若"相关的义项是"用同'偌'。如此，这般"。

又有一种观点认为这个［lua］是合音。梅祖麟认为，台湾话询问程度、数量用 dzua⁶ 或 lua⁶，俗写作"偌"，意思相当于北京话"多么高"的"多么""多高"的"多"。dzua⁶、lua⁶ 是"若夥"的合音词，按照音韵的标准，"若夥"的"夥"是秦汉时代进入闽语的，文献记载中没有"若夥"这个语词，"若夥"的构词结构和"几多"相似。"几多"最早出现于南北朝隋代，"若夥"可能是受了"几多"的影响产生的，果真如此，"若夥"在闽语里的产生时期当在隋代以后，至于"若夥"变成合音词的年代，目前一无所知，可能明代的闽语资料里面有用例。[②]

"［lua］"的韵母和入声的药韵相差比较大，从合音的角度去分析，解决了语音上的问题。但是确实如梅祖麟先生自己指出的，缺乏文献证据。我们认为"若夥"从"几多"类推而来的观点值得商榷的地方有四。

第一，文献中未见"若夥"，也未见类似的结构"若多"。

第二，疑问代词"若"比"几多"结构出现得早。"若"作疑问代词中古汉语时期已经出现，"几多"六朝末才出现，如庾信《夜听捣衣诗》："复令悲此曲，红颜余几多？"而且"几多"的用例很少，唐代以来才逐渐增多。吕叔湘曾说："从中古的某一个时候起又有'几多'一词，这大概是糅合'几'跟'多少'而成。它的应用好像不怎么广，宋以后也就不大见了。"[③] 一个自身出现频率就不高的结构很难说由其类推出其他结构。"几多"的出现频率并不比疑问代词"若"多，而且应用也不广，如何能

① 王建设：《明弦锦曲觅知音——〈明刊闽南戏曲弦管选本三种〉校注》，北方文艺出版社，2006 年，第 26 页。
② 梅祖麟：《闽语"若夥"的"夥"》，《境外汉语历史语法研究文选》，上海教育出版社，2013 年，第 369 页。
③ 吕叔湘：《近代汉语指代词》，学林出版社，1985 年，第 343 页。

影响产生"若夥"，再由"若夥"类推产生疑问代词"若"呢？

第三，"［lua］"如果是"若夥"的合音，合音的原因和条件是什么？而且"夥"本来已有"多"义，"若夥"已经是"若多"的意思，为什么还再组合成"若济"（"济"也表示多）来表示"多少"？

第四，反映泉漳潮闽南语的明清闽南戏文中都写作"若"，潮汕片的音读形式也证明本字确实是"若"，为什么泉漳片后来会出现不一致？是早期两个次方言片区本身存在用词差别，而戏文用字不当，误作一字，还是早期两个次方言片用词本相同，泉漳片后期改用其他词？

邓小琴则认为台湾、厦门、潮汕、海南琼文话表示疑问"多少"的用词各异，"若多""若夥""若侪"是闽南方言台湾、厦门、潮汕表疑问"多少"的主要方式，而海南琼文话中表数量疑问词"多少"的"偌 ua^{33} 多"或"夥 ua^{33} 多"的本字应为"何"[①]。

此观点也值得商榷。［ua^{33}］的"何"的观点主要解决了语音上的问题，语义上，也基本说得通，但是与闽南语中该义用词的发展难以取得一致。孤立地看琼文话中的［ua］，很容易从表面的音读形式，判断它跟其他地区来源不同，但是放宽比较范围，与台湾、厦门、漳州、泉州的［lua］以及这四地中［lua］的另一个读音［gua］相比较，会发现［ua］、［lua］、［gua］三个音读形式很可能存在语音演变关系。虽然大多数学者对台湾、厦门的［lua］是单音词还是合音词存在争议，但一致认为里面有"若"这一语素。疑问代词"若"是闽南语的常用词。如果说闽南语区大都是"若"或与"若"相关，只有琼文话特殊，是"何"，与"若"无关，又不受周边其他方言或少数民族语影响，那么这个可能性恐怕不大。

我们认为泉漳片的［lua］、潮汕片的［dʑioʔ］、雷琼片的［ua］，虽然音读形式各异，实际上本字都是"若"。下面我们将从移民史、语义与语法、语言的历史演变和历史文献记载、语音四个角度来论证。

第一，从移民史角度来看，潮汕、雷琼两个地区母语为闽语的居民都是先后从闽南移民而来的。粤东潮汕地区的大规模开发是在南北朝之后，

---

① 邓小琴：《海南琼文话"偌 ua^{33}""夥 ua^{33}"本字考释》，《汕头大学学报（人文社会科学版）》2010 年第 3 期。

潮汕移民从闽南迁出的时间相对早些。南宋以后大批汉族迁居海南岛，这些移民绝大多数的原籍是福建，约占 80% 以上，主要经由潮州、雷州入琼。[①] 刘新中提到粤东地区的大规模开发是在南北朝之后，两宋以后是闽语南下和西进的重要时期，明代以后方言的大格局形成，南宋时期，东起潮州、惠州，西至钦州包括海南岛在内的广南东、西路沿海各州几乎遍布福建居民的足迹。而闽语在宋代以前已经定型，雷琼片闽南语的基本或常用词汇来源应当大部分与福建本土闽南语一致，当然具体音读形式很可能受当地其他语言影响或自身演变而发生变化，但来源、本字很多当是一致的，只是语音发生了变化。从明代的闽南戏文所反映的情况可以看出，至少在明代，泉漳和潮汕之间通话还是没有障碍的。施炳华《荔镜记汇释》："笔者研究《荔镜记》的语言，是先从泉州话入手，依据泉州话辞书，找出很多特殊泉州词——如向、障、只、许、伫（在）、度等，总以为泉州话和潮州话应有很大的差别；但在仔细看完潮州话的万历本《荔枝记》及《金花女大全》后，竟发觉前述所谓特殊泉州词除'度'（'给予'之义）外，潮州话也都有这些词。又以为'呾'（说）是潮州话，可是 1604 年出版的《满天春》是泉州话与漳州话，与潮州话无关，却常用'呾'字。可见在十五、十六世纪当时，二地的语言是可以互通的。虽然有某些音、字二地有差别，但在语音的表达沟通上应是无碍的。"[②] 据刘新中（2010）所引的文献来看，甚至在更早的宋代，潮漳两地语言、风俗也是高度一致的。南宋淳熙年间（1174—1189），福建兴化军（治所在今莆田）人余崇龟作《贺潮州黄守》文称："眷今古瀛，实望南粤，虽境土有闽广之异，而风俗无潮漳之分。"他又在另一文中写："初入五岭，首称一潮。土俗熙熙，有广南福建之语；人文郁郁，自韩公赵德而来。"[③] 符玉川提到，元代以来，闽剧和潮剧已传入海南，直到清代，始见有以海南话演出的"土戏"，戏剧的演出必须有观众，而且观众必须听得懂演出所采用的语言方能了解剧情，闽剧与潮剧之所以能在海南演出，说明了当时的福建籍移民

---

① 刘新中：《广东、海南闽语若干问题的比较研究》，暨南大学出版社，2010 年，第 1 页。
② 施炳华：《荔镜记汇释》，开朗杂志事业有限公司，2013 年，第 28—29 页。
③ 刘新中注明余崇龟的第二段文字，《舆地纪胜》引书缺，据《元一统志》引作《余崇龟文集》云，知同为余文。余崇龟是南宋前期人。

人数已相当多，而且闽潮方言同源，语言可相通①。可见，三个次方言区的语言来源一致，语言历史发展紧密相关。疑问代词"若"在闽南语中属于常用词，都是发源于福建闽南一带，其本字在三地很可能是一致的，只是在三地发生了不同的语音变化。

第二，从语义、语法角度来看，泉漳片的〔lua〕、潮汕片的〔dzioʔ〕、雷琼片的〔ua〕的语义、语法功能高度一致。

（1）《闽南方言大词典》"偌"条。厦漳〔lua^6〕、泉州〔lua^4〕，副词，相当于普通话的"多"。a. 用于疑问句，问数量、程度：偌重？偌钱？偌红？b. 用于感叹句，表示程度高，相当于"多么"：偌大，花偌好看。伊偌有精神呢！c. 用于陈述句，表示某种程度：电线有偌长，就牵（拉）偌长。常用词组"偌久"和"偌多"。厦门、漳州〔lua$^{6-5}$ ku^3〕、泉州〔lua^4 ku^3〕，疑问词，问时间，多久。"偌多"，厦门〔lua$^{6-5}$ tsue^6〕、漳州〔lua$^{6-5}$ tse^6〕、泉州〔lua^4 tsue^5〕，疑问词，问数量，也表示不一定数量，多少。"要偌多拿偌多"（要拿多少，拿多少）②。

（2）《台湾闽南语辞典》"若"条。白读音 lua^7/gua^7（讹音），dzua^7（本音），na^7，na^2。文读音 dziok^8，若干。例："若久" lua^7 ku^2（多久），"若悬" lua^7 kuan^5（多高），"若济" lua^7 ce^7（多少）③。

（3）《海口方言词典》〔ua^{33}〕。a. 副词。①用在疑问句中，问程度（多用于如高、大、长、远等形容词）：去偌久？偌大年纪？即包米偌重？②用在感叹句中，表示程度很高：朵花偌红！伊侬老偌有精神！③指某种程度：我望汝有偌大本事！还有词组"偌久""偌少""偌多（偌济）"。b. "偌久"：①多久；②表示不定时间；③好久、很久。c. "偌少"：多么少。d. "偌多（偌济）"：①多少，疑问代词，问数量；②多少，表不定数量；③多么多，真多，表惊叹。④

（4）施其生《方言论稿》描写潮汕方言片代表点汕头话中疑问代词

---

① 符玉川：《海南古代移民与海南方言》，《海南大学学报（社会科学版）》1996 年第 2 期。

② 周长楫主编《闽南方言大词典》，福建人民出版社，2006 年，第 84 页。

③ 董忠司总编纂《台湾闽南语辞典》，五南图书出版公司，2001 年，第 352 页。

④ 李荣主编、陈鸿迈编纂《海口方言词典》，江苏教育出版社，1996 年，第 71 页。

"若"的功能如下。若［ʤioʔ］① 用在形容词或心理活动动词之前，如："丛树有若大（那棵树有多大）？""个井若深（这井多深）？""伊有若欢喜（他有多高兴）？"若敆［ʤioʔ tsoi］，也是询问数量，但是使用范围比"几"广得多。除了和"几"一样用在量词或"人、年、日、星期"之前，如："块布若敆尺（这块布多少尺）？""锯做若敆块（锯成多少块）？""你来了若敆日了（你来了多少天了）？"还可以直接用在一般名词之前，如："你饲了若敆猪（你喂了多少猪）？""只间医院有若敆医生（这家医院有多少医生）？"也可以单独在句子中充当主语和宾语，如："若敆正够（多少才够）？""你买了若敆（你买了多少）？"②

（5）从张振兴《海康方言记略》③（1987）记录的例句，可见［ua³³］的基本功能，作疑问代词，在疑问句中，充当状语，修饰形容词，询问数量：

（91）伊今年活□岁？（他今年多大岁数？）

i kieŋ hi ua tsoi ʒuɛ?

（92）耶个物有活重？（这个东西有多重呢？）

ia kai mi u ua taŋ?

"□岁""活重"（"活"，记音字），相当于普通话"多少岁""多重"，"ua³³"，阳上调。

林伦伦《粤西闽语雷州话研究》中记录雷州话疑问词，［ua⁵⁵］"多么、多少"的意思，［ua⁵⁵ ku⁵²］；"多久"的意思，［ua⁵⁵ tsoi²¹³］，"多少"的意思④。

徐闻县位于雷州半岛南部，当地的主要方言是雷琼片的雷州话。《徐闻县志》：问事物、性状常用"乜"［mi⁵⁵］和"活"［ua³³］（阳上调），如"活多钱（多少钱）"，［ua tsoi tsi］。还有个程度副词"识活"［pak⁵

---

① 原文记音为［zioʔ］，我们为上下文统一，改为［ʤioʔ］。

② 施其生：《方言论稿》，广东人民出版社，1996年，第256页。

③ 海康话即雷州话。

④ 林伦伦：《粤西闽语雷州话研究》，中华书局，2006年，第216页。

ua³³］，意思是"非常"，如"伊两人识活好"。①

　　电白雷话《电白方言志》："□［wa⁴³］（阳去调）"相当于普通话的"多"和广州话的"几"。一般用在形容词前。例如：□多［wa⁴³ tsoi³³］（多少）、□重［wa⁴³ taŋ⁴³］（多重）、□久［wa⁴³ ku³¹］（多久）。

　　上文各词典、方言志对"若"的语义、功能描写，或详细，或简要，但是通过比较可以发现，几个片区的疑问代词和程度副词"若"的主要语义和功能是高度一致的。我们大体概括一下现代闽南话中"若"的主要语义和功能。

　　1. 疑问代词

　　a. 用在疑问句中，充当状语，修饰形容词，询问程度或数量，后面大都加表积极义的形容词，如"大、高、远、粗、宽、厚"等。意思相当于"多大""多高""多远"的"多"。

　　b. 用在陈述句中，充当状语，修饰形容词，表示不定数量。如"有若济买若济"（有多少卖多少）。

　　c. 用在疑问句中，充当定语，直接修饰名词，询问数量。这种用法，明清戏曲文献中颇常见，现代闽南语中也有，如福建永春"饭一碗若钱"（饭一碗多少钱）。但整体而言比较少用，现代闽南语中询问数量更多用"若济"。

　　2. 程度副词

　　用在感叹句中，充当状语，修饰形容词，表示程度很高，相当于普通话的"多么"。常用的词或词组有"若久""若济"等。

　　第三，从语言的历史演变和历史文献记载角度来看，虽然与中古和近代汉语时期的疑问代词和程度副词"若"的用法相比，现代闽南语中"若"的用法有所扩展，但基本的用法是一致的，两者之间存在继承关系。中古汉语时期，疑问代词"若"在疑问句中，在谓语动词前充当前置宾语，询问地点，相当于普通话里的"哪里"，这一用法目前仅发现于汉译佛经，中土文献中几乎不见。排除这一用法，第二种用法在疑问句中，在谓语形容词前充当状语，询问程度、数量，如大小、远近、高低等，相当

---

　　① 黄强主编《徐闻县志》，广东人民出版社，2000年，第894页。

于普通话里的"多""多少"，回答一般有数量说明。闽南语中疑问代词"若"主要用来询问数量和程度，与中古汉语疑问代词"若"的这一用法相一致。作程度副词的用法则与近代汉语时期"若"的新用法一致。而且明代的闽南戏曲文献，无论是反映泉漳方言的《满天春》《钰妍丽锦》《百花赛锦》，混杂泉潮方言的《荔镜记》，还是反映潮州方言的《荔枝记》《金花女》《苏六娘》，都是用"若"字记录该词。台湾、厦门等地改用"偌"字记录，反而不合适，一方面不能显示语言继承发展的关系，另一方面不能体现与潮汕片该词来源相同、用词一致的事实，再者，汉语史上"偌"出现比"若"晚，而且主要是作指示代词，与闽南语中的疑问代词和程度副词用法不相符。

第四，从语音角度来看，我们认为泉漳片的［lua］、潮汕片的［dzioʔ］、雷琼片的［ua］都是"若"。判断这三个闽南方言片区的本字是否都是"若"，争议最大的地方就是音读形式的差异。

杜佳伦提到："闽语是历史层次叠积相当丰富的汉语方言，其历史层次已不能单纯地只分为文读层与白读层，应该汇合了更多不同来源的音韵层次；而且，每一个历史层次音读进入闽地不同地区，又可能经历不一样的发展过程，导致今日各次方言同一字群，甚至同一历史层次，却为不同的音读形式。若是各次方言之间同一历史层次音读具有规律对应，尚容易进行历史层次的分析；较为错综复杂的是，可能某一历史层次的音读，在甲地其他条件影响而分化，在乙地则因为层次竞争而被另一层次音读替代，因而造成闽语各次方言之间音读对应参差的情况。"[1]

复杂的音韵层次和音变情况无疑给判断音读形式迥异的词是否为同一本字造成了非常大的困难。潮汕话中的毫无疑问就是"若"。而台湾、厦门、泉州、漳州、海南琼文话的音读形式则比较复杂，与"若"的声韵差别很大，但我们认为这两种音读形式，既不是"若夥""若何"的合音[2]，也不是"何"，而是"若"在闽南语的不同次方言中的不同音读形式。

下面我们将结合各音读形式的空间差异和语音发展规律来解释、论证

① 杜佳伦：《闽语历史层次分析与相关音变探讨》，中西书局，2014年，第1页。
② 我们一度怀疑泉漳片的［lua］是"若何"的合音，从历史文献和语音情况来看，"若何"比"若夥"更有可能，也更靠近雷琼片的［ua］。

这几个音读形式来自同一个词，并尝试梳理这几个音读形式时间上的先后顺序、演变过程。

三个片区的音读形式中，泉漳片的音读形式［lua］处于连接潮汕、雷琼两个片区的音读形式的关键性地位，如果能厘清其由来，证明［lua］是"若"，那么雷琼片的音读形式与泉漳片、潮汕片的音读形式之间联系问题就能迎刃而解。所以，我们先从泉漳片的音读形式的分析入手。

厦门、漳州的［lua^6］是阳去调，泉州的［lua^4］是阳上调。厦门、漳州上声不分阴阳，去声分阴阳，而泉州上声分阴阳，去声不分阴阳。由此，我们可以确定的是，首先，声母是浊声母。其次，不是平声字。再者，泉州阳上声调的字，主要是古浊音上声的字，个别来自古浊音去声字，而这些字在厦门、漳州一般读为阳去调，那么可以判断［lua］的本字应当是浊上字。从调类初步判断，［lua］不当是平声的"何"，也不是"若何"的合音。

据《闽南方言大词典》记载，厦门、漳州、泉州的"若"还有另外两个读音。厦门［liok^8］／［na^6］，泉州［liɔk^8］／［na^5］，漳州［dʑiak^8］／［na^6］[①]，三地前一个音读形式用于读普通话有而本地无的词，比如"若干"，后一个音读形式记录的是假设连词"若"，意思相当于普通话的"如果"。漳州话的［dʑiak^8］明显与潮汕片的［dʑioʔ］对应。据《泉州市方言志》，日母在泉漳片大多读为［l］，少数地区如永春、蓬壶等地读为［dʑ］[②]。［lua］的声母来自浊声母日母。泉漳片语音系统里的［n］、［l］不构成对立。［lua^6］、［liok^8］、［na^6］都是"若"的异读形式。

台湾的闽南移民大部分来自福建泉、漳两地，因此，台湾话与厦门话相似的地方在于两者都是在泉州话和漳州话的基础上发展而来的，而台湾地区的语言环境更加复杂，相比厦门话，同一个字在台湾话中可能有更多异读形式。《台湾闽南语辞典》中记载"若"字有多个读音：［dʑua^7］、［lua^7］、［gua^7］、［na^7］、［na^2］、［dziok^8］。第7调为阳去，第8调为阳入。《台湾闽南语辞典》以［dʑua^7］为本音，以［lua^7］为白读音，以

---

① 周长楫主编《闽南方言大词典》，福建人民出版社，2006年，第969页。
② 林连通主编《泉州市方言志》，社会科学文献出版社，1993年。

［gua^7］为讹音。［na^7］、［na^2］与厦、泉、漳相同，记录的是假设连词"若"。声母［ʥ］与潮汕片相同，泉漳片日母的文读音正是［ʥ］，无疑源自日母。［dziok^8］为台湾话"若"的文读音，该读音形式与漳州话的［ʥiak^8］、潮汕片的［ʥioʔ^8］一致，与厦门话和泉州话的［liɔk^8］也是对应的。厦门话和泉州话中"若"［liɔk^8］的声母和韵母分别来自不同的层次。

而台湾话中［gua^7］这个音读形式非常特别，《台湾闽南语辞典》既然认为［gua^7］是讹误的读音，却又将其记录进辞典，说明［gua^7］得到了台湾话的使用者的认可，拥有一定的使用人群。刘勋宁（2003）认为有些地方性的普遍"误读"是很有价值的，误读也会成片，如果权威方言里发生了误读，它也会随着权威方言的传播而进入被影响的方言，如实地记录下方言本有的白读和文读以及非个人的"误读"，是很有必要的[1]。施炳华（2013）在《荔镜记汇释》中提到"若物"的"若"，汕头音和揭阳音为［ʥioʔ^8］，泉州写作"偌"，音［lua^6］，今台语南部腔转为［gua^7][2]。《台湾闽南语常用词辞典（网络试用版）》记录"偌（多少）""无偌久（没多久）""偌尔（多么）""偌济（多少）"时，以［gua］为第一读音，以［lua］为又读音。一方面可以看出［gua^7］来自［lua^7］，另一方面可以看出，［gua^7］的接受度在提高。据我们调查，泉州人语感中也知道［gua^7］这个音读形式的存在，但是对这个音读形式的接受度远不如台湾，坚持认为［gua^7］是误音，比如小孩学说话，学得不准确，或其他地方的人学泉州话，学得不好，总之是不应该发成［gua^7］的。由此看来［gua^7］应该是［lua^7］的特殊变体。

声母的来源问题比较容易解决，真正复杂的是韵母［ua］的问题。入声韵的读音应当比阴声韵更古老，那么是怎么从［iak］或［iok］到［ua］的呢？以往的研究思路大都从闽语内部的语音演变考虑，尝试去分析闽语的药韵如何脱落塞音韵尾，介音如何从［i］变到［u］，但是很难找到充分的证据，药韵入声字在闽南语各次方言中除了"若"，没有读作［ua］，

---

① 刘勋宁：《文白异读与语音层次》，《语言教学与研究》2003 年第 4 期。
② 施炳华：《荔镜记汇释》，开朗杂志事业有限公司，2013 年，第 96 页。

因而有了合音说的出现。

也许这并不是单纯的闽语内部的语音演变问题。从韵尾来讲,"若"是否有阴声韵的音读形式?

《广韵》中的"若"除了而灼切的入声读音,还有阴声韵的读音——人者切,假摄马韵上声开口三等。我们认为泉漳片的[lua]的音读形式来自"若"自古以来的另一个读音——假摄马韵的人者切,与前文推测[lua]当是浊上字相符。

丁治民(2006)利用现代汉语方言、域外对音、民族语言、经籍异文、《诗经》用韵以及古书注解等材料证明"若"字音自《诗经》始至《广韵》一直都有阴声韵一读。他认为,"若"的入声韵尾的弱化、脱落是汉语语音史中第一次有规模的上古入声韵尾弱化、脱落中的一例,上古时期,入声的"若"在口语中渐渐失落塞辅音 *-k 韵尾而成为跟"汝"同音的阴声字,因而可以通假"汝"作第二人称。从现代汉语方言的第二人称代词只有阴声一读,未见有入声一读,可以看出通假为"汝"的"若"应该是阴声韵。从"若"字其他文字使用形式中也可看出"若"塞音韵尾的脱落。第一,在"如果"的意义上,"如""若"同源。"如果"一词,藏语 na,印尼语 gu-na 正是上古汉语"如"的同源词。记录"如果"一词的"若"也应该是不带塞辅音韵尾的语词。第二,在用作形容词词尾的情况下,"如""若"同源,"若"亦为阴声韵。第三,从对音情况看,从竺法护到善无畏,汉字"若"基本上对应的是梵文音节"ña",与"那""絮"两阴声韵字相比,对音的韵母完全相同,只是声母略有区别。后汉三国也是如此,安世高用"若"对音梵文音节"jñā",支俄用"若"对音梵文音节 jña,这说明从东汉一直至唐代中期,"若"字是读阴声韵的。藏译汉音《般若波罗密多心经》用藏文的"ẓa"转写汉字的"若",藏译汉音的《般若波罗密多心经》的历史年代,大致可以确定为唐代宗宝应二年(763)到唐宣宗大中五年(851)[①]。这些都说明"若"字很早就有阴声韵的异读。

从汉语语音史发展的角度看,我们认为闽南语泉漳片中"若"的读音

---

① 丁治民:《"若"字古读考》,《语言研究》2006 年第 2 期。

形式正是汉语不同时期语言演变情况在方言中的滞留，口语中的"若"已经使用阴声韵，而入声韵也未完全消失，保留在更为保守的文读音中。

从"若"在闽语中不同次方言片区的语音差异来看，"若"存在阴声韵的音读形式。泉漳片的假设连词"若"（如果）正是读阴声韵的 [na]。《方言大词典》中福建仙游话疑问代词"若久"（多久）音为 [liɐu$^{31-33}$ (k) u^{53}]①。闽北方言中"若"的读音，建阳为 [ɕiɔ^8]，建瓯、政和为 [iɔ^4]，松溪为 [io^4]。

前文提到王建设认为"若"是"惹"的音近借字，这说明两者的语音应当相同或相近。王先生是泉州人，泉州话中"惹"的读音为 [lia]。台湾话中"惹"的读音为 [ʥia]、[lia]。潮州话中"惹"的读音为 [ʥia]。黄晋波编《当代泉州音字汇》中"惹"的同音字为"若"，并注明该音读形式用于"兰若"一词，则泉州话中"若"还有另一个异读 [lia]。"阿兰若"梵音为"Aˆranlya"。这个读音与人者切完全相符。"者"泉州话中的读音为 [tsia]。

台湾、厦门、漳州、泉州都把"若"的入声韵列入文读音，意味着口语中本土的口语词很少用到，专门用于读书面语，而阴声韵读音则列入白读音。一般认为白读音要比文读音古老，但近来不少学者研究发现方言中的白读音不一定都是本地原有的，不一定比文读音更古老，需要仔细鉴别。

刘勋宁（2003）以陕西清涧话的几个文白异读音为例对这一普遍认识提出质疑。清涧话"六肉贼"的白读是舒声，文读为入声。因此，没有理由说舒声比入声古老。从自身演化的角度看，有些方言是口语音（白读）比较活跃，书面语（文读）比较保守。

叶宝奎、郑碧娇认为："北音中的文读音与共同语标准音关系密切，相对保守些，而基础方言口语音（白读音）则较为积极，演化速度快一些。"②

从语音发展的一般规律而言，"若"的阴声韵读音不可能比入声韵读音古老，所以就语音层次而言，入声读音应该是更古老的层次。我们认为闽南语的"若"早期可能以入声韵为主，后来受官话阴声读音影响强化，入声韵被挤到文读音的位置，阴声读音反而成为口语中常用的白读音。

---

① 《汉语方言大词典》，中华书局，1999 年，第 3148 页。
② 叶宝奎、郑碧娇：《〈中原音韵〉的文白异读与入声韵的演化》，《厦门大学学报（哲学社会科学版）》2008 年第 6 期。

"若"的入声和阴声两个读音来源于汉语的不同历史层次，而且受到权威方言的影响，不单纯是闽语内部自身的音变层次，而是汉语不同时期语音层次的叠置，加上外来权威方言的影响，入声韵和阳声韵存在竞争关系，阴声读音将入声读音排挤出日常口语。潮汕片则保留早期入声读为主的局面。

至于"若"的白读音为什么是合口呼？药韵和马韵都有合口字。闽语的开合口往往不分，比如果摄的 7 个层次开合口歌戈的读法都是一样的。《广韵》中"若"的异读音合口二等韵的拟音正是［wa］。泉州话中假摄开二麻韵的"沙"、开三麻韵的"蛇"、合二麻韵的"瓜""花"读［ua］，开二麻韵的"麻"读［uã］。厦门话假摄的"麻""沙""洒"读［ua］。闽东方言宕摄开口三等韵今读介音合口化。福州话药韵开口三等字不少读作合口，如略［nuoʔ⁸］、掠［nuoʔ⁴］、雀［tshuoʔ⁴］、削（文读）［suoʔ⁴］、着（文读）［tuoʔ⁸］。闽东方言中"若"字不少地区读为合口。《方言大词典》中，福州话副词"若"（多么）读［nuɔʔ⁴］、寿宁话的"若"读［nu⁴²］、古田话的"若"读［nuok²］[①]。《福建省志·方言志》福州话还有疑问代词"若㘃"（多久）读［nuo⁴⁴ ouŋ⁵³］、"若何"（多少，几）读［nuo⁵³ uai²⁴²］。《福州方言词典》中"偌大"（多大）读［nuo⁵³ tuai²⁴²］。

从台湾闽南语中的"若"的多个异读形式，可以梳理出"若"的各个音读的顺序：

$$［dziok^8］　（［dziak^8］）—［dʑua^7］—［lua^7］—［gua^7］　（—［ua^7］）$$

我们发现台湾话中的［gua⁷］的声母又有进一步弱化、脱落的趋势，现在不少年轻人读为［ua⁷］[②]。这是我们在对台湾话的"若"的发音情况

[①] 《汉语方言大词典》，中华书局，1999 年，第 3148 页。

[②] 发音人：张安琪，台北人，32 岁，本科学历，公司职员，自幼生长于台北市，父母都讲闽南语。萧雅穗，台南人，19 岁，高中毕业，自幼生长于台南市。她们说"若久""若济"都是用［ua7］。我们与张安琪核对发音的时候，特别问是不是［gua⁷］，她很笃定地说正确发音是［ua⁷］，与"瓦"同音。

进行抽样调查时偶然发现的情况。施炳华提到台湾话南部腔转为［gua⁷］。［ua⁷］应该是从［gua⁷］的浊音弱化而来的。这与浊音普遍趋于弱化的大趋势有关，也与台湾的闽南语政策有关。台湾一度不允许公共场所使用闽南语，后来年轻一代学习闽南语时，说得不准确的情况很普遍。浊音［gua⁷］不容易发，就很容易图省力，弱化读成［ua⁷］。［ua⁷］这个音读形式有一定地域性，不是所有会讲台湾话的年轻人都这么说，主要是台北、台南的年轻人这么读，而像高雄的年轻人就仍读［lua⁷］①。

海南的琼文片和雷州半岛的雷州片表示与"若"有同样语法功能的疑问代词是［ua³³］或［a³³］，都是阳去调。前文已提到有学者认为这个［ua³³］或［a³³］不同于福建、台湾的闽南语"侬"，也不同于潮汕地区的"若"，是海南的雷琼片特有的，本字是"何"。我们不认同这个观点。"若"在闽南语中属于高频常用词，从移民来看，同源的可能性很大，而且其他几个地方都一致，只有一个片区不同，可能性不大。从调类上看，"何"是平声字，而［ua³³］是去声字。结合上文分析的台湾话从［lua⁷］讹误到［gua⁷］再到［g］脱落，转向［ua⁷］的变化轨迹，可以看出这实际上是"若"阴声韵读音进一步弱化的结果。

雷琼片确实中存在日母弱化脱落的情况。② 张振兴《广东海康方言记略》中把舌尖浊擦音［z］合并为零声母，认为零声母跟齐齿呼、合口呼韵母相拼时，逢阴调类字前头不带摩擦成分，逢阳调类前头一般带摩擦成分，可以分别记音为［j-］和［w-］，由于调类的分别，在实际记音时可以省略，如"生日"［sɛ iek］。

经过上述四个方面的分析，我们认为闽南语中的疑问代词"若"继承自中古、近代汉语。闽南语三个次方言片区的［lua］、［dziɔʔ］、［ua］本字都是"若"。泉漳片的［lua］俗字经常写作"侬"，实际并不合适。"侬"是"这么、那么"的意思，大约元代开始出现。"侬大"的"侬"只是"若"的义位中的一个，记录的是指示代词义，却不记录疑问代词义

---

① 发音人：林耕百，22岁，高雄人，大学在台中求学，读［lua］。

② 林佳伦（2014）提到：闽东方言中也存在日母今读零声母的情况，今各地多数古日母字的文读音表现为零声母。闽北读为零声母或浊擦音 ɦ-。福州话中"若（文读）"为［yoʔ⁸］。闽北方言中"若"的读音，建阳读［ɦio⁸］，建瓯、政和读［ci⁴］，松溪读［io⁴］。

和程度副词义。中古文献中记录疑问代词义就是用"若"。

综上，通过对闽南语中疑问代词"若"的考察，和与中古汉语疑问代词"若"的比较，我们认为闽南语三个次方言中常用的询问数量、程度的疑问代词"若"，虽然现在的语音形式差别颇大，但实际上是同源的，都继承自南朝口语，语法是语言的三要素中最为稳定的，这再一次证明闽语中有南朝语言特色。

同时，通过对闽语中疑问代词"若"的考察，我们再来看中古汉语的疑问代词"若"的由来和它的相关结构的性质。一方面，闽南语中疑问代词"若"的音读情况从侧面证明了中古汉语时期的"若"不是由合音或省缩而来。另一方面，可以证明"若"在中古汉语时期确实是一个疑问代词，而不是在"若 + 正反义形容词"这样的特定结构中才表示疑问。柳士镇曾提出中古时期有一种新兴的表达方式，把两个意义相反的形容词组合为一个新词构成一种表示询问的固定格式，主要有"多少、早晚、远近"三种①。萧红也提到南朝正反形容词构成疑问词语的情况，如"大小""早晚""深浅""远近"，"若"修饰这类疑问词语的例子较多②。通过对闽南语中疑问代词"若"的功能的考察，可以看出在"若"修饰相反义的形容词的结构中，其疑问重心不在正反的形容词上，而是由疑问代词"若"承担。从文献考察的情况来看，上面提到的几组相反义形容词表示疑问的组合，"多少""早晚"是比较成熟、稳定的疑问词，"远近"在有些例子中确实充当疑问词，用例较少，"大小"则很难找到可靠的例子证明其是疑问词。

---

① 柳士镇：《魏晋南北朝历史语法》，南京大学出版社，1992年，第189页。
② 萧红：《六世纪汉语疑问词语的时代特征和地域分布——以〈齐名要术〉和〈周氏冥通记〉为例》，《合肥师范学院学报》，2012年第5期。

第五章 名词类:"冬节""天时" "眠床""才调"

第一节 "冬节"的"冬至节"义

《南齐书·高十二王传·武陵昭王晔》:"冬节问讯,诸王皆出,晔独后来,上已还便殿,闻晔至,引见问之。""冬节"指的是冬至节。冬至是我国农历二十四节气之一,又是传统习俗中非常重要的一个节日。宋代孟元老《东京梦华录·冬至》:"十一月冬至,京师最重此节,虽至贫者,一年之间,积累假借,至此日更易新衣,备办饮食,享祀先祖。官放关扑,庆贺往来,一如年节。"《清嘉录》亦云:"冬至大如年。"

一 冬至节的由来

一般认为冬至日过节的习俗始于汉代。冬至日须静养身心,军队休兵,商旅不行,行役暂停,百官绝事。

(1)冬至,所以休兵不举事,闭关商旅不行何。此日阳气微弱,王者承天理物,故率天下静,不复行役,以扶助微气,成万物也。夏至阴气动,冬至阳气始萌。(《白虎通义·谏诤》)

(2)冬至前后,君子安身静体,百官绝事,不听政,择吉辰而后省事。(《后汉书·礼仪中》)

(3)《月令》冬至之后,有顺阳助生之文,而无鞠狱断刑之政。(《后汉书·肃宗孝章帝纪》)

冬至日天子须祭拜天帝。

  （4）十一月辛巳朔旦冬至，昧爽，天子始郊拜太一。（《史记·封禅》）

  （5）明年，辛泰山，以十一月甲子朔旦冬至日祀上帝于明堂，毋修封。（《汉书·郊祀下》）

  （6）汉法，三岁一祭于云阳宫甘泉坛。以冬至日祭天，天神下。（《汉官六种·汉官旧仪·补遗》）

可见，冬至节在当时是非常重要的节日。这一天朝廷上下放假休息，军队待命，边塞闭关，商旅停业，皇帝祭天，群臣朝贺，百姓祭祖，走访亲友。

二 "冬节"的"冬至节"义的由来

冬至过节习俗起于汉代，而"冬节"一词指冬至节，则始见于南朝文献①。

"冬节"为定中结构，"节"有"季"之义，"冬节"本义是冬之节气，即冬季。

  （7）阴阳更相用事也，故夏节昼长，冬节夜长。（《白虎通义·日月》）

  （8）方涉冬节，农事间隙。（《后汉书·马融传》）

  （9）冬节食南稻，春日复北翔。（三国魏曹操《却东西门行》）

  （10）吾涉冬节，便觉风动，日日增甚，至去月十日，便至委笃，事事如去春，但为轻微耳。（《全晋文》卷二十四王羲之《杂帖》）

以上四例"冬节"与"夏节""春日"等相对，均是冬天、冬季的意思。

---

① 《大词典》首引《南齐书》。

而"节"又有"节令、节日"之义。冬至日当天是一个重要的节日，因而也叫"冬节"。历来解释"冬节"都是用"冬至"一词，实际上"冬节"更倾向是"冬至之节"，也就是冬至节的意思。

《全宋文》（南朝宋）卷五十七乔道元《与天公笺》："近因冬节，暂诣其舅。"说的是冬至节拜访亲友之俗。上文所引的《南齐书·高十二王传·武陵昭王晔》"冬节问讯，诸王皆出，晔独后来，上已还便殿，闻晔至，引见问之"反映的是冬至节群臣向皇帝朝贺的习俗。南朝梁宗懔《荆楚岁时记》："去冬节一百五日，即有疾风甚雨，谓之寒食。"《六臣注文选》卷第三十南朝齐沈约《冬节后至丞相第诣世子车中作》唐代李周翰注曰："冬节，冬至日也。"颜之推《还冤志》："晋时庾亮诛陶称后，咸康五年冬节会，文武数十人忽然悉起向阶拜揖。"这里的"冬节"均是"冬至节"。

南朝特指"节气、时令"义仍旧多用"冬至"。《南齐书·礼志上》："卢植云'夏正在冬至后，传曰启蛰而郊，此之谓也'。"《南齐书·祖冲之传》："以此推之，唐世冬至日，在今宿之左五十许度。"因此，"冬节"准确来说指的是"冬至节"。

三　"冬节"的"冬至节"义的兴衰

"冬节"指冬至节，是"冬节"一词南朝口语中的新义，但没有能取代旧词"冬至"的地位，传世文献中并不常见，而且主要见于南朝语料，是南朝通语的口语词。

北朝语料中几乎不见"冬节"表示冬至日的，以至于到唐代时六臣注《文选》需要对"冬节"进行解释。如《魏书》《齐民要术》中就全用"冬至"，而不见"冬节"。

（11）是年冬至，高祖、文明太后大飨群官，高祖亲舞于太后前，群臣皆舞。（《魏书·高闾传》）

（12）时冬至之日，昌方宴飨，王师奄到，上下惊扰。（《魏书·铁弗刘虎传》）

同样是冬至节的宴会活动，北朝用"冬至"，南朝用"冬节"。而南朝前后时期更多用的也是"冬至"或"冬至日"。

（13）十一月，燕王上表贺冬至，称臣。（《三国志·魏书四·陈留王奂》）

（14）卢充者，范阳人，家西三十里，有崔少府墓，充年二十，先冬至一日，出宅西猎戏，见一獐，举弓而射，中之，獐倒，复起。（《搜神记》卷十六）

（15）南阳有人，为生奥博，性殊俭吝，冬至后女婿谒之，乃设一铜瓯酒，数脔獐肉；婿恨其单率，一举尽之。（《颜氏家训·治家第五》）

这些语料在提到冬至日或冬至节时都用"冬至"，而不用"冬节"。近代汉语中亦没有继承沿用"冬节"，文献中基本称"冬至"或"冬至节"。

（16）北朝妇人，常以冬至日进履袜及靴。（唐代段成式《酉阳杂俎·礼异》）

（17）冬至，煎饧彩珠，戴一阳巾。（后唐冯贽辑《云仙散录·脂花饼》）

《全唐诗》《入唐求法巡礼行记》中也没有"冬节"，只有"冬至"。

（18）廿七日，冬至之节，道俗各致礼贺。住俗者，拜官，贺冬至节。（《入唐求法巡礼行记》卷第一）

（19）又出家者相见拜贺，口叙冬至之辞，互相礼拜。俗人入寺亦有是礼。众僧对外国僧即道"今日冬至节，和尚万福。传灯不绝，早归本国，长为国师"云云。（《入唐求法巡礼行记》卷第一）

（19）九日，冬至节，众僧相礼。（《入唐求法巡礼行记》卷第二）

从《六臣注文选》中李周翰需要对南朝齐沈约《冬节后至丞相第诣世

子车中作》的"冬节"作注"冬节，冬至日也"，亦可见该义在唐代已然式微。

姚察、姚思廉《梁书·傅岐传》："法当偿死，会冬节至，岐乃放其还家，使过节一日复狱。"同一情节李延寿的《南史》中亦用"冬节"，《南史·循吏·傅琰传附孙岐》："法当偿死，会冬节至，岐乃放其还家。"正如前文提及的《南齐书》中"冬节"一例，同一情节《南史》中亦沿袭作："冬节问讯，诸王皆出，晔独后来，上已还便殿，闻晔至，引见，问之，晔称牛羸不能取路。"另一类似情节《梁书》中则作"冬至"。《王志传》："郡狱有重囚十余人，冬至日悉遣还家，过节皆返，惟一人失期，狱司以为言。"《晋书》《北史》中则不见"冬节"一词。由此可见，唐人撰写的南朝史书中保留"冬节"之处当是沿袭前代文献。

表 14 是"冬至""冬节"二词表示"冬至日"义在中古到近代汉语时期代表文献中的出现次数。

表 14　"冬至""冬节"中古、近代汉语出现次数比较

单位：次

	《全晋文》	《全三国文》	《全宋文》	《南齐书》	《荆楚岁时记》	《齐民要术》	《颜氏家训》	《全唐诗》	《入唐求法巡礼记》
冬至	18	8	34	8	8	6	2	43	10
冬节	0	0	1	1	1	0	0	0	0

可见，"冬节"一词在南朝时期出现，是南朝通语词，而近代汉语官话中没有继承。现在普通话中也没有"冬节"一词。但"冬节"在一些南方地区的方言中保留了下来。

宋代黄震《黄氏日抄》卷六十七："俚语'徽人三日饱两社，一年朝不重冬节也。'"宋代刘宰（镇江金坛人）《漫塘文集》卷二十六有《代弟冬节祭妻文》。宋代陈造（高邮人）《江湖长翁集》卷十八《谢两知县送鹅酒羊面二首其二》："麦生宜配卧沙羊，鹅禽仍便碧酒香。陡觉今年好冬节，朝来红日为谁长。"宋代强至（杭州人）《祠部集》卷十有《依韵奉和司徒侍中冬节筵间喜雪》诗。宋代杨万里（吉州吉水人）《诚斋集》有《谢周监丞冬节馈海错果实启》《谢周丞相送冬节羊面》《谢周丞相冬节送十鸠四免启》诗。互赠饮食和祭祀都是冬至节的传统习俗。

现代闽语亦继承"冬节"一词。《方言大词典》没有单收"冬节"一词，而收了"冬节丸（元宵，糯米做的球形食品）""冬节圆（过冬至节吃的汤圆）""冬节冥（冬至前夕）"三个词①。这些词都出自闽语。

明代闽南语戏文中亦有记载。《金花女·夫妻乐业》："值遇冬节，家中诸事，尽缺。"现代闽语中仍称"冬至节"为"冬节"，习俗中亦非常重视过冬节。冬节是闽语区家人团聚、祭祖、冬季进补的重要节日。闽南民谚："冬节大如年。""年夜没返没某（妻），冬节没返没祖。""吃了冬节圆添一岁。"北方习俗元宵吃汤圆，而闽南习俗过冬节吃汤圆，郑重其事地名为"冬节圆"。

台湾《闽南歌仔册·新传桃花过渡歌》："十一月是冬节，滥蛤查某臭脚骨。"又《手抄十二月戏箱歌》："十一月做戏冬节兜，戏箱看旦目泽流。"

《福州方言词典》："冬节"，冬至节，福州风俗，这一天家家户户要吃糍②。

《闽南方言大词典》："冬节"，冬至，二十四节气之一，在 12 月 21、22 日或 23 日。在这天有吃汤圆的民俗。"冬节圆"，冬至这天吃的汤圆。③

《台湾闽南语辞典》："冬节"，冬至，台湾人的习俗是在冬节当天搓汤圆④。

《雷州方言词典》："冬节"，冬至，二十四节气之一，在 12 月 21、22 或 23 日。旧俗，这一天全族的人都要到祠堂祭祖。⑤

《海口方言词典》："冬节"，指冬至这一天，习俗多在这天祭墓。⑥

综上，"冬节"指"冬至节"这一用法是中古汉语时期南朝通语的特色词。闽语中的"冬节"继承自中古汉语时期的南朝通语。由此再一次看出闽语词汇中确实有六朝语言要素，特别是南朝的语言要素，这些要素来

---

① 《汉语方言大词典》，中华书局，1999 年，第 1325 页。

② 李如龙等编《福州方言词典》，福建人民出版社，1994 年，第 70 页。

③ 周长楫主编《闽南方言大词典》，福建人民出版社，2006 年，第 450 页。

④ 董忠司总编纂《台湾闽南语辞典》，五南图书出版公司，2001 年，第 1274 页。

⑤ 张振兴、蔡叶青编纂《雷州方言词典》，江苏教育出版社，1998 年，第 249 页。

⑥ 李荣主编、陈鸿迈编纂《海口方言词典》，江苏教育出版社，1996 年，第 218 页。

自唐代以前，而不是间接继承自唐代。

第二节 "天时"的"一定时间、地区内的自然气候情况"义

普通话中表达"一定区域、一定时间内大气中发生的各种气象变化，如温度、湿度、气压、降水、风、云等的情况"这一概念用"天气"。而《南齐书》中表达这一概念用的是"天时"。《东昏侯本纪》："三年夏，于阅武堂起芳乐苑，……种好树美竹，天时盛暑，未及经日，便就萎枯。"现代闽南方言中，表达这一概念也用"天时"，如"今仔日天时无好（今天天气不好）"。这个"天时"从何而来？实际上，在汉语史上，通语中表达这一概念，"天时"比"天气"出现得更早，通用得更早，后来才为"天气"所替换。本节探讨"天时""天气"语义的历时演变与两者的替换过程及其在南方方言中的存留。

一 "天时"的语义演变

"天时"是定中结构复合词，相当于"天之时"，本义当是自然的时间、时序，如：

(1) 恐天时之代序兮，耀灵晔而西征。（战国《楚辞·远游》）

引申指上天、自然运行的规律，该义位先秦已见，如：

(2) 先天而天弗违，后天而奉天时。（周代《易·乾》）
(3) 文王问太公曰："天下熙熙，一盈一虚，一治一乱，所以然者何也？其君贤、不肖不等乎？其天时变化自然乎？"（战国《六韬》卷一）

由此引申指"宜于做某事的自然气候条件"，这是"天时"一词的基本义位，常与"地形""地利""地宜"等对举，如：

（4）天时不顺，可击，地形未得，可击。（战国《六韬》卷六）

（5）天时不如地利，地利不如人和。（战国《孟子·公孙丑下》）

"天时"如何从"自然的时间""上天、自然运行的规律""有利于进行某事的自然气候条件"，到引申指"一定时间、地区内的自然气象情况"，相当于普通话的"天气"的呢？自然气象受自然规律的控制，不同的时间、节令，大自然呈现不同的自然气象，如中国传统的"二十四节令"，不同的节令有着不同的气象、物候特点。中国历史上主要是农业社会，传统农业受自然节令影响极大。因此，"顺天时，行农事"是农业发展的重要原则。所谓"顺天时"，其本质就是遵循与利用自然节令的气象特点。因此，"天时"包含的"自然时间""自然规律""自然气候条件"义，均与自然气象密切相关，故可转指一定时间、地区内的自然气象情况。

《大词典》将"天时"的该义位解释为"气候"，首引宋代杨万里《复日杂兴》诗："金陵六月晓犹寒，近北天时较少暄。"引证滞后，且释义为"气候"并不准确。"气候"和"天气"是有区别的。"气候"一般指一定区域里经过多年观察所得到的概括性的气象情况。而"天气"更多指特定时间内的一定区域的气象情况，比如某天的气象情况，或几天内的气象情况。"天时"义当同后者。"天时"的这一义位在东汉就已出现，通用于东汉魏晋南北朝时期。

（6）伏见陛下以天时小旱，忧念元元，降避正殿，躬自克责，而比日密云，遂无大润，岂政有未得应天心者邪？（《全后汉文》卷二十七钟离意《谏起北宫疏》）

（7）晨夜兼行，蒙犯霜雪，天时寒，面皆破裂。（《后汉书·光武帝上》）

（8）臣前启可与师友文学观书论道，今又天时清适，正是讲诵之口。（《全晋文》卷一百零一陆云《王即位未见寅宾群臣又未讲启》）

例（6）"天时小旱"，天气有些干旱，而不是天气正有点干旱。例

（7）"天时寒"，天气寒冷，而非天正寒冷。例（8）"天时清适"的"时"不是副词"正"义，后面的"正是"的"正"方是副词，"天时清适"明显为"天气清适"之义，而非"天正清适"。

"天时"的这一义位多见于中古史书，而且不少见于口语对话中。如：

（9）天时大热，移床在庭前树下，乃至鸡鸣向晨然后出。（《三国志·魏书·管辂传》裴松之注引《管辂别传》）

（10）垣庆延、祗祖、沈颙等曰："今天时旱热，台军远来疲困，引之使至，以逸待劳，可一战而克也。"（《宋书·建平宣简王宏传》）

（11）钟于时脚疾，不能行，龄石乃诣钟谋曰："今天时盛热。而贼严兵固险，攻之未必可拔，只增疲困。……"（《宋书·刘钟传》）

（12）种好树美竹，天时盛暑，未及经日，便就萎枯。（《南齐书·东昏侯本纪》）

例（9）"天时大热"，天气很热。例（10）"今天时旱热"，现在天气干旱炎热。例（11）"今天时盛热"，现在天气很热。例（12）"天时盛暑"，盛夏天气。不独史书，口语性更强的语料《世说新语》、佛经中也用"天时"表示天气，如：

（13）虞家富春，近海，谓帝望其意气，对曰："天时尚暖，鼋鱼虾鲝未可致，寻当有所上献。"帝抚掌大笑。（南朝宋《世说新语·纰漏》）

（14）天时亢旱，时世饥馑，谷米勇贵，人民饥饿，互相食耳。（后汉《大方便佛报恩经》卷第二 T03/132b19）

例（13）"天时尚暖"，天气还暖和，而不是天正尚暖。例（14）"天时亢旱"，天气大旱。"天时"亦见于北朝语料，为当时南北方通用，如：

（15）办行道具，涉险而去，行已经久，身羸力弊，天时盛暑，到热沙道，唇干渴乏。（北魏慧觉等《贤愚经》卷第三 T04/366b13）

（16）尔朱荣以天时炎热，欲还师，天穆苦执不可，荣乃从之。（《魏书·高凉王孤传附上党王天穆》）

例（15）"天时盛暑"同例（12）。例（16）"天时炎热"，天气炎热。而当时语料中的"天气"基本指的是天之气，即天空中的各种气体，如：

（17）今年九月天气郁冒，五位四候连失正气，此互相明也。（《后汉书·朱晖传附孙穆》）

（18）天者，正万物之始，王者，正万事之始，失中则害天气，类相动也。（《南齐书·五行志》）

唐初仍沿用"天时"。《南华真经》卷一："朝菌不知晦朔。"成玄英注疏："朝菌者，谓天时滞雨，于粪堆之上热蒸而生，阴湿则生，见日便死，亦谓之大芝，生于朝而死于暮，故曰朝菌。""天时滞雨"，天气久雨。成玄英为隋末唐初时人，他的注释语言依然用"天时"，而未用"天气"，可见当时口语中尚用"天时"。

"天时"的"一定时间和地域内的自然气象情况"义在东汉魏晋南北朝文献中的出现频率不高，主要见于史书。"天时"的这一义位见于史书对话中，亦见于《世说新语》、佛经、注疏语言等口语性更强的语料。而此时文献中的"天气"仍基本是"天之气"义。由此可见，东汉魏晋南北朝直至唐初，表达"一定时间和地域内的自然气象情况"这一概念，口语中用"天时"，而不是"天气"。

此外，"天时"的"时候"义，《大词典》首引清代小说《二十年目睹之怪现状》，实际上该义位至晚在明代已经出现，多见于南方人小说中，如："且莫说天时已晚，赶不到村店；此去途中，尚有可虑。""此时天时已晚，路上难保无虞。"（均出自明代冯梦龙《醒世恒言》第二十二卷）

二　"天气"的语义演变

"天气"也是定中结构复合词，意为"天之气"，与"地气"相对。《大词典》中"天气"的第一义项是"古人指轻清之气"，引《逸周书·

时训》："小雪之日，虹藏不见。又五日，天气上腾，地气下降。"虽然古代文献多说"天气"轻清而上扬，"地气"浑浊而下沉，但"天气"并非都是轻清的，如"地比震动，天气溷浊，日光浸夺"（《全汉文》卷四十四翼奉《上书请徙都洛阳》）。"天气"实际上泛指天空中的各种气体。这是"天气"在先秦至南北朝时期的基本义位，如：

（19）天气下，地不应曰雾。地气发，天不应曰雾。（《尔雅·释天》）

（20）地气上为云，天气下为雨；雨出地气，云出天气。（《黄帝内经·素问》）

例（19）天空的水蒸气下降，但无法充分扩散，就会灰蒙蒙的、晦暗，地面水蒸气向上扩散，但无法充分扩散出去，就成为雾。例（20）地面的水蒸气上升成为云，天上的水蒸气下降成为雨，雨从云下，云是由地面的水蒸气上升到天空形成的，所以说"雨出地气，云出天气"。

古人认为寒暑水旱雷雨等自然气象主要受天之气的影响，信奉天人感应，认为人的言行上天会有感应。如：

（21）赏罚杀生，各应其时，则阴阳和，四时调，风雨时，五谷升。今则不然，长吏多不奉行时令，为政举事，干逆天气，上不恤下，下不忠上，百姓困乏而不恤哀，众怨郁积，故阴阳不和，风雨不时，灾害缘类。（《全后汉文》卷四十九养奋《贤良方正对策》）

（22）方春生养，万物孳甲，宜助萌阳，以育时物。其令有司，罪非殊死，且勿案验，乃吏人条书相告，不得听受，冀以息事宁人，敬奉天气。（《全后汉文》卷五章帝《诏三公》）

古人认为行政顺应"天时""天气"，则"天气和"，阴阳和，风调雨顺。反之，为政不当，"干逆天气"，则"天气不和"，风雨不时，灾祸频发。因此，为政举事要奉行时令，"敬奉天气"，以求得好的自然气象。各种自然气象来自天之气，因而，"天气"亦可转指"一定时间、地区内的自然气象"。

魏晋南北朝语料中有些例子看起来非常接近今天普通话里的"天气"。

《大词典》今"天气"义即首引三国曹丕的例子。如：

（23）秋风萧瑟天气凉，草木摇落露为霜。（三国魏曹丕《燕歌行》）

（24）又天气和暖似春，故曰"小春"。（南朝梁宗懔《荆楚岁时记》）

（25）巨伦乃曰："五月五日时，天气已大热。狗便呀欲死，牛复吐出舌。"（《魏书·崔辩传》）

（26）是时八月，天气已冷，北风驱雁，飞雪千里。（北魏杨衒之《洛阳伽蓝记》卷五）

单从例句中看，似乎与普通话的"天气"并无差别。但放到同时期的代表性语料中进行整体比较，便可看出这些例子还不完全是"一定时间、区域内的自然气象"之义，还是倾向指空中的气体。对比下面四例：

（27）风者，天气有寒暖，地形有险易，水泉有美恶，草木有刚柔也。（东汉应劭《风俗通义·序》）

（28）冬至而极低，而天运近南，故日去人远，斗去人近，北天气至，故冰寒也。夏至极起，而天运近北，故斗去人远，日去人近，南天气至，故炎热也。（《宋书·天文一》）

（29）辛丑正月五日，天气澄和，风物闲美，与二三邻曲，同游斜川。（《全晋文》卷一百十一陶潜《游斜川诗序》）

（30）戊午午时，天气清明，有彩雾映覆郡邑，甘露又自云降。（《宋书·符瑞志中》）

例（27）"天气有寒暖"并非指自然气象有寒暖之别，而是空中之气有寒暖之别。例（28）"北天气至，故冰寒也"，北方气流到，所以寒冷；"南天气至，故炎热也"，南方气流到，所以炎热。同理，例（26）"天气已冷"也非普通话所说的天气已经冷了。例（29）"天气澄和"、例（30）"天气清明"与"天气溷浊"相反，指的是空中气体、气流的干净、清明、澄澈。此外，还有"天气肃清""天气清静""天气和清""天气和暖"

"天气和平""天气赤黄"等短语皆类此。可以看出此时的"天气"的词语组合看似与普通话差不多，但实际上语义并不等同于今天所说的"天气"，还是与"地气""人气"相对而言的"天之气"，说的是天之气的寒暖、清浊、颜色等情况。

不过，由此可以看出，"天气"与"一定时间、区域内的自然气象"之间存在密切的语义关联，"天气"正是在这样的语义关联和语境中，从"天空之气体"逐渐引申指"一定时间、区域内的自然气象"。"天气"这个义位萌芽于南北朝后期，但未成熟稳定，也并非表达这一概念的主导词。

到唐代，"天气"的这一义位才真正成熟稳定下来，常见于笔记小说、诗歌等口语性强的语料，词语组合也更加多样，不仅限于寒暖、清浊之类，与普通话中的用法已差不多：

（31）寻小径东行，凡数十里，天气昏惨，如冬凝阴。（唐代张鷟《朝野佥载》卷六）

（32）自虚语及夜来之见，叟倚彗惊讶曰："极差，极差。昨晚天气风雪，庄家先有一病橐驼，虑其为所毙，遂覆之佛宇之北，念佛社屋下……"（王洙《东阳夜怪录》）

（33）廿八日，立夏，天气阴沉。（圆仁《入唐求法巡礼行记》卷第二）

（34）空阔远江山，晴明好天气。（白居易《郡中即事》）

（35）流水歌声共不回，去年天气旧亭台。（郑谷《和知己秋日伤怀》）

（36）三春已尽洛阳宫，天气初晴景象中。（卢真《七老会诗》）

日本僧人圆仁的《入唐求法巡礼行记》相当于日记，每每记录日期及当日的天气情况，如"十九日平明，天晴，北风吹""廿五日，风吹不定，雾气未晴"，例（33）"天气阴沉"无疑已是今日常见之义。

此外，"天气"的"天命"义，《大词典》首引唐代许敬宗《尉迟恭碑》，而"天气"的"时候"义首引《水浒传》，均滞后。"天命"义，至晚在东汉已见："大夫种曰：'未可，国始贫耳，忠臣尚在，天气未见，须俟其时。'"(《吴越春秋·勾践阴谋外传第九》)"入见,敕曰:'今日鹰隼始击,当顺天气取奸恶,以成严霜之诛,掾部渠有其人乎?'"(《汉书·孙宝传》)"时候"义至晚元代已见:"梅香云:'姐姐,天气还早哩。一发散心耍一会。'"(《全元杂剧》无名氏《赵匡义智娶符金锭》)"贴旦云:'才五更天气,你敢风魔九伯,引的我那里去?'""正末云:'东庄姑娘家有喜庆勾当,用着这个时辰,我和你行动些!大嫂,你先行。'"(《全元杂剧》关汉卿《包待制智斩鲁斋郎》)

三 "天气"对"天时"的替换

早在甲骨文时期,就有了"风、雨、雷、雪、云、虹、雹"等表示具体的自然气象的名词。人们非常注意观测天气,甚至预测天气,如:

(37) 丙辰卜,丁巳其阴乎?允阴。(《甲骨文合集》19781)

(38) 丙子卜,今日雨不?(《甲骨文合集》20909)

(39) 乙酉卜,雨。今夕雨。不雨。四月。(《甲骨文合集》20914)

而这些具体自然气象的概括性上位概念"一定时间和地域内的自然气象情况"却成词较晚,东汉以前是隐含在时间或"天"中的,未用专门的词来指称,通常直接描述特定时间或地域的自然气象情况。如:

(40) 夏暑雨,小民惟曰怨咨。冬祁寒,小民亦惟曰怨咨。(《尚书·君牙》)

(41) 子曰:"岁寒,然后知松柏之后凋也。"(《论语·子罕》)

(42) 天寒既至,霜雪既降,吾是以知松柏之茂也。(《庄子·让王》)

例(40)"夏暑雨",夏天热、下雨,"冬祁寒",冬天很冷。例(41)"岁寒"、例(42)"天寒",天冷。在描述特定时间的自然气象情况时,可用季节如"夏""冬"加自然气象情况,也可用"岁""天"加自然气象,尤以"天"加自然气象情况最为常见。普通话里仍有这样类似的表达,"天冷多穿衣""夏天热,冬天冷"。直到西汉仍是如此。如:

（43）会冬大寒，雨雪，卒之堕指者十二三，于是冒顿详败走，诱汉兵。（《史记·匈奴列传》）

（44）四月寒冻，有死者。（《史记·秦始皇本纪》）

（45）天寒大雨，士卒冻饥。（《史记·项羽本纪》）

而到东汉，这一概念的表达逐渐从隐含转向呈现，出现了专门的名词来指称它。天气寒冷，《史记》作"天寒"，《后汉书》则作"天时寒"。《论语·先进》："莫春者，春服既成。"南朝梁皇侃作疏："春服成者，天时暖而衣服单裕者成也。"注疏语言的口语性较强，而且更能反映注疏者与所注原典不同时代的不同语言特点。《论语》的原句未提及天气情况，而南朝的注疏者却详细地补充说明了暮春的天气情况"天时暖"，天气暖和。从这一对比中，可看出东汉魏晋南北朝时表达"一定时间和地域内的自然气象情况"这一概念主要用"天时"。而从前文所引隋末唐初成玄英为《逍遥游》"朝菌不知晦朔"作疏的例子"天时滞雨"，也可见直至初唐，口语中仍用"天时"。

但"天气"后来居上，在唐代中后期取代了"天时"。从典型语料中"天气"和"天时"的出现情况比较，可以明显地看出这点。表示"一定时间和地域内的自然气象情况"这一义位，"天时""天气"在中古、近代汉语时期代表性的语料出现的次数、比例见表15。

表 15　"天时""天气"出现情况比较

	《后汉书》	《宋书》	《南齐书》	《全唐诗》	《全宋词》	《全元南戏》	《全元散曲》	《全元杂剧》
天时（次）	3	2	1	2	4	0	2	1
占比（%）	100	100	100	5	1	0	6	2
天气（次）	0	0	0	41	298	27	30	60
占比（%）	0	0	0	95	99	100	94	98

由表15可知，"天时"从中古汉语时期的100%，到近代汉语时期的不到10%，而"天气"则反之，从0到94%以上。由此可见，表达"一定时间和地域内的自然气象情况"义时，中古汉语多用"天时"，近代汉

语多用"天气"。

由于中古文献中"天时""天气"两词的出现频率均不高，故而选择了该义位出现次数较多的史书语料。《后汉书》《宋书》《南齐书》中表达该义位时均用"天时"，而非"天气"。"天气"一词在三书中也可见，但均表示"天之气"。

而从《全唐诗》中的比较，可以看出唐代"天气"已经取代"天时"的地位，"天气"41例，占95%，而"天时"仅2例，占5%，而且同出一人笔下，均见于白居易诗：

（46）后有开阖堂，寒温变天时。（白居易《裴侍中晋公以集贤林亭即事诗三十六韵见赠，猥蒙征和，才拙词繁，辄广为五百言以伸酬献》）

（47）天时方得所，不寒复不热。（白居易《洛阳有愚叟》）

《全宋词》中表示这一概念，"天时"仅4例，占1%，"天气"298例，占99%，亦可见宋代通语中用的是"天气"。

（48）嘉景清明渐近，时节轻寒乍暖，天气才晴又雨。（《全宋词》柳永《西平乐·尽日凭高目》）

（49）庆曰："夜来天气大段寒了，未知中原如何？"履曰："东都尚未挟纩。"庆曰："南北天气如此之异。"（《三朝北盟会编》卷第五十五）

例（49）的"南北天气"与前文例（28）中古时期的"南天气""北天气"，意思明显不同了，已不是南北的气流，而是南北方的天气。

元代延续宋代的情况，"天气"仍是主导，在《全元南戏》《全元散曲》《全元杂剧》的占比分别是100%、94%、98%。

（50）（正末云）出门时好好的天气，如今下着漾漾的细雨儿。哎呀！跌杀贫僧也。（《全元杂剧》李寿卿《月明和尚度柳翠》）

（51）时遇冬天，纷纷扬扬下着大雪，天气好生寒冷。（《全元杂剧》高文秀《好酒赵元遇上皇》）

近代汉语时期，"天气"的基本义和用法已与今天普通话中的"天气"一致。从表16可明显看出不同时期天气寒冷这一语义表达的不同。

表16　不同时期"天气寒冷"的语言表达

上古汉语	中古汉语	近代汉语	
《论语》《史记》	《后汉书》	《全元杂剧》	
岁寒、天寒	天时寒	天气寒冷、天气甚寒、天气好生寒冷、天气有些寒冷	

可见，"一定时间和地域内的自然气象情况"这一概念，西汉以前隐含在时间或"天"中；东汉成词，东汉魏晋南北朝至唐初主要用"天时"，魏晋南北朝时期"天气"也开始引申出此义，但中古时期这个概念还不是十分常用；而到唐代中后期，"天气"替换了"天时"，逐渐成为通语中比较常用的词语。

四　"天气"替换"天时"的原因

"天时"被"天气"替换，与该义位始终未成为"天时"的基本义及该词的使用整体呈现衰减趋势有关。"天时"的"一定时间和地域内的自然气象情况"义虽然比"天气"出现得早，但通过语料中该义位的使用次数与"天时"一词总次数的比较（表17中分别标注为"天时$_1$""天时$_总$"），可见，该义位在"天时"一词使用中的占比始终没有超过40%，始终未能成为"天时"的基本义。

表17　"天时$_1$"与"天时$_总$"的次数比较

	《后汉书》	《宋书》	《南齐书》	《全唐诗》	《全宋词》	《全元南戏》	《全元散曲》	《全元杂剧》
天时$_1$（次）	3	2	1	2	4	0	2	1
天时$_总$（次）	13	16	6	17	10	1	7	11
占比（%）	23	13	17	12	40	0	29	9

　　而自唐代以来，"天气"一词的出现总次数剧增，且其"一定时间和地域内的自然气象情况"义（表18中分别标注为"天气$_总$""天气$_1$"），超过50％，成为该词的基本义。

表18　"天气$_1$"与"天气$_总$"的次数比较

	《后汉书》	《宋书》	《南齐书》	《全唐诗》	《全宋词》	《全元南戏》	《全元散曲》	《全元杂剧》
天气$_1$（次）	0	0	0	41	298	27	30	60
天气$_总$（次）	9	7	3	80	298	27	30	63
占比（％）	0	0	0	51	100	100	100	95

　　与之相比，"天时"一词在近代汉语语料中的出现次数，非但没明显增加，反而减少，整体呈现衰减之势，其"一定时间和地域内的自然气象情况"义也始终未成为该词的基本义。

　　此外，通过历史文献的考察，可见"天时""天气"两词的义位与引申路径多有重合之处，存在类同引申现象，且同义的义位使用的时期也相对接近，详见表19。

表19　"天时""天气"义位引申路径比较

a	先秦		东汉	东汉｜魏晋南北朝	明｜元
天时	天道运行的规律	宜于做某事的自然气候条件	天命	一定时间、地域内的自然气象情况	时候
天气	天之气		天命	一定时间、地域内的自然气象情况	时候

　　注：a表示"天时""天气"各义位首见的时期，其中"一定时间、地域内的自然气象情况"义，"天时"首见于东汉，"天气"首见于魏晋南北朝，"时候"义，"天时"首见于明代，"天气"首见于元代。

　　从表19可以看出，"天时"与"天气"的"天命"义、"一定时间、地域内的自然气象情况"义、"时候"义，三者同义，受到语言的经济性的制约，势必存在竞争、分化。根据词汇演变的内部规律，成为语义场主导词的，通常是语义比较明确，又相对单一的词。"天时"的义位数更多，语义负担更重，其基本义"宜于做某事的自然气候条件"一直很稳定，从未被"一定时间、地域内的自然气象情况"义超过。而"天气"的语义负担相对轻，其"一定时间、地域内的自然气象情况"义后起，也比较符合语言使用者的求新求异的心理，且该义位自唐以来成为"天气"的基本义后一直很稳定。因此，"天气"比"天时"更有竞争力，最终替换了后者。

五 "天时"在南方方言中的存留

上文提到的这个替换过程，主要发生在官话中，"天时"在南方方言中一直有所存留，从一个通语词逐渐变为一个方言词。近代汉语文献中仍使用"天时"表示天气的，除个别袭用古语的，其他主要是受方言影响。如宋代语料中仍用"天时"的，作者大多是南方人或长期在南方生活：

（52）半雨半晴模样，乍寒乍热天时。（刘过《临江仙·四景》）

（53）楚乡易得天时恶，风雨长如约。（杨无咎《醉花阴·楚乡易得天时恶》）

（54）不寒不暖，裁衣按曲，天时正好。（晏殊《连理枝·绿树莺声老》）

（55）无酒无诗情绪，欲梅欲雪天时。（周晋《清平乐·图书一室》）

（56）杨大芳尝为明州高亭盐场，场在海中，或天时晴霁，时见如匹练横天，其色淡白。（周密《癸辛杂识·续集上·短蓬》）

刘过、杨无咎、晏殊均为江西人。周晋和周密祖籍济南，但长期寓居吴兴（今浙江湖州）。明清时期，"天时"所见用例亦多出自南方文人笔下：

（57）霄汉无云丽日垂，一春才见好天时。（明代黎淳《黎文僖公集》卷三《金台送别为邵性》）

（58）真为濠濮想，恰恰好天时。（明代凌义渠《凌忠介集》卷一诗《过临淮》）

（59）青轩红丽蕊，第一好天时。（明代袁宏道《袁中郎全集》卷三十六《花朝日呈伯修其二》）

（60）四月将已近，天时早炎热。（清代吴伟业《廿五日游石公山诸胜》）

（61）赧此好天时，邻畴语交缅。（清代李邺嗣《杲堂诗文钞》卷三《次陶公怀古田舍二章》）

（62）芸曰："幸天时已暖，前途可无阻雪之虑，愿君速去速回，勿以病人为念。君或体有不安，妾罪更重矣。"（清代沈复《浮生六记》卷三）

黎淳，湖广华容人。凌义渠，浙江湖州人。袁宏道，湖广公安人。吴伟业，江苏太仓人。李邺嗣，浙江鄞县人。沈复，江苏苏州人。可见，清代南方方言中仍保留着"天时"。

明代闽南语戏文中亦主要用"天时"，而鲜用"天气"。《荔镜记》中"天时"有7例，而"天气"仅1例：

（63）（旦、贴）元宵景，好天时，人物好打扮，金钗十二。（《荔镜记》第六出）

（64）（旦）六月天时困迨，春卜返去越自心闷。（《荔镜记》第二十出）

《金花女》中"天时"2例，不见"天气"：

（65）（旦）春风和气好天时，莺声燕语挫人耳；行出厅堂看景致，小心近前到嫂边。（《金花女·姑嫂赏花》）

（66）（丑）阿爹天时透风，无物卖。（《金花女·借银往京》）

清代闽南戏文仍用"天时"：

（67）（旦丑合唱）春光明媚好天时，桃李争光锁南枝；月上海棠子规啼，一翦梅花今都结子。（清乾隆刊《同窗琴书记戏文·英台赏花》）

（68）劝郎莫做风流子，天时寒冷到更残。（《清道光咸丰闽南歌仔册·潘必正陈妙常诗》）

不仅闽南语，闽东语也是如此。清代琉球华人学习汉语官话的课本亦用"天时"。琉球华人多为闽人后裔，且不少对话的语境即为福州，所以虽是官话，但掺杂了一些福州话语词。琉球官话课本《官话问答便语》中6例全用"天气"；《白姓官话》中"天时"5例、"天气"4例；《学官话》中"天时"1例、"天气"5例。

（69）今日天时清凉，你们大家出去走走玩玩解解闷，好不好呢？（《白姓官话》）

（70）如今天时冷了，国王差官来问，你们有冬衣没有，好做些来送你们穿。（《白姓官话》）

（71）天时热，请升冠，衣服请宽一宽，盘桓了去。（《学官话》）

可见，清代官话中用的是"天气"，当时的福州话中则仍常用"天时"。

至今闽南方言泉漳片、潮汕片、雷琼片都仍以"天时"为主。雷州话"天时无正"，指天气反常，"耶气仔天时无正，失里寒，失里热，病侬多（这阵子天气反常，忽冷忽热，病人多）"。电白的雷话和哎话（客话的一种）也都用"天时"。海口话"今年天时好，釉丰收（今年天气好，稻子丰收）"，"近来天时无好，细团会生病（近来天气不好，小孩会生病）"。

而台湾的闽南语则改用"天气"。《台湾闽南语辞典》中"天气变化情况"只收录了"天气"一词，没有"天时"。《台湾闽南语常用词辞典（网络试用版）》"天时"的释义是"自然有利的时机"，而词目"天气"释义为"天候。在一定的区域和时间内的气温、湿度、气压、风向和雨量等状况"。例："今仔日天气无好，你出门的时爱会记得扎雨幔。（今天天气不好，你出门的时候要记得带雨衣。）"可见，台湾话中的"天时"已被"天气"替代了。

除了闽南方言，不少南方方言至今也仍存留"天时"。根据《方言大词典》，仍用"天时"的方言地区包括：西南官话区的四川奉节①、赫章；吴语区的浙江苍南金乡、温州；客话区的福建长汀、永定下洋，广东惠州、东莞清溪等；粤语区的广东广州、佛山、珠海等；闽语区的福州、建瓯、莆田、仙游、厦门，广东汕头、潮州等地。现代吴语的主要方言点中该词已消失。《福州方言词典》"天时"只写了"年成、年景"义，也可见福州话中的"天时"逐渐消亡了。广州话中则"天时""天气"并用。但整体而言，粤语和闽语地区还是较多保留了"天时"。

综上，"一定时间和地域内的自然气象情况"这一概念，先秦至西汉尚未成词，东汉时期"天时"用于表达"一定时间和地域内的自然气象情况"这一概念，通行于南北方，直至唐初。"天气"表达这一概念萌芽于南北朝后期，到唐代稳定成熟，且该义位成为基本义。受到语言经济原则的制约，后起的"天气"语义负担较轻，语义相对明确，在唐代中后期替换了"天时"，并逐渐成为比较常用的词，盛行于近代汉语时期，并沿用至今。而不少南方方言没有发生这一替换过程，仍保存了"天时"。至今不少闽、粤语区仍用"天时"，但台湾、福州等地区受普通话的影响已渐改用"天气"。

第三节　中古新生词"眠床"

《南齐书·良政传·虞愿》："褚渊常诣愿，不在，见其眠床上积尘埃，有书数袠。渊叹曰：'虞君之清，一至于此。'令人扫地拂床而去。"

眠床，卧具，定中结构构词，古代床为坐卧之具，既是坐的家具，又是卧、睡觉的家具。如《礼记·内则》："父母舅姑将坐，奉席请何乡；将衽，长者奉席请何趾，少者执床与坐。"陈澔集说："床，《说文》云：'安身之几坐。'非今之卧床也。"此例"床"为坐具。《诗经·小雅·斯干》："乃生男子，载寝之床。"郑玄笺："男子生而卧于床，尊之也。"此例"床"为卧具。"床"前加"眠"，则明确称睡卧的家具为"眠床"，与

---

① 按四川奉节现为重庆奉节。

坐具的"床"区别开。

一　"眠床"始见于中古汉语南方方言

"眠床"一词始见于南北朝时期，基本见于南朝语料，是一个典型的南方口语词。汪维辉亦认为"眠床"未见于同时期北方文献①。

（1）时偷罗难陀比丘尼主人，新取妇，妇以严身具与令着。着已，覆头眠床上。（南朝宋佛陀什共竺道生等译《五分律》卷第十四 T22/96a21）

（2）持之（九茎紫茵琅葛芝一斤）南行，取己所住户十二步，乃置眠床头按上。（南朝梁陶弘景《周氏冥通记》卷四）

（3）遗诫于双林山顶如法烧身，一分舍利，起塔于冢，一分舍利，起塔在山，又造弥勒像二躯，置此双塔，莫移我眠床，当取法猛上人，织成弥勒像，永安床上，寄此尊仪，以标形相也。（《全陈文》卷十一徐陵《东阳双林寺傅大士碑》）

二　"眠床"在近代汉语南方方言中的继承

唐宋时期，"眠床"甚少见，偶见于诗歌，或见于带有南方方言色彩的语料。

（4）马谙频到路，僧借旧眠床。（唐代李建勋《闲游》）

（5）眠床都浪置，通夕共忘疲。（元稹《酬段丞与诸棋流会宿弊居见赠二十四韵》）

（6）后有行客自长沙市中见携手话旧，寄言与崇寿院主，……我眠床刍荐下层有纸裹肉脯屑，必应腐败，为弃之。（宋代释赞宁《宋高僧传·周杭州湖光院师简传》T50/852a14）

---

① 汪维辉：《六世纪汉语词汇的南北差异——以〈齐民要术〉与〈周氏冥通记〉》，《中国语文》2007年第2期。

元明清时期，"眠床"出现比较多，仍大都见于带有南方方言色彩的语料。

（7）屋上又无瓦盖，夜间月照为灯；眠床没有两脚，席子只剩麻筋；枕头土墼来做，酒瓶便当尿瓶。（《全元南戏》徐㲄《杀狗记》第八出）

（8）不料是日还在眠床上，外面就传板进来报。（明代冯梦龙《醒世恒言》第二十九卷）

（9）一个胖憨憨好座肉眠床，一个瘦伶伶似只瘦鸭子。（明代陆人龙《型世言》第二十九回）

（10）（杂）三十六着走为上着，等他到来，你去你女儿房中，躲在眠床脚下。（清代杨潮观《吟风阁杂剧·汲长孺矫诏发仓》）

冯梦龙苏州人、陆人龙钱塘人、杨潮观江苏人，三人均是南方人。

三 "眠床"在现代汉语南方方言中的继承

"眠床"一词从南朝出现以来就一直基本见于带有南方语言色彩的语料，是一个典型的南方方言词语，至今仍然保留在不少南方方言中。据《方言大词典》"眠床"条，眠床主要保留在吴语、客家话、闽语中。吴语如上海作家程乃珊《秋天的盼望》："人们开始恋起那张软乎乎的眠床了。"[1] 客家话如"倕屋家有一张六尺阔个大眠床（我家有一张六尺宽的大床）"。[2]

《闽南歌仔册·居家必用千金谱歌》："先做长案八仙桌……红眠床。"《新刊台湾林益娘歌》："洪非食醉微微，倒落赞叔眠床边。"又"去到益娘眠床边"。《绣像王抄娘歌》："不知眠床在何方。"台湾话"囡仔大汉了后，眠床就爱换新的矣（小孩长大之后，床铺就要换新了）"。福州话"这架眠床野大（这张床很大）"。

---

① 《汉语方言大词典》第 4823 页引此例为吴语的例证。
② 张维耿：《客家方言标准音词典》，广东人民出版社，2020 年，第 186 页。

闽语中的"床"比较特别，对古汉语中的"床"既有继承，又有发展。有的闽方言中"床"单说可以指卧具，但更多指桌子，有的甚至还可以指长凳，而"眠床"才明确指睡卧用的寝具。《大词典》中"床"条没有"桌子"的义项。但是早期床并非单纯的睡卧家具，常常兼作其他用途，读书学习、饮食、休息均可以在床上进行，故而也不难理解闽语中"床"为何可作"桌""凳"解。如闽南语潮汕片单说"床"常常指桌子，"圆床"指圆桌，"饭床"明确指"饭桌"，"眠床"才是指睡觉的床。睡觉的床，若单说，则用"铺"。广东电白雷话也属于闽南语，雷话里的"床"也既指休息用的床，又指桌子，如"双人床""食糜床（饭桌）""床团（桌子）"，雷话中的卧具用的是"寐床"。

综上，"眠床"始见于南朝语料，是一个典型的南方方言词，在南朝通语中使用，但一直没有进入汉语通语系统，主要保留在南方方言中，现代南方方言也继承了该词。

第四节　中古新生词"才调"

《南齐书·到㧑传》："㧑资籍豪富，厚自奉养，宅宇山池，京师第一，妓妾姿艺，皆穷上品。才调流赡，善纳交游。"

这里"才调"的意思是"才气，多指文才"。"才调"为近义联合构词。"才"指才气、才华，"调"亦有"才气、才情"之义。《大词典》"调"一条收录了该义项，例引《三国志·蜀书·孟光传》："吾今所问，欲知其权略智调何如也。"

一　"才调"始见于中古汉语

"才调"是中古汉语时期的新生词之一。《晋书·王接传论》："王接才调秀出，见赏知音，惜其夭枉，未申骥足。"《汉魏南北朝墓志汇编·北魏·魏故华州别驾杨府君墓志铭》："及登庠序，才调秀逸。"该词在中古语料中出现频率不高，例子很少，但南北方语料均见，没有明显的地域性。

二　"才调"在近代汉语中的继承与变化

近代汉语时期沿用，使用地域范围逐渐缩小，逐渐呈现地域分化的趋势。唐代"才调"一词的地域分化尚不明显，通语中仍见使用，用例比中古时期明显增多，《全唐诗》、唐传奇中颇为常见。

（1）宣室求贤访逐臣，贾生才调更无伦。（李商隐《贾生》）

（2）苏小风姿迷下蔡，马卿才调似临邛。（温庭筠《春暮宴罢寄宋寿先辈》）

（3）素闻十郎才调风流，今又见仪容雅秀，名下固无虚士。（《霍小玉传》）

（4）薛涛者，容姿既丽，才调尤佳，言谑之间立有酬对。（《鉴诫录》卷十《蜀才妇》）

自宋代以来，"才调"开始出现地域分化，更多出现在南方文人的诗词中。

（5）华发郎官才调美，更将新句续遗篇。（宋代欧阳修《扶沟知县周职方录示白鹤宫苏才翁子美赠黄道士诗并盛作三绝见索拙句辄为四韵奉酬〈熙宁元年〉》）

（6）古郡登临足胜游，使君才调更风流。（苏舜钦《和丹阳公素学士晚望见怀》）

（7）执简曾闻侍玉螭，谪仙才调尽推奇。（陆游《又送李舍人赴阙》）

（8）绿发公侯何足浣，自是无双才调。（陈深《贺新郎·风流别乘当英妙》）

（9）风流处、别是英雄才调。（陈著《真珠帘·寿孙古岩》）

（10）雪窦有这般才调，急切处向急切处颂，缓缓处向缓缓处颂，风穴亦曾拈，同雪窦意。（《碧岩录》卷第三 T48/165b14）

欧阳修吉州永丰人（今江西）、苏舜卿梓州铜山县人（今四川）、陆游越州山阴人（今浙江）、陈深平江人（今湖南）、陈著鄞县人（今浙江），均是南方人。《碧岩录》是南方禅宗语录的代表作，也是带有南方方言色彩的语料。

随着元朝统一南北，"才调"也偶见于一些口语性强的北方语料中：

（11）凭着满腹才调，非咱心傲。（《全元杂剧》金仁杰《萧何月夜追韩信》第一折）

（12）听绝诗句猛然惊，早是他内性儿聪明，才调儿清正。（《全元杂剧》张寿卿《谢金莲诗酒红梨花》第二折）

（13）哥哥去朝中安邦定国，展你那胸中才调，扶持主上，可不强似在此耕种也。（《全元杂剧》郑光祖《立成汤伊尹耕莘》第二折）

明清以来"才调"虽有所沿用，如《水浒传》第七十九回："那人深通韬略，善晓兵机，有孙、吴之才调，诸葛之智谋，姓闻名焕章，见在东京城外安仁村教学。"但使用地域范围已经明显缩小，通语中很少见，基本见于带有南方方言色彩的语料，而且多是口语性强的语料，可见在南方方言中仍是口语词。

（14）我见你德性又好，才调又好，并不曾把偏房体面待你，为何不向我说句实话？（明代《石点头》第十回）

（15）哥哥你运彩毫，多才调，一字字见出风标。（明代孟称舜《娇红记》第九出）

（16）以官人的大才调，来到个甚么小去处，拼用几百银子，取功名等拾芥耳。（清代《醋葫芦》第十四回）

（17）郝氏道："好有趣呀！我看你生得如此容颜，又有这些才调。老娘何福，得你为女？"（清代《姑妄言》第三卷）

三　"才调"在现代南方方言中的继承与变异

"才调"在普通话中成为书面语词，在口语中很少使用，而在闽南语中仍然是活跃的口语词，而且词义进一步发展、泛化。

福建厦门话中"才调"可以指"本领、本事"，此义最为常用，还可以指"胆量、骨气"，还可以作形容词，指"能干"。[①] 台湾话中"才调"

---

① 《汉语方言大词典》，中华书局，1999 年，第 318 页。

的意思是"本事、能力",如"有才调你早就考牢矣!(有本事你早就考上了!)"①广东闽语雷州话中"才调"指"才干、能力",如"耶后生囝岁识何少,但是识何有才调(这年轻人岁数很小,但是非常有能力)"。②海南闽语海口话"才调"也指"才干、能力",如"汝才调好,能做能写"。③广东闽语潮汕话中则很少用该词。

---

① 《台湾闽南语常用词辞典(网络试用版)》,http://twblg.dict.edu.tw/holodict_new/index.html.

② 张振兴、蔡叶青编纂《雷州方言词典》,江苏教育出版社,1998年,第159页。

③ 李荣主编、陈鸿迈编纂《海口方言词典》,江苏教育出版社,1996年,第39页。

第六章 动词类："参详" "起" "乞"

第一节 中古新生词"参详"

《南齐书·吕安国传》："郢、司之间，流杂繁广，宜并加区判，定其隶属。参详两州，事无专任，安国可暂往经理。""参详"是中古汉语时期新生的词语之一，本义是"参酌、详审"，引申为"讨论、商量"之义。

一 "参详"的"参酌、详审"义

"参详"始见于东汉，本义是"参酌、详审"。参酌、详审，可以是一个人独自斟酌、审察。如：

（1）唯明主参详，使白黑分别。（《汉书·王尊传》）

（2）其有老落笃癃，不堪从役，或有饥寒之色，不能自存者，区分处别，自当参详其宜。（《全晋文》卷二十二王羲之《临护军教》）

"参详"也可以借助旧例、典籍来参考、斟酌，因而带有"参考、斟酌、审察"的意思。

（3）其参详旧典，务从宽仁。（《魏书·刑罚志》）

（4）帝又参详典故，自制嘉名，著之于令。（《北史·后妃传上》）

（5）于是采听人谣，参详国典，撰成《谏录》，凡为五卷，亦犹

平仲《春秋》，不遗其实录。（《魏郑公谏录·序》）

二　"参详"的"讨论、商量"义

"参详"可以多人一起斟酌、详审，进而引申出"讨论、商量"的意思，在这一义位上和"商量""讨论"近义。这一义位晋南北朝时已见，《大词典》未收此义。

（6）愿陛下更深与太宰参详，勿令远近疑惑，取谤天下。（《晋书·惠羊皇后传》）

（7）参详并同俭，议遂寝。（《宋书·礼志五》）

（8）臣等参详，宜增邑一千五百户。（《魏书·彭城王勰传》）

该义位唐代亦沿用，而且见于注疏语言、敦煌变文之类口语性较强的语料。

（9）愿君侯与博览者参之。（《汉书·谷永传》）唐代颜师古注曰："参详其事。"

（10）预参详于诏狱，叨奖渥于宸阶。（唐代陈子昂《为陈舍人让官表》）

（11）国王躬驾监其能，百揆参详辨得失，幸愿和尚说情怀，进退分明须一述。（《敦煌变文集新书·降魔变文》）

三　"参详"的"思量、琢磨"义

唐以后"参详"的"讨论、商量"义使用就不多了，而是开始发展出另一个义位"思量、琢磨"。

《敦煌变文集新书》中"参详"出现4例，旧义位1例（即上文所引《降魔变文》例），新义位3例，举例如下：

（12）心头托手细参详，世事从来不久长。（《频婆娑罗王变文》又见于《频婆娑罗王后宫彩女功德意供养塔生天因缘变》）

（13）至亲骨肉须同食，深分交朋尚并粮，祇对语言宜款曲，领承教示要参详。（《温室经讲唱押座文》）

宋元以来该义位成为"参详"一词的基本义位。宋代的禅宗语录《碧岩录》中"参详"共4例，《古尊宿语录》中3例，《五灯会元》中1例，《景德传灯录》中1例，都是该义位。

（14）自是雪窦见处如此，尔诸人又作么生得此门开去，请参详看。（宋代《碧岩录》卷第一）

（15）你若实未得个入头处，且中独自参详。（《古尊宿语录》卷十五 X68/94b24）

（16）僧问法灯："百尺竿头如何进步？"灯云"恶。"由是每日参详，至于吃粥吃饭时，未尝离念。（《古尊宿语录》卷三十二 X68/207b21）

《全元杂剧》中23例，均是该义位。

（17）我不念经强如人咒骂你，你仔细参详八句诗中意。（孔文卿《地藏王证东窗事犯》）

（18）你自己参详去，莫要误了我围棋。（李文蔚《破符坚蒋神灵应》）

（19）着主公坐在那难走难逃筵会上，你心下自索参详，自度量，不比寻常，他则待赚虎离窝入地网。（无名氏《刘玄德醉走黄鹤楼》）

这个新义位在明清时仍见使用。

（20）真真好心肠，唤情郎，你可仔细参详，怕的是热心的冤家薄幸的郎，把奴丢在一旁，奴可受不惯凄凉，哎哟受不惯这凄凉。

（《明清民歌时调集·白雪遗音》卷三）

（21）又参详了半日，说："呀，不妙了！莫非他改了三甲了罢？"（《儿女英雄传》第三十六回）

（22）你两次托梦，我是个老实人，不会家参详的，又不知你待要如何。（《醒世姻缘传》第三十回）

明清时期一些语料中，"参详"与它的第一义位"参酌、详审"相似，但更准确地来说是"审定、裁决"的意思。

（23）士美曰："此可信矣。但老爷参详有无奸情，生死明白。"（《皇明诸司廉明奇判公案》下卷）

（24）遂写申文，把游祎一干人犯，遂解入刑馆郭爷处参详。郭爷看了申文，心中已有了。（《郭青螺六省听讼新民公案》卷二）

（25）这如今或是那一员堪任正都督，或是那一员堪任副都督，先许五府侯伯指名推来，次用六部官签名保结，次后本兵官裁定参详，请旨定夺。（《三宝太监西洋记》第十五回）

四 "参详"的"讨论、商量"义消失的原因

上文提到"参详"可以多人一起斟酌、详审，因此带有"讨论、商量"的意思，在这一点上和"商量""讨论"近义。但表达这一意思的"商量""讨论"同时期已经有了，而且使用比较多，某种程度上制约了"参详"的"商量"义的发展。

"讨论"一词出现比较早，《论语·宪问》："为命，禆谌草创之，世叔讨论之。"侧重于"探讨、评论"之义，大约在中古时期出现"共同商讨"的意思，《南史·儒林传·顾越》："弱冠游学都下，通儒硕学，必造门质疑，讨论无倦。"

"商量"一词也出现于中古汉语时期。《全后汉文·阙名·令曹全碑》："收合余烬，芟夷残进，绝其本根，遂访故老，商量俊艾王敞、王毕等，恤民之要、存慰高年，抚育鳏寡，以家钱籴米粟。"《易·兑》："商兑未

宁。”三国魏王弼注：“商，商量裁制之谓也。”《魏书》中“商量”出现 5次。《魏书·甄琛传》：“今之博士与古不同，唯知依其行状，又先问其家人之意，臣子所求，便为议上，都不复斟酌与夺，商量是非。”《公孙表附公孙邃传》：“当斟酌两途，商量得失，吏民之情，亦不可苟顺也。”《食货志》：“臣等商量，请依先朝之诏，禁之为便。”

唐代以来“商量”使用远多于“共同斟酌、审定”义的“参详”，而此时“参详”已转向“思量、琢磨”义。《礼记·少仪》：“事君者，量而后入，不入而后量。”唐代孔颖达疏：“‘事君者，量而后入’者，凡臣之事君者，欲请为其事，先商量事意堪合以否，然后入而请入。”前代用“量”，唐代用“商量”解释，可见“商量”在唐代比较常用。《敦煌变文集新书》“商量”有 25 例。《敦煌变文集新书·维摩诘经讲经文》：“此时有事商量，维摩卧疾于毗耶，今日与吾问去。”《庐山远公话》：“弟子只在西边村内居住，待到村中与诸多老人商量，却来与和尚造寺。”《韩擒虎话本》：“二将商量，两道行军，各二十余万。”《入唐求法巡礼行记》中“商量”9 例，没有出现“参详”一词。卷第二：“廿九日，北风吹，令新罗译语道玄作谋留在此间可稳便否，道玄与新罗人商量其事。”卷第四：“过廿一日，到莱州界峄山，诸人商量。”其他口语性强的语料也基本用“商量”。《封氏闻见记·任使》：“诸将欲见太尉论事，太尉辄令与张参判官商量。”《河东记·韦齐休》：“今某尸骸且在，足宽襟抱，家事大小，且须商量，不可空为儿女悲泣，使某幽冥间更忧妻孥也。”《霍小玉传》：“未至家日，太夫人以与商量表妹卢氏，言约已定。”《祖堂集》“商量”2 例，“参详”1 例，“参详”是“琢磨、思量”义。卷第四《丹霞和尚》：“庆云：‘教某甲共阿谁商量？’”

可见在唐代，表示“讨论、商量”这一概念，“商量”已经取代了“参详”。同时“参详”的本义和“讨论、商量”义也已经被“琢磨、思量”义取代。

五　闽语中的“参详”

闽南语中却很特别，至今仍用“参详”表示“讨论、商量”义，而不用“商量”一词。可见，唐代“参详”发生的词义演变和“商量”对

"参详"的替换，没有发生在闽南语中。

（26）光绪掠话应鸿章，乎伊打算免参详（光绪把话应鸿章，让他作打算，不需要商量）。（《闽南歌仔册选注·新刻手抄台湾民主歌》）

（27）日本块通李鸿章，前时后日有参详（日本又暗通李鸿章，前后有商量）。（《闽南歌仔册选注·新刻手抄台湾民主歌》）

《方言大词典》中"参详"出自闽南语厦门话、台湾话、广东潮汕话，另外，湘语也有"参详"一词，但是意思是"参考"。

福建厦门话中"参详"既指"商量；磋商"，又指"盘算；斟酌"①，与中古时期"参详"的两个义位基本一致。如"有代志卟俗伊参详"。

《台湾闽南语常用词辞典（网络试用版）》："参详，'商量、交换意见'。例：'这件代志咱有需要参详一下！'"

广东潮汕话"参详"现在主要指"商量；磋商"。从翁辉东《潮汕方言·释言》记载看来，早期潮汕话亦有"参详"的本义"斟酌、详审"义："俗以参究事体为参详，即参决也。《元史》：'日值内庭，参决机务。'详，端也。参详者参究审详也。"

而广东雷州半岛和海南岛的闽语中"参详"可能比较少使用了，《海口方言词典》《电白方言志》《雷州方言词典》均未收"参详"。但据我们调查，海南定安还是用"参详"表示"商量"。福建其他闽语很可能也不用"参详"一词了，《福州话词典》《福建省志·方言志》中均未收录该词。

综上，从历时的角度来看，"参详"表示"参酌、详审"和"讨论、商量"的意思主要在中古汉语时期，从现代汉语方言角度来看，"参详"的两个义位主要在闽南语中。唐代时"参详"发生的词义演变和"商量"对"参详"的替换没有发生在闽南语中。

我们在考察"参详"的语义发展史时，发现元代有一个语料比较特别。元刊《全相平话五种》中"参详"出现 4 例，都是"商量"的意思，都出现在《三国志平话》中。

---

① 《汉语方言大词典》，中华书局，1999 年，第 3767 页。

（28）冀王无语。又言："皇叔起军，宜与众官款慢参详，然后起军未晚。"（《三国志平话》卷中）

（29）吾使一计，众合情，将至笔砚，手心里写；众人意同，此计当也；众意不同，当以参详。（《三国志平话》卷中）

（30）讨虏与众官参详，将粮食献与荆王，借路，令周瑜收川。（《三国志平话》卷中）

（31）众官读罢手诏，皇叔言曰："可以参详。倘若关、张二将得知，定杀曹操。曹操坐起，常有十万军、百员将，两壁相并，把长安变为尸山血海。"（《三国志平话》卷中）

而"商量"一词有2例，出现在《秦并六国平话》中。

（32）赵高与李斯商量诈作诏书，差使命往长城杀太子扶苏并那蒙恬，却立二世为君。（《秦并六国平话》卷上）

（33）话说楚国幽王，会集文武大臣，商量提备秦兵公事。（《秦并六国平话》卷中）

按理在表示"共同磋商"这一意义上，"商量"早在唐代就已经取代了"参详"，为什么会出现这样的情况呢？

周文曾推测《全相平话五种》的作者可能为福建人，他提出的理由有三：

首先，《全相平话五种》在福建刊刻，可能这五种平话即为当地说书艺人所作。其次，李宜涯分析了《全相平话五种》中反映道教文化的情节之后认为："平话所描述的道教法术为南方正一教和玄教的特色，其中道教法术特别强调的是正一教中的符箓派和五雷派的特色，而此二派系在福建、广东地区特别盛行，极有可能平话作者为当地人士，受到本地道教的影响，而在该地著作。"最后，《全相平话五种》中多次用到敬词"贤"，而今天的福建方言中仍有此用法。①

---

① 周文：《〈全相平话五种〉语词研究》，湖北人民出版社，2009年。

从语言的角度，我们也认为作者当是福建人，这就是为什么"参详"比"商量"使用得多。同时我们也发现《全相平话五种》中表示"特定时间、地域内的气候情况"恰恰用的是"天时"，而不是"天气"，这也证明该书语言带有闽语特点。因为在通语系统中，"天气"最迟在唐末已经取代了"天时"，而这个替换过程没有发生在闽语中，至今大多数闽语口语中还用"天时"，而甚少用"天气"。《全相平话五种·三国志平话》："张表曰：'当日天时昏暗，我军不惯甲，马不被鞍；后有大势军来，以此失了杏林庄寨。今有张飞一十三人，张表将了五千军，必捉了张飞！'"从语言的角度来看，《三国志平话》的语言确实有闽语的痕迹。

第二节 "起"的"修建、建造"义

《南齐书》表示"修建、建造"的语义场中有 14 个词（详见上编第三章第一节），"起"出现 36 次，仅次于"立"，居该语义场的第二位。"起"是中古时期表示"修建、建造"义的常用词。

《说文·走部》："起，能立也。从走，巳声。"段玉裁注曰："起本发步之称。引伸之训为立。又引伸之为凡始事、凡兴作之称。""起"本指由静止到迈开步子，可以指由躺而坐，由坐而立，引申指站立，又引伸指所有事情或动作的开始。因而，一栋建筑从无到有的修建亦可称为"起"。

一　汉代

"起"的"修建、建造"义最早见于汉代。[①] 《吴越春秋》和《越绝书》中"起"的该义位出现非常多。《吴越春秋》中"起"出现 25 次，有 10 次是"修建、建造"义；《越绝书》中"起"出现 20 次，有 8 次是"修建、建造"义，都占了 40%。

（1）五日遗之巧工良材，使之起宫室以尽其财。（《吴越春秋·勾践十年》）

---

① 《汉语大词典》该义项首引《汉书》。

（2）子胥谏曰："王勿受也。昔者，桀起灵台，纣起鹿台，阴阳不和，寒暑不时，五谷不熟，天与其灾，民虚国变，遂取灭亡。大王受之，必为越王所戮。"（《吴越春秋·勾践十年》）

（3）太守府大殿者，秦始皇刻石所起也。（《越绝书·外传记吴地传》）

这两部书的内容虽然是春秋时期吴越两国争霸的事情，但我们不认为这是先秦时期的语言现象。《吴越春秋》的作者赵晔是东汉会稽山阴（今浙江绍兴）人。《越绝书》的作者和成书时期争议很多，有学者认为作者是东汉时期越地人。我们考察先秦时期的其他代表性语料，如《诗经》《左传》《论语》《墨子》《庄子》《吕氏春秋》《国语》《战国策》《战国纵横家书》《楚辞》《郭店楚简》，均不见其中的"起"有"修建、建造"义，即使到西汉时期，"起"的"建造、修建"义出现比例也没有那么高，故而我们认为这两书中"起"出现该义位并非上古汉语的语言现象，"起"的"修建、建造"义当起于汉代。

西汉时期"起"的"修建、建造"义还比较少见，词语组合也比较单一。《史记》中"起"出现 534 次[①]，只有 3 次是"修建、建造"义，占 0.6%：

（4）十五年，起寿陵。（《赵世家》）

（5）以吕后会葬长陵，故特自起陵，近孝文皇帝霸陵。（《外戚世家》）

（6）勇之乃曰："越俗有火灾，复起屋必以大，用胜服之。"（《封禅书》）

"起"的"修建、建造"义真正成熟和通行要到东汉时期。东汉时期，该义位出现明显增多，词语组合比较广泛。《论衡》中"起"出现 195 次，其中"修建、建造"义 6 次，占 3.1%。

[①]　本文统计"起"的出现次数，均排除作为人名的"起"。

（7）如财货富愈，起屋筑墙，以自蔽郭，为之具宅，人弗复非。（《论衡·率性》）

（8）工伎之书，起宅盖屋必择日。（《论衡·讥日》）

《风俗通义》中"起"出现29次，其中"修建、建造"义1次，占3.4%。

（9）有顷其主往，不见所得徒，反见鲍鱼……治病求福，多有效验，因为起祀舍，众巫数十，帷帐钟鼓，方数百里，皆来祷祀，号鲍君神。（《风俗通义·怪神第九·鲍君神》）

《汉书》中"起"出现865次，其中"修建、建造"义72次，占8.3%。而且从词语搭配来看，"起"可以与"第宅、庐舍、观台、宫室、土山、冢茔、园邑、堤防、亭隧、营塞、苑、殿、屋、庙、祠、堂、坟、陵、市、城"等搭配，使用非常灵活、广泛，是当时口语中一个很活跃的义位。

（10）二年春，以水衡钱为平陵，徙民起第宅。（《宣帝纪》）

（11）北却匈奴万里，更起营塞，制南海以为八郡。（《贾捐之传》）

（12）大水时至漂没，则更起堤防以自救，稍去其城郭，排水泽而居之，湛溺自其宜也。（《沟洫志》）

二　魏晋南北朝

魏晋南北朝时期，"起"的"修建、建造"义依然很常用。《国语·吴语》："今王既变鲧、禹之功，而高高下下，以罢民于姑苏。"三国吴韦昭注："高高，起台榭。"《国语·晋语》："使为元司空"，三国吴韦昭注："司空掌邦事，谓建都邑、起宫室、经封洫之属。"西晋司马彪《续汉书·百官志一》："司空，公一人。"本注曰："掌水土事。凡营城起邑、浚沟洫、修坟防之事，则议其利，建其功。"从韦昭、司马彪用"起"来作注释用语，亦可见"起"是当时用来表示"修建、建造"义的常用词。

南朝的《观世音应验记三种》中"起"出现 24 次，表示"建造"3次，占 12.5%；《世说新语》中"起"出现 62 次，表示"建造"5次，占 8%。《南齐书》中"起"出现 340 次，表示"建造"36 次，占 10.6%。《周氏冥通记》中"起"出现 23 次，表示"建造"2次，占 8.7%。

《观世音应验记三种》中"起"表示"修建、建造"，多为"起塔"，《高荀》："若我得脱，当起五层塔供养众僧。""荀竟起塔供僧。"《裴安起》："安起为成都县堺起一塔。"《世说新语》中表示建筑房屋等多用"起"。《豪爽》："晋明帝欲起池台。"《栖逸》："在剡为戴公起宅。"《巧艺》："魏明帝起殿。""后锺兄弟以千万起一宅。"《任诞》："冰为起大舍，市奴婢。"《周氏冥通记》卷三："于时至尊垂恩，为置宋长沙道士二廨，并左右空地于此廨西，复为起观前左右。"卷四："其此数句中，为起屋事恒伟惶不作。"

《南齐书》中"起"的"修建、建筑"义不仅使用频率高，该义位在"起"的词义系统中也是比较主要的义位。《南齐书》中"起"字出现 340次，表示"修建、建造"义 36 次，占 10.6%。而且"起"的"修建、建造"义搭配范围非常广泛，如《明帝纪》："罢世祖所起新林苑。""废文帝所起太子东田。"《东昏侯纪》："更起仙华、神仙、玉寿诸殿。"《礼志上》："起渭阳五帝庙。"《五行志》："世祖起禅灵寺。""世祖起青溪旧宫。"《王延之传》："帝即敕材官为起三间斋屋。"《豫章文献王传》："诸王邸不得起楼临瞰宫掖。"《王俭传》："以材柱起宣阳门。"《垣崇祖传》："堰北起小城。"《张敬儿传》："敬儿于襄阳城西起宅。"《王僧虔传》："起长梁斋。"《高十二王传·始兴简王鉴》："上为南康王子琳起青阳巷第新成。"《虞悰传》："起休安陵。"《虞愿传》："以孝武庄严刹七层，帝欲起十层。"《东南夷列传·林邑国》："教林邑王范逸起城池楼殿。"可见是很常用的口语词。

北朝的《洛阳伽蓝记》中"起"出现 129 次，表示"建造"9次，占 7.0%；北魏吉迦夜昙曜《杂宝藏经》中"起"出现 28 次，表示"建造"5次，占 17.9%；《颜氏家训》中"起"出现 14 次，表示"建造"1次，占 7%；《魏书》中"起"出现 806 次，表示"建造"11 次，占 1.4%。

可见在北朝通语中也颇常用。"起（建造义）"在中古汉语时期南北方通用。

（13）王于四角起大高楼，多置金银及诸宝物。（《洛阳伽蓝记》卷五）

（14）王有第一夫人，毗婆尸佛入涅槃后，盘头王以佛舍利，起七宝塔。（《杂宝藏经》T04/458b19）

（15）岂令罄井田而起塔庙，穷编户以为僧尼也？（《颜氏家训》卷五）

（16）第宅卑陋，出镇后，其子弟颇更修缮，起堂庑。《魏书·长孙道生传》

三　唐宋元明清

近代汉语前期，"起"的"修建、建造"义沿用，但趋于减少。唐代的《朝野金载》中"起"出现63次，"建造"义3次，占4.8%。《酉阳杂俎》中"起"出现130次，"建造"义7次，占5.4%。《入唐求法巡礼行记》中"起"出现65次，"建造"义1次，占1.5%。《东观奏记》中"起"出现37次，"建造"义1次，占2.7%。《祖堂集》中"起"出现240次，"建造"义7次，占2.9%。《敦煌变文集》中"起"出现267次，"建造"义3次，占1.1%。唐代"起"的"建造"义前期使用还比较多，后期则比较少，从分别带有南方、北方方言特点的《祖堂集》和《敦煌变文集》的情况比较来看，南方使用依然比北方多。

（17）又商州有人患大疯，家人恶之，山中为起茅舍。（《朝野金载》卷一）

（18）元稹在江夏襄州买暨有庄，新起堂，上梁才毕，疾风甚雨。（《酉阳杂俎》卷八）

（19）见说仙台高百五十尺，上头周圆，与七间殿基齐；上起五峰楼，中外之人尽得遥见。（《入唐求法巡礼行记》卷第四）

（20）一万粒则纳官家，一万八千粒则三处起塔。（《祖堂集》卷五）

（21）时诸天人，寻即为起众宝妙塔，供养舍利。（《敦煌变文集新书·佛说观弥勒菩萨上生兜率天经讲经文》）

明清时期"起"的"修建、建造"义已经很少使用，而且出现的例子中，多已词素化，单用的很少。《西游记》中"起"出现 1068 次，表示"建造"义 11 次，占 1%，其中单音词形式仅 3 例，以双音词形式出现的"起盖"4 例、"起建"4 例。《水浒传》中"起"出现 2081 次，表"建造"义 5 次，占 0.2%，都是以双音词形式出现，分别为"起造"2 例、"起盖"2 例、"起建"1 例。《喻世明言》中"起"出现 678 次，表示"建造"义 6 次，占 0.9%，单音词形式 2 例，双音词"起造"3 例、"起建"1 例。《警世通言》中"起"出现 670 次，表示"建造"义 1 次，占 0.1%，为双音词"起建"。《醒世恒言》中"起"出现 1372 次，没有表示"建造"义。

（22）且喜这番玉帝相爱，果封做齐天大圣，起一座齐天府。（《西游记》第五回）

（23）房舍若嫌矮，起上二三层。（《西游记》第二十三回）

（24）汪革道："此处若起个铁冶，炭又方便，足可擅一方之利。"（《喻世明言》卷三十九）

（25）于是将古庙为家，在外纠合无籍之徒，因山作炭，卖炭买铁，就起个铁冶，铸成铁器，出市发卖。（《喻世明言》卷三十九）

清代《红楼梦》中"起"出现 2478 次，表示"建造"义仅 2 次。

（26）堆山凿池，起楼竖阁，种竹栽花。（第十六回）

（27）翠缕道："他们那边有棵石榴，接连四五枝，真是楼子上起楼子。"（第三十一回）

《儒林外史》中"起"出现 610 次，表示"建造"义 0 次。《儿女英雄传》中"起"出现 1567 次，表示"建造"0 次。《官场现形记》中"起"出现 1525 次，表示"建造"义 0 次。

而明代闽南戏文《荔镜记》中"起"出现 191 次，表示"建造"义 3 次，占 1.6%，都是单音词形式。

（28）只处正是后沟乡里，高楼起在路边。（第十七出）

（29）高楼起在大路墘（干），二个娘仔避觅窗边。（第十七出）

（30）许时来谢神祇，娘娘尔圣庙，阮来全新各起。（第四十二出）

由上文分析可知"起"的"修建、建造"义在中古汉语时期使用最盛，近代汉语虽相沿用，已趋减少，明清时期该义位在通语中趋于消失。汪维辉《唐宋类书好改前代口语——以〈世说新语〉异文为例》一文也曾说，表示兴建建筑物，东汉魏晋南北朝最常用的口语词是"起"①，与本研究所得一致。

"起"的"修建、建造"义的兴起和消失过程，可以勾勒如表 20。a 表示语料中出现"起"的总次数（排除作为人名的情况），b 表示"起"表示"修建、建造"义的次数，c 表示"修建、建造"义的"起"占"起"出现总次数的比例。

表 20 "起"的"修建、建造"义的兴起和消失

时间	汉代					
书名	《史记》	《论衡》	《风俗通义》	《汉书》	《吴越春秋》	《越绝书》
a（次）	534	195	29	865	25	20
b（次）	3	6	1	72	10	8
c	0.6%	3.1%	3.4%	8.3%	40%	40%

① 汪维辉：《唐宋类书好改前代口语——以〈世说新语〉异文为例》，《汉学研究》2000 年第 2 期。

续表

时间	南朝				北朝			
书名	《观世音应验记三种》	《世说新语》	《周氏冥通记》	《南齐书》	《洛阳伽蓝记》	《杂宝藏经》	《颜氏家训》	《魏书》
a（次）	24	62	23	340	129	28	14	806
b（次）	3	5	2	36	9	5	1	11
c	12.5%	8%	8.7%	10.6%	7.0%	17.9%	7%	1.4%

时间	唐代					
书名	《朝野金载》	《酉阳杂俎》	《入唐求法巡礼行记》	《东观奏记》	《祖堂集》	《敦煌变文集》
a（次）	63	130	65	37	240	267
b（次）	3	7	1	1	7	3
c	4.8%	5.4%	1.5%	2.7%	2.9%	1.1%

时间	明代				
书名	《西游记》	《水浒传》	《喻世明言》	《警世通言》	《醒世恒言》
a（次）	1068	2081	678	670	1372
b（次）	11	5	6	1	0
c	1%	0.2%	0.9%	0.1%	0

时间	清代			
书名	《红楼梦》	《儒林外史》	《儿女英雄传》	《官场现形记》
a（次）	2478	610	1567	1525
b（次）	2	0	0	0
c	0.08%	0	0	0

四　闽语中"起"的"修建、建造"义

"起"的"修建、建造"义在普通话中已不使用，但仍保留在不少南方地区的方言中，如《方言大词典》所记主要包括以下地区：西南官话，广西柳州，回川；吴语，浙江金华岩下、苍南金乡、温州；粤语，广东广州、东莞；闽语，福建福州、厦门、福清、莆田、仙游，广东揭阳、汕头、海康。①

---

① 《汉语方言大词典》，中华书局，1999年，第4659页。

在大多数闽语中"起"是表示"修建、建造"义的常用词，闽南语中是最常用的。《福州方言词典》中有"起厝（盖房子）"。《闽南方言大词典》："起，盖、兴建、建立：起厝（盖房子）、起灶（砌灶）、起楼（盖楼房）。"《台湾闽南语常用词辞典（网络试用版）》："起，建造、搭盖。例：起厝（盖房子）。"

而普通话中常用来表示"修建、建造"义的"建"和"盖"在大多数闽南语中倒是没有"修建、建造"义。不过，海南闽语中有些地方"修建"义的"起"已被其他词取代。

第三节 "乞"的"给予"义

《南齐书》中"乞"的"给予"义出现5次，虽然次数不是很多，但是大都出现在口语性强的语料中，可见是当时的口语词：

（1）又诏曰："我识灭后，身上着夏衣画天衣……诸小小赐乞，及阁内处分，亦有别牒。……"（《武帝纪》）

（2）毁世祖招婉殿，乞阉人徐龙驹为斋。（《郁林王纪》）

（3）又云："兴祖家馇糜，中下药，食两口便觉，回乞狱子，食者皆大利。"（《王奂传》）

（4）琨谓信人曰："语郎，三台五省，皆是郎用人；外方小郡，当乞寒贱，省官何容复夺之。"（《王琨传》）

（5）军未还，遇疾，遗言曰："……刘家前宅，久闻其货，可合率市之，直若短少，启官乞足。……"（《萧景先传》）

第1例是齐武帝萧赜的遗诏，遗诏分了两部分，前部分主要对朝臣交代国政大事，语言偏文言，后面部分（即本文所引）主要交代自己的身后事，安葬和祭祀的事宜，平时贴身物品和侍从分别赏赐给哪些人，等等，语言则很口语化。

第2例同一情节在《魏书·岛夷萧道成传》中仍用"乞"："昭业素好狗马，立未十日，便毁赜所起招婉殿，以殿材乞阉人徐龙驹造宅，于其处为马埒，驰走坠马，面额并伤，称疾不出者数日。"而到《南史·齐纪下》中则改为"赐"："素好狗马，即位未逾旬，便毁武帝所起招婉殿，以材赐阉人徐龙驹，于其处为马埒。驰骑坠马，面额并伤，称疾不出者数日。"

第3例是当时兴祖的门生刘倪的口供实录，口语性很强，可见"给予"义的"乞"在南朝口语中的使用是很普遍的。而上文刘倪的口供又说："兴祖未死之前，于狱以物画漆盘子中出密报家，道无罪，令启乞出都一辨，万死无恨。"可见，当时口语中"乞"既表示"索取"，又表示"给予"。

第4、5例分别是对话和遗言，口语性也比较强。

中古汉语时期，"乞"同时有"给予"和"求取"义。"乞"表示"给予"义比"求取"义出现晚，最早见于东汉。"乞"的"给予"义多见于中古汉语时期，而且主要见于南朝语料，北朝语料甚少见。"乞"的"给予"义出现后，"乞"的"求取"义一直同时存在，两者字形相同，而语音有别，从出现情况而言，"给予"义始终没有超过"求取"义①。

一　中古汉语时期

"乞"的"给予"义最早见于东汉，是中古时期的新生义位。

东汉班固《白虎通义》中"乞"仅出现1次，为"给予"义：

（6）授绥，姆辞曰："未教，未乞与为礼也。"始亲迎，于词曰："吾子命某以兹初昏，使某将请承命。"（《白虎通义·嫁娶》）

东汉班固《汉书》"乞"仅出现两次，1次为"求取"，1次为"给予"，"给予"义例如下：

（7）妻自经死，买臣乞其夫钱，令葬。（《汉书·朱买臣传》）

---

① 我们选择了西汉的代表性语料《史记》《淮南子》《春秋繁露》《列女传》《说苑》《新序》《新书》《新语》《方言》《西京杂记》《盐铁论》，东汉的《新论》《释言》《风俗通义》《申鉴》《昌言》《论衡》《金匮要略》《吴越春秋》《越绝书》进行考察，其中的"乞"都没有"给予"义。

东汉刘珍等《东观汉记》中"乞"出现 17 次，3 次为"给予"义：

（8）邓弘收恤故旧，无所失，父所厚同郡郎中王临，年老贫乏，弘常居业给足，乞与衣裘舆马，施之终竟。（《邓弘传》）

（9）赵勤，字益卿，刘赐姊子。勤童幼有志操，往来赐家，国租适到，时勤在旁，赐指钱示勤曰："拜，乞汝三十万。"勤曰："拜而得钱，非义所取。"终不肯拜。（《赵勤传》）

（10）梁商，饥年谷贵，有饿馁，辄遣苍头以车载米盐菜钱，于四城散乞贫民。（《梁商传》）

《三国志·魏书·夏侯尚传附子玄》南朝宋裴松之注引三国魏鱼豢《魏略》：

（11）会有司奏允前擅以厨钱谷乞诸俳及其官属，故遂收送廷尉，考问竟，故减死徙边。

《世说新语》中"乞"出现 10 次①，"求取"义 8 次，"给予"义 2 次，"给予"义例如下：

（12）骥之闻命，便升舟，悉不受所饷，缘道以乞穷乏，比至上明亦尽。（《世说新语·栖逸》）

（13）嘉宾遂一日乞与亲友，周旋略尽。（《世说新语·俭啬》）

南朝梁萧绎《金楼子》中"乞"出现 7 次，"给予"义 1 次：

（14）与人游款，意好亦多不终，而奢侈无度，不爱财宝，左右亲幸者，一日乞与，或至一二百万；小有忤意，辄追夺之。（《金楼子·说蕃》）

---

① 统计中排除"乞"充当姓名的情况。

"给予"义的"乞"在语料中出现次数比较有限，没有超过"求取"义。如《南齐书》中"乞"出现46次，"给予"义5次，但大都出现在口语中。再如《晋书》《魏书》中的例子也是出现在口语中。

（15）安顾谓其甥羊昙曰："以墅乞汝。"（《晋书·谢安传》）

（16）荣便攘肘谓天穆曰："……明年简练精骑，分出江淮，萧衍若降，乞万户侯……"（《魏书·尔朱荣传》）

南北朝墓志中也有用例：

（17）吾以坐席乞汝。（北周庾信《周大将军闻嘉公柳遐墓志》）

口语性很强的《世说新语》中"乞"表示"给予"也出现了2次，可见表示"给予"义的"乞"是当时常用的口语词。

二　近代汉语时期

唐代"给予"义"乞"的出现渐少。虽偶见使用，如唐代杜甫《戏简郑广文兼呈苏司业》诗："赖有苏司业，时时乞酒钱。"有的版本则作"与酒钱"，如杜甫《所思》诗："人犹乞酒钱"。整体使用频率已不如南北朝时期。

从异文和注疏情况亦可看出"给予"义的"乞"在通语中的消亡。如上文提到的《南史》将《南齐书》中的"乞"改为"赐"。唐代孔颖达《春秋左传注疏》："乞之与乞，一字也，取则入声，与则去声也。"《资治通鉴·梁纪十》："乞万户侯。"宋末元初胡三省注："乞，与也。"从唐宋时期需要对"给予"义的"乞"做出注释、说明，可见当时一般人对其已陌生。

从孔颖达的注疏"乞之与乞，一字也，取则入声，与则去声也"可见，字形虽同，实际口语中，语音并不相同，所以口语交流时并不会产生误解。现代闽语有些地区就保留了"乞"的"求取"和"给予"两种用法，也是"求取"为入声，"给予"为去声，语音情况完全符合孔颖达所说。

"乞"的"给予"义虽然在近代汉语通语中消退了，但在一些方言中有所存留与发展。《水浒传》和《金瓶梅》中有"乞"表示被动的情况。

(18) 武大道："我的兄弟不是这等人！从来老实！休要高做声。乞邻舍家笑话。"（《水浒传》第二十四回）

(19) 李逵乞宋江逼住了，只得撇了双斧，拜了朱全两拜。（《水浒传》第五二回）

(20) 武大道："他搬了去，须乞别人笑话。"（《金瓶梅》第一回）

(21) 妇人骂道："混沌魍魉，他来调戏我，到不乞别人笑话！"（《金瓶梅》第一回）

(22) 李三道："老爹若讨去，不可迟滞。自古兵贵神速，先下米的先吃饭。诚恐迟了了，行到府里，乞别人家干的去了。"（《金瓶梅》第七十八回）

《金瓶梅》中"乞"有 56 个，4 例表示被动，其他都表示"求"。"乞"作被动介词当是方言用法，不是当时官话里的情况。被动介词"乞"当由动词"给予"义虚化而来，说明该方言中曾存在"乞"作为"给予"义常用词的情况。

三 闽语中的"乞"

《方言大词典》"乞"：动词，给。闽语。福建福州、仙游、莆田、闽侯洋里。广东汕头，海康。《晋书·谢安传》："以墅乞汝。"《集韵·未韵》："乞，与也。"李新魁《潮汕方言词考释》："我乞伊个柑。"[1] 可见，"乞"的"给予"义主要保留在闽语中。

闽南语潮汕片中"乞"的"求取"和"给予"义共存，而且"乞"是表示"给予"义的主要用词，不用普通话的"给"。普通话的"给"可

---

[1] 《汉语方言大词典》，中华书局，1999 年，第 368 页。

以表示被动，潮汕话中则用"乞"，如"个柑乞伊吃去（那颗柑橘被他吃掉了）"。

现代闽南语的厦门话、泉州话中"乞"可以作动词，表示"向人讨、祈求"，"乞雨""乞新妇"；也可以作介词，表示被动，"乞人笑""乞人唬去（被人家骗了）"，但已经没有表示"给予"的用法。台湾话、海南话的"乞"也失掉了"给予"义。

但我们认为早期福建地区的闽南语中"乞"可表示"给予"，从明清闽南戏文中"乞"的情况便可看出。

1. "乞"表示"给予"

（1）只一查某仔不识物，我捻手看大哑小，卜打手指乞你。（这个女孩子不识货，我捏捏手看大还是小，要打个戒指给你。）（明嘉靖刊《荔镜记》）

（2）呾一句好话，并送一个状元，来乞赧秀才。（说一句好话，并送一个状元，来给我们秀才。）（明万历刊《金花女·薛秀求婚》）

（3）（旦）林婆，起动你来无物通乞你。一只钗子在只乞你。（林婆，麻烦你来，没东西可以给你。这一只钗子给你。）（《苏六娘·林婆见六娘说病》）

（4）（生）酒保，娘子十分贤饮酒，那是不肯食。尔（你）会共我劝得娘子食一杯酒，我一钱艮（银）乞尔（你）。（酒保，娘子十分能喝酒，只是不肯喝。你若能替我劝娘子喝一杯酒，我给你一钱银子。）（《满天春》之二《招商店》）

（5）（丑）梁官人，袂认得，都捧若茶乞官人食了。（梁官人，不认得，都捧多少茶给官人喝了。）（清乾隆刊《同窗琴书记戏文·挨鸳鸯》）

2. "乞"表示被动

（6）桃香自小来乞人饲，受尽千般苦。（桃香从小被别人养大，受尽千般苦。）（《金花女·金花挑绣》）

（7）尔既知在心内，莫乞邻里人知机。（你既心里知道，不要被邻里人知道。）（《苏六娘·苏妈思女责桃花》）

（8）倚靠你乞先生使。（依靠你让先生使唤。）（《同窗琴书记戏文·巡视》）

　　《金花女》《苏六娘》以潮州话为主，《荔镜记》《满天春》《同窗琴书记》以泉州话为主。可见，早期福建地区的闽南语"乞"亦表示"给予"，现在的被动介词用法正是从"给予"义虚化而来的。厦门话、泉州话中"乞"的"给予"义的消失可能与其内部语义场的竞争有关。厦门话、泉州话表示"给予"义现在主要用"互""度"，这两个词也由来颇久，明清闽南戏文中亦可见，后来"乞"被"互""度"取代了。

　　综上，从历时的角度看，"乞"的给予义在中古汉语时期出现频率最高；从共时语义场角度来说，"乞"没有成为中古汉语时期"给予"义语义场的优选词。但是从《世说新语》和《南齐书》的情况来看，"给予"义的"乞"在南朝通语中是常用口语词。闽南语中的"乞"继承自中古汉语时期，没有被"给"取代，说明闽语有一些词直接继承自南朝。

结　语

　　《南齐书》是中古时期重要的史书语料。史书语言研究历来在语料的时代鉴别问题上争议比较大。从语料的时代上来说，《南齐书》虽然是萧子显入梁以后撰写的，但南朝齐历时仅二十余年，南朝梁紧承南朝齐，所以《南齐书》可谓由当代人写当代史，语料内容与语料载体时间相一致，能够比较真实地反映中古汉语的书面语和口语的情况，值得深入研究。

　　本书分上、下两编。上编主要是《南齐书》词汇本体研究，依托语料库，运用精确计量和定性描写的方法，重点探讨了《南齐书》的语料性质、词汇来源、复音化的情况、复音词的构词类型和复音化的特点等问题。

　　史书语料在汉语史研究中的使用是一个颇有争议的问题。通过对《南齐书》文言性和口语性材料的鉴别，我们发现其中的对话、手敕、供状类材料口语性是最强的，信札和诏令须区别对待，也有不少口语性很强的材料。《南齐书》的一般叙述和说明性语言，并没有刻意仿古，有中古史书语言的特点，而且仔细梳理，其中还有不少口语性成分，不可轻易忽视。

　　《南齐书》中有许多中古时期的新词新义，也有不少首见于南齐的新词新义。中古时期大量新词新义的产生与当时的时代特征有关。与上古时期相比，中古时期很多新的时代特点，政治方面从以往的以河南中原地区为中心，到分裂为南北两个中心。南北政权对峙，南北战争频仍，双方内部的政权更替也时有发生。政治、经济、社会制度等多方面较以往时代都有很大的不同。中古时期的科技也有了很大的发展，天文、历法、数学、造纸、造船、水利等有了新的发展。文化思想上较先秦和汉代也有很大的转变，从汉代的"罢黜百家，独尊儒术"，转向"儒墨之迹见鄙，道家之言遂盛"（《晋书·向秀传》）。玄学思潮的兴起带来了思想界的大解放。

文学上，**魏晋南北朝**是一个文学自觉和独立的时期。中古时期又是一个受外来文化影响的重要时期，佛教对中国的语言和文化产生了深远的影响。这些无疑都带来了新的语言需求。除了外来词和方言词，《南齐书》中新词新义产生的途径主要有语素复合、引申、典故、缩略、词汇化、词类活用固化。

中古是一个复音词大量孳生的时期，词汇系统中复音词的比例大大超过了单音词，但中古又是一个复音词新生的时期，大批新生的复音词大多为非基本词汇或处于萌芽状态，使用频率整体不如单音词高，没有在词汇系统中占主导地位。复音词的大量孳生，一方面与语言外部的时代特征有关，如上文所说的魏晋南北朝的思想、文学特点和佛教语言的影响等，另一方面单音词的发展已经到达一定限度，加之语音系统的简化，导致大量同音词产生，已经很难再满足语言发展的新需求。构词法的成熟反过来促进了复音词的孳生。《南齐书》中双音词的构词类型以合成词为主，合成词中各种构词法基本齐备，上古比较少见的主谓式、述补式、附加式都有了一定发展，各个构词法中又以偏正式和联合式的能产性最强。

下编以《南齐书》中的"侬""若（疑问代词用法）""冬节（冬至节义）""天时（天气义）""眠床""才调""参详""起（建造义）""乞（给予义）"九个词作为研究对象，分析其所反映的中古语言特色现象，对其语义、用法进行追源溯流，探讨其在现代闽语中的存遗现象，并通过汉语史和方言、方言史的互动研究，解决中古汉语和方言研究中一些存在争议的问题。

"侬"始见于晋代，多见于南朝民歌，是一个江东方言词，本质上是一个古百越语词。中古汉语时期，"侬"既有"人"义，又有自称代词用法，后者更为常见。从现代闽语和南朝语料中"侬"的词义情况分析，实义性的"人"义当是"侬"的本义，由"人"引申作自称代词。"侬"在吴语和闽语中的发展呈现为两条不同的路径。吴语中，"侬"的"人"义逐渐虚化成词缀，与三身代词结合，又通过合音，逐渐发展成为纯粹的人称代词。闽语中则以"人"义为主，兼作泛指代词，相当于普通话的"人家"，同时还成为代词复数形式的词缀。由此，我们认为闽语中的"侬"不是从六朝时的古吴语继承来的，而是直接继承自古百越语或来自更早期的古吴语。

"若"是中古汉语新生的疑问代词之一。通过对疑问代词"若"用法和来源的探索，在与古代汉语疑问代词"若何/何若""如何/何如"功能比较后，我们认为中古时期疑问代词"若"在译经中询问地点的用法，很可能是母语非汉语的翻译者的错误类推。加之与现代闽南语的疑问代词"若"的功能的比较，我们更确定疑问代词"若"的主要用法是询问数量和程度，而不包括询问地点。通过对闽南移民史、历史文献、语法功能、语音演变的考察，再与中古汉语的疑问代词"若"进行比较，我们认为闽南语三个次方言中询问数量、程度的疑问代词"若"虽然语音形式差别颇大，但实际上同出一源，都继承自南朝口语。语法是语言的三要素中最为稳定的，再一次证明闽语中有南朝语言特点。另外，通过对闽语中疑问代词"若"的考察，一定程度上可看出中古汉语时期的"若"并不是由合音或省缩而来，更可以证明"若"在中古汉语时期确实是一个疑问代词，而不是需要借助"若＋正反义形容词"这样特定的结构中才有疑问功能。

"冬节（冬至节）""天时（天气义）""眠床""才调（才气）""参详（讨论、商量）"都始见于中古汉语。"冬节"表示"冬至节"，最早基本只见于南朝语料，为当时南朝口语词，唐代基本不用，宋代以来偶见于南方人笔下。"一定时间和地域内的自然气象情况"这一概念，东汉时期用"天时"，"天时"通行于南北方，直至唐初。而"天气"表达这一概念萌芽于南北朝后期，到唐代稳定成熟，在唐代中后期替换了"天时"，并逐渐成为比较常用的词，盛行于近代汉语时期，并沿用至今。而不少南方方言没有发生这一替换过程，仍保存了"天时"。至今不少闽、粤语区仍用"天时"，但台湾、福州等地区受普通话的影响已渐改用"天气"。"眠床"也是个南朝口语词，北方几乎不见使用。"才调"和"参详"一开始并没有明显的地域色彩，近代汉语时期使用范围逐渐缩小，通语中很少使用，多保留在南方方言中。闽语中"才调"的意义进一步发展扩大，从专指文才，到泛指才干、能力，还发展出形容词用法"能干"。"参详"表示"讨论、商量"义在闽南语中仍是高频常用词，不用出现更早的"讨论"，闽语中用"讨论"是比较书面化的表达，也不用中古汉语时期产生并在唐代更占优势地位的"商量"。

东汉魏晋南北朝表示"修建、建造"义最常用的口语词是"起"，闽语中至今也全然如此。东汉魏晋南北朝"乞"兼有"求取"和"给予"义，唐代通语中这一语言现象基本消失，而闽语仍有这一语言现象，用"乞"而不用"给"，甚至发展出表示被动的用法。

以往闽语的层次研究，主要从语音入手，通过这九个个案的研究，我们从词汇、语法的角度，探寻了闽语的中古汉语层，发现闽语有些语言特点直接继承自中古汉语，而非间接继承自唐代中原汉语，尤其与南朝通语的关系密切。有些语言要素产生于东汉魏晋时期，而到南北朝时发生南北地域分化，后来南朝的语言特点到近代汉语时期消失了，而北朝的语言特点在近代汉语中得到继承。但闽语仍然保留了这些南朝的语言特点。

除了以上九个个案，中古汉语中尚有不少特色语言要素保留在现代闽语中，值得继续深入研究。《（乾隆）福州府志》："谓家中小巷曰弄。《南史》：'东昏侯遇弑于西弄。'""谓剩物曰长，去声。《世说》恭平生（无长物）。""谓事曰事际。《南然》①：'帝虽以事际须晏。'""事际"即今闽语中常说的"事志""代志"。再如词缀"阿"加于称谓词，"阿父""阿母""阿兄"等，闽语中亦如此。称"粥""稀饭"为"糜"，闽语中亦如此。南朝民歌中常称"夜"为"暝"。南朝宋鲍照《行路难》："君不见城上日，今暝没尽去，明朝复更出。"南朝梁萧子显《代美女篇》："朝酤成都酒，暝数河间钱。"南朝梁何逊《拟轻薄篇》："毂击晨已喧，肩排暝不息。"庾信《秋夜望单飞雁诗》："无奈人心复有忆，今暝将渠俱不眠。"南朝陈徐陵《杂曲》："只应私将琥珀枕，暝暝来上珊瑚床。"闽语中至今亦如此。明嘉靖本《荔镜记》第五出："今冥正是元宵，我心内爱上街睇灯，无人伴行。"第六出："正月十五冥，厝厝人点灯，是实可喜。"第十二出："看伊生得如花似锦，冥日着伊割吊（刘吊）。"第二十八出："一冥听候不敢去困，又畏伊来相耽置。"呼"猪"为"豨"，闽东语犹存。《南齐书·东南夷传·扶南国》："斗鸡及豨为乐。"五代马缟《中华古今注·猪》："一名参军，一名豕……江东呼为豨，皆通名也。"《搜神记》卷十八："称府君者，是一老豨也；部郡者，是一老狸也。自是遂绝。"福

---

① 按，此处当为讹误。

建建瓯、建阳、永安、将乐亦称"猪"为"豨"。呼"请"为"倩"。《宋书·沈庆之传》："诞于城上授函表，倩庆之为送，庆之曰：'我奉诏讨贼，不得为汝送表。汝必欲归死朝廷，自应开门遣使，吾为汝送护之。'"闽语亦如此。中古时期"未"开始出现在句末表示疑问的用法，如《世说新语·方正》："及魏武作司空，总朝政，从容问宗曰：'可以交未？'"《南齐书·郁林王纪》："每见钱，辄曰：'我昔时思汝一文不得，今得用汝未？'"《良政传·虞愿》："新安太守巢尚之罢郡还，见帝，曰：'卿至湘宫寺未？我起此寺，是大功德。'"闽语亦保留此用法。

李新魁《广东闽方言形成的历史过程》（1987）提到闽语的形成有三个时间层次，其中第二个层次即是"三国之后的魏晋南北朝时期，这是闽语与中原汉语发生融合，接受中原汉语较为巨大的影响的时代"。这个时段中又以南朝对闽语形成的影响尤为明显。罗杰瑞《闽语词汇的时代层次》中也曾提到闽语在时代层次上可分为三层：秦汉层、南朝层及晚唐层[①]。

南朝的语言又有通语和江东方言（或称古吴语）的区别。从我们目前的研究来看，虽然有些词语或语法确实有南北地域性，但是这个地域性更多是南朝通语和北朝通语之间的区别，很难真正确定哪些是来自古吴语的独有语言成分。即便是"侬"也未必是经由古吴语进入闽语的，因为相比六朝和后来吴语中"侬"的代词用法多于名词用法，闽语始终是名词用法多于代词用法，所以闽语的"侬"更可能是直接来自自身的古百越语底层。闽语所保留的"江东旧语"更多已经融入了南朝通语，而非直接继承自古吴语。因此，我们认为闽语从六朝古吴语中分化出来或者说闽语直接继承自六朝古吴语的观点不太符合词汇和语法所反映的情况。另外，认为闽语的基础是唐代中州方言的观点，从本研究来看也不符合实际情况。

---

① 罗杰瑞（Jerry Norman）：*Chronological strata in the Min dialects*，《方言》1979 年第 4 期。梅祖麟译《闽语词汇的时代层次》，《大陆杂志》1994 年第 2 期。

附　录

一　《南齐书》语料校勘

我们以《南齐书》中华书局本为底本，参校日藏宋刊本、宋蜀大字本、明汲古阁本、清武英殿本、百衲本，参考荻生徂徕等其他家的观点，对《南齐书》中存在的一些有争议的标点、字词或词语解释的问题进行讨论和分析。下文涉及的荻生徂徕的批识简称"荻批"。

1. 本纪第二：宋氏以陵夷有征。（页 32）[①]

按：南监本作"陆夷"。荻批："陆"，当作"隆"。（页 184）[②] 王仲荦、朱季海等先生均未出校勘记。童岭认同荻批的观点，认为是字形而误。今查《南齐书》日藏宋刊本、宋蜀大字本、明汲古阁本、百衲本均作"陆"，独清武英殿本作"陵"。"陆""陵""隆"繁体字形相近。"陆夷"，高山和平地。《楚辞·刘向〈九叹·忧苦〉》："巡陆夷之曲衍兮，幽空虚以寂寞。"王逸注："大阜曰陆；夷，平也。""陵夷"本指山坡缓平貌，引申指"倾颓、衰落"。而"隆夷"，隆，盛也，夷，平也，本指高低起伏，引申指盛衰起伏。《后汉书·陈蕃王允传·赞》："时有隆夷，事亦工拙。"此处上下文是《高帝纪上》："宋氏以陵夷有征，历数攸及，思弘乐推，永鉴崇替，爰集天禄于朕躬。""陆夷"明显于上下文意不合。详究文意，宋氏因为明白盛衰自有征兆（宋之衰落，齐之兴起），乃是天命相关（"历数"，古人认为帝位相承和天象运行次序相应。），乐于推让，明了

---

①　该页码为中华书局本《南齐书》的页码。

②　该页码为童岭《南监本〈南齐书〉荻生徂徕批识辑考》的页码。

王朝兴废更替的道理，于是将天赐的福禄落到我身上，而"陵夷"为"倾颓、衰落"义，与文意不够贴切，"隆夷"与后面的"崇替"（兴废）相照应，更适合此处萧道成祭天的意图，不单指出宋的衰亡，更要说明齐的兴起，将王朝兴废归于天意，非单纯人力所为，使自己的政权合理合法化。六朝亦有"隆替"一词表示兴废、盛衰。《虞玩之传》："然国经未变，朝纪恒存，相揆而言，隆替何速！""隆夷""崇替""隆替"都是反义联合构词。

2. 本纪第二：华盖除金花爪。（页 39）志第九：二十八爪支子花。（页 334）爪支子花二十八。（页 336）

按：南监本作"金花瓜""二十八瓜支子花"。获批："瓜"，当作"爪"。（页 186）百衲本作"爪"。当作"爪"，中华书局本不误。"瓜""爪"字形易混。"金花爪"又称"金华爪""金华蚤"。"蚤""爪"同，亦作"瑵"，指伞盖上爪形的盖弓帽，或叫盖弓头。

《六臣注文选》卷第三"羽盖威蕤，葩瑵曲茎"，薛琮注："葩爪悉以金作华，形茎皆曲。蔡邕《独断》曰：'凡乘舆车皆羽盖金华。'爪与瑵同。"清代朱骏声《说文通训定声》小部第七："辌，盖弓也。从车，尞声。按其弓二十有八，亦谓之盖爪。"清汪士铎《汪梅村先生集》卷一："盖弓谓之橑，亦谓之蚤爪，同。所谓华蚤，金华饰弓也。葩蚤者，饰花也。玉蚤者，饰以玉也。华芝者，二十八瓜支子花也。"[①] 出土文物图片上描绘多为盖弓帽侧有一爪状的钩子（见下图）。古代车盖由斗盖、盖弓、盖弓头组成，上面覆盖布帛制成的盖帷，盖帷边缘裹有圈环，钩到盖弓头上，以此把帷盖撑开。为便于钩住盖帷，盖弓头有爪钩，故称"爪"。汉代以来盖弓头设计趋于繁复，顶端常呈花朵形，故有"华蚤""华爪""花爪"之称。"金花爪"是金质的花形盖弓头。《考工记》："盖弓二十有八，以象星也。"《志第九·舆服志》亦当作"二十八爪支子花""爪支子花二十八"。二十八为盖弓数，象征二十八星宿。"二十八爪支子花""爪支子花二十八"指 28 根盖弓帽为栀子花形的盖弓。

---

① 按，瓜当作爪。

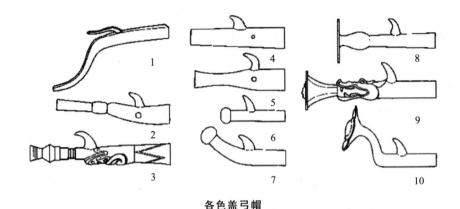

各色盖弓帽

图引自孙机：《中国古舆服论丛》，文物出版社，2001年，第33页。

自从汉代以来，盖弓帽的形制已渐繁复，形状多花形或复杂，且多金质，其特征已由爪形变为花形或金质，名称亦随之转变，后人渐不解"爪"之此义。考《北齐书》《周书》《北史》诸北方政权史书，乃至《隋书》，无"华蚤""华爪""花爪""金爪""盖爪"，多简单地以"以金饰诸末""以象饰诸末""用玉碧金象革物，以饰诸末"概括，未着笔描绘盖弓帽细节，唯《宋书》和《魏书》尚有提及。《魏书·志第一三》："黄金涂五末、盖爪，在右骖，驾三马。"《宋书·志第八》则曰："盖爪施金华""金华施橑末"，"盖爪""橑末"即盖弓帽，金制花形盖弓帽。

3. 志第六：村竹产。（页254）

按：南监本作"村竹"。获批："村"当作"材"。（页208）王仲荦未出校勘记。日藏宋刊本、宋蜀大字本、明汲古阁本、清武英殿本、百衲本皆作"村竹"。"材""村"形近而误。从前后文意看，当作"材"。原文"二豫亟经分置，庐江属南豫，滨带长江，与南谯接境，民黎租帛，从流送州，实为便利，远逾西豫，非其所愿，郡领濡舒及始新左县，村竹产，府州采伐，为益不少。""材竹"乃"名材竹干"的缩略，即为建筑或军备用的木材或竹材。缩略造词亦是中古汉语时期常见的造词法。《后汉书·公孙述传》："名材竹干，器械之饶，不可胜用。"《宋书·后废帝纪》："备豫都库，材竹俱尽。"《宋书·蛮夷传·天竺迦毗黎国》："甲第显宅，于兹殆尽，材竹铜彩，糜损无极，无关神祇，有累人事。"《梁书·吕僧珍传》："高祖颇招武猛，士庶响从，会者万余人，因命按行城西空地，将起数千间屋，以为止舍，多伐材竹，沉于檀溪，积茅盖若山阜，皆不之用。"又"义兵起，高祖夜召僧珍及张弘策定议，明旦乃会众发兵，悉取檀溪材竹，装为艛舰，葺之以茅，并立办。"

4. 志第九：汉贱辂车而贵轺车，晋贱辒辂而贵辂车，皆行礼所乘。（页338）

获批："行礼"当倒。童岭亦认为"行礼"无解，当作"礼行"。后文都是"礼行"，"三公礼行所乘。""国公列侯礼行所乘。""太子二傅礼行所乘。"按，日藏宋刊本、宋蜀大字本、明汲古阁本、清武英殿本、四库本皆如中华书局本。实际上两词都可用，表达的意思相同，只是构词类型不同，不需改，诸本不误。

《南齐书》中"行礼"出现14次，"礼行"4次。《礼志上》："检宋元后故事，太尉行礼，太子拜伏与太尉俱。""寻齐初移庙，宣皇神主乘金辂，皇帝亲奉，亦乘金辂，先往行礼毕，仍从神主至新庙，今所宜依准也。""群神小祠，类皆限南面，荐飨之时，北向行礼，盖欲申灵祇之尊，表求幽之义。""今采周春分之礼，损汉日拜之仪，又无诸侯之事，无所出东郊，今正殿即亦朝会行礼之庭也，宜常以春分于正殿之庭拜日。""礼行"见上文所引。

其他文献中亦两者都可以用。《礼记·礼运》："故礼行于郊，而百神受职焉。礼行于社，而百货可极焉。礼行于祖庙，而孝慈服焉。礼行于五祀，而正法则焉。"《全晋文》卷一百三十三许穆《太宰武陵王为所生母服议》："卑则服阕，尊则礼行。"《全后魏文》卷二十六刁雍《兴礼乐表》："礼行于郊，则上下和肃。"《宋书·五行志》："晋惠帝元康元年十二月，皇太子将释奠，太傅赵王伦骖乘，至南城门，马止，力士推之不能动，伦入辂车，乃进。此马祸也。天戒若曰：'伦不知义方，终为乱逆，非傅导行礼之人。'伦不悟，故亡。"

"行X"表示"做X事"，先秦已有，中古汉语中亦沿用，除了"行礼"，还有"行丧（举办丧事）""行诛（杀戮）""行货（行贿）""行逆（作悖逆之事）"等。

5. 列传第三：所以不容方幅启省。（页411）

按：获批："幅"，疑"复"之误。（页225）获说非，中华书局本不误。日藏宋刊本、宋蜀大字本、明汲古阁本、清武英殿本、百衲本均作"方幅"。"方幅"指方形笺册，古代典诰、诏命、表奏等皆用方形笺册。周一良曾提"方幅"由"规矩、齐整"引申指"正规、正式"，"方幅手笔"指"正式文字"①。此处上下文为豫章王萧嶷向齐武帝启奏："常谓京师诸王不烦牵仗，若郊外远行，此所不论。有仗者非臣一人，所以不容方幅启省，又因王俭备宣下情。"萧嶷向齐武帝说明，因为有仪仗的不单单是他一个人，所以没有以书面、正式的形式向皇帝禀报，而只是通过王俭口头上向齐武帝转达过他的心意。下文齐武帝回复："吾昨不通仗事，俭已道，吾即令答，不烦有此启。"《南史·齐宗室列传·萧坦之传》："坦之曰：'官若诏敕出赐，令舍人主书送往，文季宁敢不受！政以事不方幅，故仰遣耳。'"《陈书·姚察传》："宫内所须方幅手笔，皆付察立草。"《旧唐书·职官三》："凡中外百僚之事，应弹劾者，御史言于大夫。大事则方幅奏弹之，小事则署名而已。"

6. 列传第六：敬儿告变使至，太祖大喜，进号镇军将军，加散骑常侍，改为都督，给鼓吹一部。（页 472）

按：第一个逗号应在"变"之后，当作"敬儿告变，使至"。

7. 列传第七：上以显达为使持节、散骑常侍、都督南兖兖徐青冀五州诸军事、平北将军、南兖州刺史。之镇，虏退。上敕显达曰："虏经破散后，当无复犯关理。"（页 489）

按：最后的逗号应在"后"之前，当作"虏经破散，后当无复犯关理。"

8. 列传第十三：料数冠帻。（页 579）

按：获批："数""擞"同。（页 237）获说非。此处前后文为"琨性既古慎，而俭啬过甚，家人杂事，皆手自操执。公事朝会，必夙夜早起，简阅衣裳，料数冠帻，如此数四，世以此笑之。""料"，有清点、计数、整理之义②。《国语·周语上》："宣王既丧南国之师，乃料民于太原。"韦

---

① 周一良：《魏晋南北朝史札记》，中华书局，1985 年，第 300 页。

② 刘百顺：《魏晋南北朝史书语词札记》，陕西师范大学出版社，1993 年，第 73—74 页，提到"料"在魏晋南北朝史书中有"省阅""检查""考察"等义，并分析了"料省""料检""料简"为同义复词，可看方一新：《东汉魏晋南北朝史书词语笺释》，黄山书社，1997 年，第 99—100 页，考释"料简"有"整理、清理"和"考核"义。

昭注："料，数也。"清代桂馥《札朴》卷四《览古》："料数，《玉篇》：'料，数也。'《说文》：'数，计也。'《秦策》：'以上客料之，赵何时亡。'高注：'料，数。'《通鉴》举宋滥钱之弊云'市井不复料数'。""料"在魏晋南北朝时期是活跃的构词语素，有诸如"料拣（亦作"料简"）""料校""料视""料择""料整""料检""料覆"等双音词，意思大都相近，大抵表示清点、整理、挑选。"数"，计算、查点之义。"料数"乃近义联合复合词，与前文"简阅"相应，乃清点、整理之义。早起多次亲自清点、整理衣冠正是凸显前文所说的王琨的古板俭啬和琐事亦亲力亲为的性格、行为特点。若是抖擞衣冠以保持衣冠整洁和精神飒爽，则不能明了为何世人以此嘲笑他。《大词典》"料数"条释义"计数"，引《资治通鉴·宋明帝泰始元年》："沈庆之复启听民私铸钱，由是钱货乱败……市井不复料数，十万钱不盈一掬，斗米一万，商货不行。""计数"义包含在"清点、整理"义之中，后者更有概括性。

9. 列传第十九：杨公则定湘州，行事张宝积送江陵，率军会夏口。（页672）

按：获批："行"上当脱"执"。宋蜀大字本、百衲本、南监本、汲古阁本、武英殿本、四库本、中华书局本皆缺。获说恰当，此处当有"执"。前文提及"江州邵陵王、湘州张行事、王司州皆远近悬契，不谋而同"，湘州张行事即张宝积。对比《梁书·杨公则传》的异文，文意更清晰："以公则为辅国将军、领西中郎咨议参军，中兵如故，率众东下。时湘州行事张宝积发兵自守，未知所附，公则军及巴陵，仍回师南讨。军次白沙，宝积惧，释甲以俟焉。公则到，抚纳之，湘境遂定。"《梁书》中正是说杨公则俘虏了湘州行事张宝积，《南齐书》中当是杨公则押送张宝积到江陵的意思，补"执"字，意思才明了。

10. 列传第二十一：奉敕遣胡谐之、茹法亮赐重劳，其等至，竟无宣旨，便建旗入津，对城南岸筑城守。臣累遣书信唤法亮渡，乞白服相见，其永不肯，群小惧怖，遂致攻战，此臣之罪也。（页706）

按：获批："其"当"某"。童岭认为中华书局本有误，两个"其"都当作"某"，是萧子响的自称。诸本皆作"其"。我们认为可细斟酌，第一个"其"当作"某"，但并非萧子响的自称，而第二个仍当作"其"。

"竟无宣旨，便建旗入津，对城南岸筑城守"的人并非萧子响，而是胡谐之和茹法亮等人。萧子响乞求白服相见，不肯答应的也是茹法亮等人。所以"某""其"断不可能是萧子响的自称。"某等至"，"某等"指的是胡谐之和茹法亮等人。作"其等至"，看似"他们到达"的意思，实则不符合当时的语言情况，因为中古汉语其他语料中几乎不见"其等"一词，鲜有"其等"表示"他们"的用法。《全齐文》卷七鱼复侯子响《临死启》中则正作"某等"："奉敕遣胡谐之、茹法亮赐重劳，某等至，竟无宣旨，便建旗入津，对城南岸筑城守。臣累遣书信唤法亮渡，乞白服相见，其永不肯，群小惧怖，遂致攻战，此臣之罪也。"指称某几个人当时习用的表达是姓名或名加等，如不直接指名道姓，则用"某等"。《搜神记》卷五："咸宁中，太常卿韩伯子某，会稽内史王蕴子某，光禄大夫刘耽子某，同游蒋山庙。庙有数妇人像，甚端正。某等醉，各指像以戏，自相配匹。"《宋书·礼志一》："大鸿胪跪赞：'蕃王臣某等奉白璧各一，再拜贺。'""谒者跪奏：'蕃王臣某等奉觞再拜，上千万岁寿。'"《全梁文》卷三十七江淹《被百僚敦劝受表》："臣公言，臣疑诚素履，频载缣翰，天饰高奖，累降史笔，即日尚书臣某等至，重宣诏旨，猥辱百僚，省睇未交，心灵已悸。"《全梁文》卷三十五江淹《北伐诏》："某官某等并率义勇之众，互制掎角之机。戎车戒路，事宜总一。"

11. 列传第二十三：明达诸辞列，炳然具存。（页 744）

按：南监本作"明达诸辞"。获批："辞"下一有"列"。（页 252）获生举出的异文正确，当有"列"。中华书局本不误。日藏宋刊本、宋蜀大字本、明汲古阁本、清武英殿本、四库本都作"明达诸辞列"。

"辞列"乃魏晋南北朝的习语。"辞列"即"报告、汇报，供诉"之义。"辞列"既有动词用法，也有名词用法。《宋书·孝义传上·孙棘》："萨又辞列：'门户不建，罪应至此，狂愚犯法，实是萨身。……'"《南齐书·谢超宗传》："永先列称：'主人超宗恒行来诣诸贵要……'如其辞列，则与风闻符同。"《武十七王传·竟陵文宣王子良》："明年，上表曰：'……近启遣五官殷沵、典签刘僧瑗到诸县循履，得丹阳、溧阳、永世等四县解，并村耆辞列，堪垦之田，合计荒熟有八千五百五十四顷，修治塘遏，可用十一万八千余夫，一春就功，便可成立。'"南监本"明达诸辞"，即指刘明达的供诉。

单音的"辞"乃古语，双音的"辞列"正是当时习用语。童岭认为百衲本有"列"，然审此诏文，多骈偶句，若作"明达诸辞列"五字，与前后文颇显乖异，其实是不明魏晋南北朝习语。"列"有"称述、陈说"义①，多用于下级向上级报告的场合，因而可理解为"报告、汇报"，是中古时期的活跃语素。中古时期多见"列……"或"……列"，如"列上""上列""列言""言列""列云""列奏""列启""启列""告列""表列"，多是"列"与同义及近义词连用，意义大抵为"报告、汇报"，略有偏重而已。《大词典》将"列"的该义位解释为"罗列"不妥。

12. 列传第二八：今览王生《诗序》，用见齐王之盛。（页 822）

按：获批："今"旧作"令"；"王"当作"主"。南监本、武英殿本同中华书局本作"今"和"王"。宋蜀大字本、百衲本、汲古阁本作"令"和"王"。"今"不误，"王"确当作"主"，形近而误。王仲荦校勘记中指出《南史》和《册府元龟》中作"齐主"，但未据此改。按当时外交语言习惯，北魏和南齐之间彼此称对方君主为"齐主""魏主"，未有称"王"之例。南朝齐、北魏各自为独立政权，非彼此的藩王诸侯，外交之中断不可能称彼此为"王"。《宗室传·始安贞王道生附遥昌》："宏曰：'朕本欲有言，会卿来问。齐主废立，有其例不？'""宏又曰：'……故往年与齐武有书，言今日之事，书似未达齐主。……'"《魏虏传》："虏又问：'齐主悉有何功业？'"《王融传》："上以虏献马不称，使融问曰：'秦西冀北，实多骏骥，而魏主所献良马，乃驽骀之不若。……'"《张欣泰传》："欣泰移虏广陵侯曰：'……乃令魏主以万乘之重，攻此小城，是何谓欤？……'"《魏虏传》："僧朗至北，虏置之灵诞下，僧朗立席言曰：'灵诞昔是宋使，今成齐民。实希魏主以礼见处。'"

13. 列传第二九：金柄刀子治瓜。（页 834）

按：南监本亦作"瓜"。获批："瓜"当作"爪"（页 259）。宋蜀大字本、日本藏宋刊本、百衲本、汲古阁本字形皆比较含混，武英殿本则字形

---

① 参看刘百顺《魏晋南北朝史书语词札记》，陕西师范大学出版社，1993 年，第 50—51 页。方一新：《东汉魏晋南北朝史书词语笺释》，黄山书社，1997 年，第 100—102 页。

明显是"瓜"。当作"爪",中华书局本亦误。

原文为"彖性刚,尝以微言忤世祖,又与王晏不协。世祖在便殿,用金柄刀子治瓜,晏在侧曰:'外间有金刀之言,恐不宜用此物。'世祖愕然。穷问所以。晏曰:'袁彖为臣说之。'上衔怒良久,彖到郡,坐过用禄钱,免官付东冶。"该情节的相关异文多作"爪"。宋代郑樵《通志》卷一百三十八列传第五十一:"武帝在便殿用金柄刀子翦爪"。李昉《太平御览》卷第四百八十三引《齐书》:"世祖在便殿用金柄刀子治爪"。明代林茂桂《南北朝新语》引《南史》:"时武帝用金柄的刀子剪爪"。《南史》百衲本影印元大德刻本作"翦爪"。清代李清《南北史合注》卷二十七:"帝在便殿用金柄刀子翦爪"。清代沈名荪、朱昆田辑《南史识小录》卷四:"金柄刀子剪爪"。清代翟灏《通俗编》卷二十六"刀子"条引《南史·袁彖传》作:"武帝在便殿用金柄刀子削瓜",该书商务印书馆本作"削瓜",但我们核对清乾隆十六年翟氏无不宜斋刻本,实际乃是"削爪",字形明显作**爪**,不是"瓜"。

"治瓜""治爪"(或《南史》的"翦瓜""翦爪")虽一字之差,但所隐含的意义却截然不同,萧子显此处用词别有深意。"治瓜"可作削瓜皮、切瓜理解,背后并无深意。"翦瓜"则语意上更是不通。实际上,"治爪"("翦爪")乃是一典故,后代校勘整理时多未察此。"治爪"同"翦爪","翦爪"有竭忠尽孝的典故,历代相关记载不少:

《史记·蒙恬列传》记载,秦二世受赵高蛊惑,派使者赐毒酒与蒙恬,蒙恬为自己辩解:"自吾先人,乃至子孙,积功信于秦三世矣。今臣将兵三十余万,身虽囚系,其势足以倍畔,然自知必死而守义者,不敢辱先人之教,以不忘先主也。昔周成王初立,未离褓褓,周公旦负王以朝,卒定天下。及成王有病甚殆,公旦自揃其爪以沉于河,曰:'王未有识,是旦执事。有罪殃,旦受其不祥。'乃书而藏之记府,可谓信矣。及王能治国,有贼臣言:'周公旦欲为乱久矣,王若不备,必有大事。'王乃大怒,周公旦走而奔于楚。成王观于记府,得周公旦沉书,乃流涕曰:'孰谓周公旦欲为乱乎!'杀言之者而反周公旦。……"周公辅佐成王,忠心耿耿,未有二心。在成王病重之时,周公用刀削下指甲,扔到河里,向上天祷告,过去成王年幼,是自己代替成王执政,如果执政不当,上天要降罪责的话，愿以身代成王之病。"剪爪投河"表现的是周公忠心耿耿，一心为成王，不惜牺牲自身性命的决心。

《北史·崔宏传附崔浩传》："初，浩父疾笃，乃剪爪截发，夜在庭中仰祷斗极，为父请命，求以身代，叩头流血，岁余不息。"崔浩之父崔宏病重，崔浩剪下指甲和头发作为祭祀之物，向上天祷告，愿以自身代替父亲受病。古人认为身体发肤受之父母，即便一片指甲与一丝头发亦代表自己的身体，都是非常慎重对待的，故有以剪爪、剪发来表示以身作牲的习俗。

齐武帝当下"治爪"之举与"剪爪"之典背后的讽刺意味——萧氏父子对刘宋王朝的不忠不孝。王晏正是利用这点挑起齐武帝对袁彖的猜疑。因而当作"爪"，而非"瓜"。

14. 列传第三十八：岂不由将率相临，贪功昧赏，胜败之急，不相救让。（页 1001）

按：日藏宋刊本、宋蜀大字本、百衲本、汲古阁本作"就让"。南监本、武英殿本作"救护"。王仲荦无校勘记。当作"救护"，言胜败危急之时，不互相救助。中华书局本误。"就让"不仅不合前后语意，而且不成词。"救护"为中古汉语习用词，救助、保护之义。《王俭传》："俭年德富盛，志用方隆，岂意暴疾，不展救护，便为异世，奄忽如此，痛酷弥深。"《后汉书·班超传》："如不蒙救护，超后有一旦之变，冀幸超家得蒙赵母、卫姬先请之贷。"《三国志·魏书·司马芝传》："前制书禁绝淫祀以正风俗，今当等所犯妖刑，辞语始定，黄门吴达诣臣，传太皇太后令。臣不敢通，惧有救护，速闻圣听，若不得已，以垂宿留。"《魏书·显祖献文帝纪》："是以广集良医，远采名药，欲以救护兆民。"《魏书·高祖孝文帝纪》："及不满六十而有废痼之疾，无大功之亲穷困无以自疗者，皆于别坊遣医救护，给医师四人，豫请药物以疗之。"《杂宝藏经》："长者念言：'如来出世，拔济一切苦恼众生。唯愿世尊，救护我子今日之厄。'"（T04/487a18）

15. 列传第四十：自然有楼橹却敌状，高并数丈。（页 1027）

按：宋蜀大字本、日藏宋刊本、南监本、汲古阁本、武英殿本、四库本、百衲本皆同此。获批："数"下当脱"十"。此说不当。楼橹是古代军中用以瞭望、攻守的无顶盖的高台，建于地面或车、船之上。南朝时1尺相当于现在的0.74市尺，1市尺约0.333米，1丈等于10尺，则一丈约2.46米，数丈则5米到30米之内，数十丈则在25米到200米之间，数十丈的高度在当时不可能。《魏书·李崇传》："崇乃于硖石戍间编舟为桥，北更立船楼十，各高三丈，十步置一篙，至两岸，蕃板装治，四箱解合，贼至举用，不战解下。""船楼"即装有楼橹的船，高度三丈，同时期的造船技术当相差不远。

二　《南齐书》词语索引

以下是本书中讨论过的《南齐书》的词语索引。

三　《南齐书》篇目

卷一·本纪第一·高帝上

卷二·本纪第二·高帝下

卷三·本纪第三·武帝

卷四·本纪第四·郁林王

卷五·本纪第五·海陵王

卷六·本纪第六·明帝

卷七·本纪第七·东昏侯

卷八·本纪第八·和帝

卷九·志第一·礼上

卷十·志第二·礼下

卷十一·志第三·乐

卷十二·志第四·天文上

卷十三·志第五·天文下

卷四十四·列传第二十五·徐孝嗣、沈文季

卷四十五·列传第二十六·宗室

卷四十六·列传第二十七·王秀之、王慈、蔡约、陆慧晓、萧惠基

卷四十七·列传第二十八·王融、谢朓

卷四十八·列传第二十九·袁彖、孔稚珪、刘绘

卷四十九·列传第三十·王奂、张冲

卷五十·列传第三十一·文二王、明七王

卷五十一·列传第三十二·裴叔业、崔慧景、张欣泰

卷五十二·列传第三十三·文学

卷五十三·列传第三十四·良政

卷五十四·列传第三十五·高逸

卷五十五·列传第三十六·孝义

卷五十六·列传第三十七·幸臣

卷五十七·列传第三十八·魏虏

卷五十八·列传第三十九·蛮、东南夷

卷五十九·列传第四十·芮芮虏、河南、氐、羌

曾巩南齐书目录序

征引文献

1. （春秋）左丘明著、上海师范大学古籍整理组校点《国语》，上海古籍出版社，1978

2. （战国）《六韬》，《四库全书·726·子部》影印本，上海古籍出版社，1987

3. （西汉）韩婴《韩诗外传》，《儒藏：精华编·三六册·经部诗类》，北京大学出版社，2014

4. （西汉）刘安著、陈广忠译注《淮南子》，中华书局，2012

5. （西汉）刘向著、向宗鲁校证《说苑》，中华书局，1987

6. （西汉）司马迁《史记》，中华书局，1959

7. （西汉）扬雄著、华学诚校释汇证《方言》，中华书局，2006

8. （东汉）班固《汉书》，中华书局，1962

9. （东汉）班固《白虎通义》，《四库全书·850·子部·杂家类》影印本，上海古籍出版社，1987

10. （东汉）崔寔《四民月令校注》影印本，中华书局，1981

11. （东汉）刘珍等撰、吴树平校注《东观汉记校注》，中华书局，2008

12. （东汉）王明合校《太平经》，中华书局，1960

13. （东汉）王充著、黄晖校释《论衡》，中华书局，1990

14. （东汉）王逸撰、黄灵庚疏证《楚辞章句疏证》，中华书局，2007

15. （东汉）许慎撰、（宋）徐铉校定《说文解字》，中华书局，2013

16. （东汉）应劭著、王利器校注《风俗通义》，中华书局，1981

17. （旧题东汉）袁康、吴平《越绝书》，上海古籍出版社，1985

18. （东汉）赵晔著、周生春辑校汇考《吴越春秋》，上海古籍出版社，1997

19. （东汉）郑玄注、（唐）孔颖达疏《礼记注疏》，见《四库全书·115·

经部·礼类》影印本，上海古籍出版社，1987

20. （西晋）陈寿《三国志》，中华书局，1962

21. （西晋）陆云《陆云集》，中华书局，1988

22. （西晋）郭象注、（唐）成玄英疏《南华真经注疏》，中华书局，1998

23. （西晋）郭璞注、（宋）邢昺疏《尔雅注疏》，上海古籍出版社，2010

24. （东晋）干宝著、李剑国辑《搜神记》，中华书局，2007

25. （南朝宋）范晔《后汉书》，中华书局，1965

26. （南朝宋）刘敬叔《异苑》，中华书局，1996

27. （南朝宋）刘义庆著、（南朝梁）刘孝标注、余嘉锡笺疏《世说新语笺
    疏》，中华书局，2011

28. （南朝梁）顾野王《原本玉篇残卷》，中华书局，1985

29. （南朝梁）顾野王原著、（唐）孙愐、（宋）陈彭年等增字《大广益会
    玉篇》，中华书局，1987

30. （南朝梁）沈约《宋书》，中华书局，1974

31. （南朝梁）释宝唱著、王孺童校注《比丘尼传校注》，中华书局，2006

32. （南朝梁）释慧皎等《高僧传合集》，上海古籍出版社，2011

33. （南朝梁）萧统编、（唐）李善注《文选》，上海古籍出版社，1986

34. （南朝梁）萧统编、（唐）李善等注《六臣注文选》，浙江古籍出版
    社，1999

35. （南朝梁）萧绎撰、许逸民校笺《金楼子校笺》，中华书局，2011

36. （南朝梁）萧子显《南齐书》，中华书局，1972

37. （南朝梁）周子良撰、陶弘景整理《周氏冥通记》，《正统道藏》第五
    册，文物出版社、上海书店、天津古籍出版社，1988

38. （南朝梁）宗懔《荆楚岁时记》，《丛书集成初编·3025》影印本，中
    华书局，1991

39. （南朝陈）徐陵编、（清）吴兆宜注《玉台新咏》，中华书局，1985

40. （北魏）贾思勰著、缪启愉校释《齐民要术》（第二版），中国农业出
    版社，1998

41. （北魏）郦道元著、陈桥驿校证《水经注》，中华书局，2007

42. （北齐）颜之推著、王利器集解《颜氏家训》（增订本），中华书局，

1993

43. （北齐）魏收《魏书》，中华书局，1974

44. （唐）房玄龄等《晋书》，中华书局，1974

45. （唐）李百药《北齐书》，中华书局，1972

46. （唐）李延寿《北史》，中华书局，1974

47. （唐）李延寿《南史》，中华书局，1975

48. （唐）令狐德棻《周书》，中华书局，1971

49. （唐）段成式撰、许逸民校笺《酉阳杂俎校笺》，中华书局，2015

50. （唐）李林甫等撰、陈仲夫点校《唐六典》，中华书局，2014

51. （唐）李筌《神机制敌太白阴经》，《丛书集成初编·0943》影印本，中华书局，1985

52. （唐）刘知几著、（清）浦起龙通释《史通》，上海古籍出版社，2009

53. （唐）陆德明著、黄焯汇校《经典释文》，中华书局，2006

54. （唐）牛僧孺《玄怪录》，上海古籍出版社，1985

55. （唐）魏征《隋书》，中华书局，1973

56. （唐）王方庆集《魏郑公谏录》，《丛书集成初编·0899·影印本》，中华书局，1985

57. （唐）徐坚等著《初学记》，中华书局，1962

58. （唐）姚思廉《梁书》，中华书局，1973

59. （唐）姚思廉《陈书》，中华书局，1972

60. （唐）〔日〕圆仁《入唐求法巡礼行记》，上海古籍出版社，1986

61. （唐）张鷟《朝野佥载》，中华书局，1979

62. （后晋）刘昫《旧唐书》，中华书局，1975

63. （后唐）冯贽编、张力伟点校《云仙散录》，中华书局，2008

64. （南唐）释静、筠《祖堂集》，中华书局，2007

65. （五代）何光远撰、邓星亮等校注《鉴诫录校注》，巴蜀书社，2011

66. （宋）蔡绦《铁围山丛谈》，上海师范大学古籍整理研究所编《全宋笔记·第三编》，大象出版社，2008

67. （宋）陈彭年等撰、周祖谟校《广韵》，中华书局，1988

68. （宋）陈起《江湖小集》，《四库全书·1357·集部》影印本，上海古

籍出版社，1987

69. （宋）陈造《江湖长翁集》，《四库全书·1166·集部·别集类》影印本，上海古籍出版社，1987

70. （宋）陈元晋《渔墅类稿》，《四库全书·1176·集部》影印本，上海古籍出版社，1987

71. （宋）《大业拾遗记》，《中国野史集成：先秦——清末3》影印本，巴蜀书社，1993

72. （宋）戴侗撰、党怀兴、刘斌点校《六书故》，中华书局，2012

73. （宋）郭茂倩《乐府诗集》，中华书局，1979

74. （宋）洪迈《夷坚志》，中华书局，1981

75. （宋）黄朝英《靖康缃素杂记》，上海古籍出版社，1986

76. （宋）黄震《黄氏日抄》，《四库全书·707·子部·儒家类》影印本，上海古籍出版社，1987

77. （宋）李昉等编《太平御览》，中华书局，1960

78. （宋）李昉等编《太平广记》，中华书局，1961

79. （宋）王钦若等撰《册府元龟》，《四库全书·902·子部》影印本，上海古籍出版社，1987

80. （宋）林希逸《竹溪鬳斋十一稿续集》，四川大学古籍整理研究所编《宋集珍本丛刊：儒藏系列·第八十三册》影印本，线装书局，2004

81. （宋）刘克庄《后村集》，《四库全书·1180·集部》影印本，上海古籍出版社，1987

82. （宋）刘宰《漫塘文集》，四川大学古籍整理研究所编《宋集珍本丛刊：儒藏系列·第七十二册》影印本，线装书局，2004

83. （宋）孟元老撰、伊永文笺注《东京梦华录笺注·第2版》，中华书局，2007

84. （宋）强至《祠部集》，《四库全书·1091·集部·别集类》影印本，上海古籍出版社，1987

85. （宋）史炤《资治通鉴释文》，四部丛刊初编本，上海书店，1989

86. （宋）司马光《资治通鉴》，中华书局，1956

87. （宋）僧文莹《湘山野录》，《丛书集成初编·2746》影印本，中华书

局，1991

88. （宋）王溥《唐会要》，《四库全书·606·史部》影印本，上海古籍
出版社，1987

89. （宋）吴处厚《青箱杂记》，上海师范大学古籍整理研究所编《全宋笔
记·第一编》，大象出版社，2006

90. （宋）吴则礼《北湖集》，《丛书集成续编·103·集部》，上海书
店，1994

91. （宋）周密《癸辛杂识续集》，《四库全书·1040·子部·小说家类》
影印本，上海古籍出版社，1987

92. 旧题（宋）宇文懋昭《大金国志校证》，中华书局，1986

93. （元）《大金吊伐录》，《四库全书·408·史部》影印本，上海古籍出
版社，1987

94. （元）高德基《平江记事》，《丛书集成初编·3156》影印本，中华书
局，1985

95. （元）胡一桂《双湖先生文集》，顾廷龙主编《续修四库全书·1322·
子部》，上海古籍出版社，2002

96. （元）脱脱等撰《宋史》，中华书局，1977

97. （元）吴海《闻过斋集》，杨讷编《元史研究资料汇编·66》，中华书
局，2014

98. （元）谢应芳《龟巢稿》，《四库全书·1218·集部》影印本，上海古
籍出版社，1987

99. （明）《醋葫芦》，刘世德等主编《古本小说丛刊·第八辑》影印本，
中华书局，1990

100. （明）抱瓮老人辑《今古奇观》，人民文学出版社，1957

101. （明）方逢时撰、李勤璞校注《大隐楼集》，辽宁人民出版社，2009

102. （明）方以智《通雅》，中国书店，1990

103. （明）冯梦龙编述《明清民歌时调集》，上海古籍出版社，1987

104. （明）冯梦龙编撰《喻世明言》，中华书局，2009

105. （明）冯梦龙编撰《警世通言》，中华书局，2009

106. （明）冯梦龙编撰《醒世恒言》，中华书局，2009

107. （明）林茂桂撰、詹子忠评《南北朝新语》，天津古籍出版社，2007

108. （明）黎淳《黎文僖公集》，顾廷龙主编《续修四库全书·1330·子部》，上海古籍出版社，2002

109. （明）凌义渠《凌忠介集》，《四库全书·1297·集部》影印本，上海古籍出版社，1987

110. （明）罗懋登《三宝太监西洋记通俗演义》，上海古籍出版社，1985

111. （明）梦觉道人、（明）西湖浪子辑、张荣起整理《三刻拍案惊奇》，北京大学出版社，1987

112. （明）毛晋编《六十种曲》，中华书局，1958

113. （明）施耐庵《水浒传》，上海古籍出版社，2004

114. （明）吴承恩《西游记》，上海古籍出版社，2004

115. （明）袁宏道《袁中郎全集》，伟文图书出版社有限公司，1976

116. （明）张自烈《正字通》，顾廷龙主编《续修四库全书·234·经部》，上海古籍出版社，2002

117. （清）曹雪芹、高鹗《红楼梦》，上海古籍出版社，2003

118. （清）曹去晶编《姑妄言》，台湾大英百科股份有限公司，1999

119. （清）陈森《品花宝鉴》，上海古籍出版社，1990

120. （清）段玉裁《说文解字注》，上海古籍出版社，1981

121. （清）坐花散人辑、宋海江点注《风流悟》，（明）洪楩辑、裘佳点注《清平山堂话本》合刊本，华夏出版社，2012

122. （清）顾炎武、黄汝成集释《日知录》，岳麓书社，1994

123. （清）顾禄《清嘉录》，上海古籍出版社，1986

124. （清）桂馥撰、赵智海点校《札朴》，中华书局，1992

125. （清）郝懿行《晋宋书故》，张舜徽主编《二十五史三编》，岳麓书社，1994

126. （清）洪颐煊《诸史考异》，顾廷龙主编《续修四库全书·3553·史部》，上海古籍出版社，2002

127. （清）胡文英撰、徐复校议《吴下方言考校议》，凤凰出版社，2012

128. （清）胡文学《甬上耆旧诗》，《四库全书·474·集部》影印本，上海古籍出版社，1987

129. （清）李邺嗣《杲堂诗文集》，浙江古籍出版社，2013

130. （清）李汝珍《镜花缘》，中华书局，2013

131. （清）南沙三余氏《南明野史》，《中国野史集成：先秦——清末·35》影印本，巴蜀书社，1993

132. （清）彭定求等编《全唐诗》，中华书局，1960

133. （清）钱大昕《嘉定钱大昕全集》，江苏古籍出版社，1997

134. （清）《（乾隆）福州府志》，国家图书馆编《地方志人物传记资料丛刊·上编·华东卷》影印本，北京图书馆出版社，2007

135. （清）烟霞散人编《凤凰池》，上海古籍出版社，1990

136. （清）杨潮观《吟风阁杂剧》影印本，凤凰出版社，2011

137. （清）叶廷芳《广东省电白县志》影印本，成文出版社，1967

138. （清）屈大均《广东新语》，中华书局，1985

139. （清）沈名荪辑《南史识小录》，《四库全书·史部》，上海古籍出版社，1987

140. （清）沈家本《历代刑法考》，商务印书馆，2011

141. （清）沈复《浮生六记》，人民文学出版社，2010

142. （清）孙星衍等辑《汉官六种》，中华书局，1990

143. （清）汤球《九家旧晋书辑本》，陆吉点校《二十五别史》，齐鲁书社，2000

144. （清）汪士铎《汪梅村先生集》，文海出版社，1967

145. （清）王鸣盛《十七史商榷》，商务印书馆，1959

146. （清）文康《儿女英雄传》，中华书局，2013

147. （清）《绣屏缘》，刘世德等主编《古本小说丛刊·第一二辑》影印本，中华书局，1991

148. （清）西周生辑著《醒世姻缘传》，人民文学出版社，2015

149. （清）严可均辑《全上古三代秦汉三国六朝文》，中华书局，1999

150. （清）翟灏著、颜春峰点校《通俗编》，中华书局，2013

151. （清）张春帆《九尾龟》，上海古籍出版社，1994

152. （清）赵绍祖《读书偶记》，中华书局，1997

153. （清）朱骏声《说文通训定声》，中华书局，1984

154. （清）郑杰《全闽诗录》，顾廷龙主编《续修四库全书·1687·子部》，上海古籍出版社，2002

155. （清）《梼杌近志》，《中国野史集成：先秦——清末·50》，巴蜀书社，1993

156. 程俊英译注《诗经译注：全本·详注·精译》，上海古籍出版社，2014

157. 《大正新修大藏经》，佛陀教育基金会出版部，1992

158. 方勇译注《孟子·第2版》，中华书局，2015

159. 方勇译注《墨子·第2版》，中华书局，2015

160. 方勇、李波译注《荀子·第2版》，中华书局，2015

161. 柯劭忞《新元史》，中国书店，1988

162. 李山译注《管子》，中华书局，2009

163. 鲁迅校录《古小说钩沉》，齐鲁书社，1997

164. 陆玖译注《吕氏春秋》中华书局，2011

165. 罗新、叶炜《新出魏晋南北朝墓志疏证》，中华书局，2005

166. 潘重规编著《敦煌变文集新书》，文津出版社有限公司，1994

167. 彭黎明、彭勃主编《全乐府》，上海交通大学出版社，2011

168. 史青点校《吴三桂演义：明清两国志》，齐鲁书社，1988

169. 隋树森编《全元散曲》，中华书局，1964

170. 唐圭璋编纂《全宋词》，中华书局，1999

171. 吴守礼《明嘉靖刊荔镜记戏文校理》，从宜工作室，2002

172. 吴守礼《明万历刊金花女戏文校理》，从宜工作室，2002

173. 吴守礼《明万历刊苏六娘戏文校理》，从宜工作室，2002

174. 吴守礼《清乾隆刊同窗琴书记戏文校理》，从宜工作室，2004

175. 吴守礼《闽南歌仔册选注》，从宜工作室，2006

176. 杨伯峻译注《论语译注》，中华书局，2006

177. 杨家骆主编《全元杂剧三编》，龙文出版社股份有限公司，2009

178. 杨镰主编《全元诗》，中华书局，2013

179. 赵超《汉魏南北朝墓志汇编》，天津古籍出版社，1992

180. 周天游辑注《八家后汉书辑注》，上海古籍出版社，1986

参考文献

专著类

1. 柴德赓《史籍举要》，北京出版社，2002

2. 陈翠珠《汉语人称代词考论》，光明日报出版社，2013

3. 程俊英、梁永昌《应用训诂学》，华东师范大学出版社，2008

4. 程湘清《汉语史专书复音词研究》，商务印书馆，2003

5. 戴由武、戴汉辉《电白方言志》，中山大学出版社，1994

6. 丁福林《南齐书校议》，中华书局，2010

7. 杜佳伦《闽语历史层次分析与相关音变探讨》，中西书局，2014

8. 董达武《周秦两汉魏晋南北朝方言共同语初探》，天津古籍出版社，1992

9. 董志翘、蔡镜浩《中古虚词语法例释》，吉林教育出版社，1994

10. 董志翘《〈观世音应验记三种〉译注》，江苏古籍出版社，2002

11. 董志翘《〈入唐求法巡礼行记〉词汇研究》，中国社会科学出版社，2000

12. 董志翘《中古近代汉语探微》，中华书局，2007

13. 董忠司总编纂《台湾闽南语辞典》，五南图书出版公司，2001

14. 方一新《东汉魏晋南北朝史书词语笺释》，黄山书社，1997

15. 方一新《中古近代汉语词汇学》，商务印书馆，2010

16. 冯春田《近代汉语语法研究》，山东教育出版社，2000

17. 福建省地方志编纂委员会《福建省志·方言志》，方志出版社，1998

18. 高光新《〈颜氏家训〉词汇研究》，中国社会科学出版社，2013

19. 高明《中古史书词汇论稿》，天津古籍出版社，2008

20. 高名凯《汉语语法论》，商务印书馆，2011

21. 高文德编《中国少数民族史大辞典》，吉林教育出版社，1995

22. 海南省地方志办公室编《海南省志·方言志》，南海出版公司，1994

23. 洪干祐《闽南语考释》，文史哲出版社，1992

24. 化振红《〈洛阳伽蓝记〉词汇研究》，中国文史出版社，2002

25. 黄典诚《黄典诚语言学论文集》，厦门大学出版社，2003

26. 黄强主编、徐闻县志编纂委员会编《徐闻县志》，广东人民出版社，2000

27. 李荣主编、冯爱珍编纂《福州方言词典》，江苏教育出版社，1998

28. 李荣主编、陈鸿迈编纂《海口方言词典》，江苏教育出版社，1996

29. 李如龙等编《福州方言词典》，福建人民出版社，1994

30. 林华东《泉州方言研究》，厦门大学出版社，2008

31. 林连通主编《泉州市方言志》，社会科学文献出版社，1993

32. 林伦伦《粤西闽语雷州话研究》，中华书局，2006

33. 刘百顺《魏晋南北朝史书语词札记》，陕西师范大学出版社，1993

34. 刘保元《汉瑶词典（拉珈语）》，四川民族出版社，1999

35. 刘保元《瑶族拉珈语简志》，民族出版社，2009

36. 刘坚《刘坚文存》，上海教育出版社，2008

37. 刘世儒《魏晋南北朝量词研究》，中华书局，1965

38. 柳士镇《魏晋南北朝历史语法》，南京大学出版社，1992

39. 刘新中《广东、海南闽语若干问题的比较研究》，暨南大学出版社，2010

40. 陆宗达、王宁《训诂方法论》，中国社会科学出版社，1983

41. 罗康宁《信宜方言志》，中山大学出版社，1987

42. 吕思勉《名家说——"上古"学术萃编　吕思勉说史》，上海古籍出版社，2000

43. 吕叔湘《近代汉语指代词》，学林出版社，1985

44. 潘允中《汉语词汇史概要》，上海古籍出版社，1989

45. 邱冰《中古汉语词汇复音化的多视角研究》，南京大学出版社，2012

46. 邱峰《〈南齐书〉介词及比较研究》，西南交通大学出版社，2013

47. 曲守约《中古辞语考释》，台湾商务印书馆，1968

48. 施炳华《荔镜记汇释》，开朗杂志事业有限公司，2013

49. 施其生《方言论稿》，广东人民出版社，1996

50. 宋闻兵《〈宋书〉词语研究》，中华书局，2009

51. 苏新春《汉语词汇计量研究》，厦门大学出版社，2002

52. 孙机《中国古舆服论丛》，文物出版社，2001

53. 台州地区地方志编纂委员会《台州地区志》，浙江人民出版社，1995

54. 谭其骧主编《中国历史地图集》，中国地图出版社，1982

55. 唐长孺《魏晋南北朝史论拾遗》，中华书局，1983

56. 唐长孺《魏晋南北朝史论丛》，三联书店，1955

57. 唐长孺《魏晋南北朝史论丛续编》，三联书店，1959

58. 特格希都楞《蒙古语构词法研究》，辽宁民族出版社，2006

59. 童岭《南齐时代的文学与思想》，中华书局，2013

60. 万久富《〈宋书〉复音词研究》，凤凰出版社，2006

61. 汪维辉《东汉—隋常用词演变研究》，南京大学出版社，2000

62. 汪维辉《〈齐民要术〉词汇语法研究》，上海教育出版社，2007

63. 王建设、张甘荔、泉州历史文化中心编《泉州方言与文化（上册）》，鹭江出版社，1994

64. 王建设《〈世说新语〉选译新注（附泉州方言证）》，社会科学文献出版社，2004

65. 王建设《明弦锦曲觅知音——〈明刊闽南戏曲弦管选本三种〉校注》，北方文艺出版社，2006

66. 王力《汉语史稿》，中华书局，2004

67. 王力《汉语语音史》，中华书局，2014

68. 王淑娴《萧子显与〈南齐书〉研究》，花木兰文化出版社，2012

69. 王云路、方一新《中古汉语语词例释》，吉林教育出版社，1992

70. 王云路《中古汉语词汇史》，商务印书馆，2010

71. 王仲荦《魏晋南北朝史》，上海人民出版社，2003

72. 闻人军译注《考工记译注》，上海古籍出版社，2008

73. 伍宗文《先秦汉语复音词研究》，巴蜀书社，2001

74. 向熹《简明汉语史》，高等教育出版社，1993

75. 许宝华等《汉语方言大词典》，中华书局，1999

76. 徐松石《粤江流域人民史》，中华书局，1939

77. 徐通锵《历史语言学》，商务印书馆，1991

78. 徐中舒主编《甲骨文字典》，四川辞书出版社，1989

79. 颜洽茂《佛教语言阐释》，杭州大学出版社，1997

80. 张元济《百衲本二十四史校勘记·南齐书梁书、陈书校勘记》，商务印书馆，2001

81. 张永言《词汇学简论》，华中工学院出版社，1982

82. 张振兴、蔡叶青编纂《雷州方言词典》，江苏教育出版社，1998

83. 真大成《中古史书校证》，中华书局，2013

84. 郑欣《魏晋南北朝史探索》，山东大学出版社，2009

85. 郑张尚芳《温州方言志》，中华书局，2008

86. 周长楫主编《闽南方言大词典》，福建人民出版社，2006

87. 周俊勋《魏晋南北朝志怪小说词汇研究》，巴蜀书社，2006

88. 周俊勋《中古汉语词汇研究纲要》，巴蜀书社，2009

89. 周生亚《〈搜神记〉语言研究》，中国人民大学出版社，2007

90. 周文《〈全相平话五种〉语词研究》，湖北人民出版社，2009

91. 周兴主编《遂溪县志》，中华书局，2003

92. 周一良《魏晋南北朝史札记》，中华书局，1985

93. 周一良《魏晋南北朝史论集续编》，北京大学出版社，1991

94. 周一良《魏晋南北朝史论集》，北京大学出版社，1997

95. 周一良《魏晋南北朝史十二讲》，中华书局，2010

96. 周振鹤，游汝杰《方言与中国文化》，上海人民出版社，1986

97. 朱季海《南齐书校议》，中华书局，1984

98. 宗白华《美学散步》，上海人民出版社，1981

99. 〔美〕布龙菲尔德（L. Bloomfield）著，袁家骅等译《语言论》，商务印书馆，1980

100.〔日〕岛田翰《汉籍善本考》（即《古文旧书考》），北京图书馆出版社，2003

101.〔日〕宫田一郎、石汝杰《明清吴语词典》，上海辞书出版社，2005

102.〔美〕罗曼·雅柯布森著，钱军选编译注《雅柯布森文集》，商务印书馆，2012

103. 〔美〕罗杰瑞（Jerry Norman）著，张惠英译《汉语概说》，语文出版社，1995

104. 〔美〕梅祖麟《梅祖麟语言学论文集》，商务印书馆，2000

105. 〔日〕藤堂明保《汉字语源辞典》，学灯社，1979（昭和54）

106. 〔日〕太田辰夫著，蒋绍愚、徐昌华译《中国语历史文法（修订译本）》，北京大学出版社，1958

107. 〔日〕太田辰夫著，江蓝生、白维国译《汉语史通考》，重庆出版社，1991

论文类

（一）期刊、会议论文类

1. 陈金城《史臣与儿臣角色的摆荡——论萧子显〈南齐书〉的修撰立场》，中国历史学会史学集刊，2009，（41）

2. 陈平《从〈南齐书〉为〈汉语大词典〉补目》，温州大学学报（社会科学版），2014，（1）

3. 陈寅恪《东晋南朝之吴语》，历史语言研究所集刊，1936，（1）

4. 邓小琴《海南琼文话"偌 ua³³""夥 ua³³"本字考释》，汕头大学学报（人文社会科学版），2010，（3）

5. 丁邦新《吴语中的闽语成分》，《中研院历史语言研究所集刊》第13本第1分，1988

6. 丁邦新《吴语中的闽语成分》，《中国语言学论文集》，中华书局，2008

7. 丁邦新《汉语方言史和方言区域史的研究》，《丁邦新语言学论文集》，商务印书馆，1998

8. 丁邦新《从历史层次论吴闽关系》，方言，2006，（1）

9. 丁喜霞《释"反故"、"反故纸"、"披反故纸"》，中国典籍与文化，2009，（3）

10. 丁治民《"若"字古读考》，语言研究，2006，（2）

11. 杜文涛《也谈敦煌文书中带"奴"字的人名》，洛阳师范学院学报，2013，（10）

12. 方一新、王云路《谈六朝史书与词汇研究》，《庆祝中国社会科学院语

言研究所建所 45 周年学术论文集》，商务印书馆，1997

13. 冯春田《反诘疑问代词"那"的形成问题》，语言科学，2006，（6）

14. 冯志伟《从语料库中挖掘知识》，肖奚强、张旺熹编《首届汉语中介语语料库建设与应用国际学术讨论会论文选集》，世界图书北京出版公司，2011

15. 符玉川《海南古代移民与海南方言》，海南大学学报（社会科学版），1996，（2）

16. 黄征《魏晋南北朝俗语词辑释》，杭州大学学报（哲学社会科学版），1994，（3）

17. 蒋绍愚《论词的"相因生义"》，《汉语词汇语法史论文集》，商务印书馆，2000

18. 蒋绍愚《汉语词义和词汇系统的历史演变初探》，北京大学学报（哲学社会科学版），2006，（4）

19. 金文明《"吴侬"和人称代词再辨析——与李鼎先生商榷》，医古文知识，2001，（3）

20. 金寅《从"侬"谈本义和语源义就李、金两文说点看法》，医古文知识，2001，（4）

21. 黎平《〈南齐书〉中自称代词的语体层次》，贵州教育学院学报（社会科学），2006，（1）

22. 黎平《〈南齐书〉的文体构成及其语料价值》，泰山学院学报，2012，（1）

23. 李鼎《"吴侬"和人称代词辨析》，医古文知识，2001，（1）

24. 李鼎《再谈"吴侬"和人称代词》，医古文知识，2004，（1）

25. 李佳纯、连金发《论闽南语比较式——类型及历时的探讨》，《台湾闽南语论文集》，文鹤出版有限公司，1995

26. 李蓝《现代汉语方言差比句的语序类型》，方言，2003，（3）

27. 李丽《从〈魏书〉〈宋书〉授官语义场的比较看南北朝时期汉语的南北差异》，燕山大学学报（哲学社会科学版），2007，（2）

28. 李全佳《吴川方言》，文风学报，1947，（2－3）

29. 李新魁《潮州话的几种特殊句式》，《方言与普通话集刊》第一本《闽

广方言及普通话》，1958

30. 李新魁《广东闽方言形成的历史过程》，广东社会科学，1987，（3）

31. 林彬《吴川方言亲属称谓词》，方言，1991，（1）

32. 林伦伦《也谈粤东方言的形成及其有关问题——兼与黄甦先生商榷》，广东社会科学，1991，（4）

33. 林伦伦《广东闽方言语法特点的比较研究》，汕头大学学报，1993，（2）

34. 林语堂《闽粤方言之来源》，贡献，1927，（9）

35. 刘开骅《中古新生疑问代词"如""若""若为"及其来源》，浙江师范大学学报（社会科学版），2006，（1）

36. 刘世儒《汉语动量词的起源》，中国语文，1959，（6）

37. 刘勋宁《文白异读与语音层次》，语言教学与研究，2003，（4）

38. 刘援朝《吴方言与苗瑶语》，中国首届人类语言学国际学术研讨会，2005

39. 鲁国尧《客、赣、通泰方言源于南朝通语说》，《鲁国尧语言学论文集》，江苏教育出版社，2003

40. 骆晓平《魏晋六朝汉语词汇双音倾向三题》，古汉语研究，1990，（4）

41. 马容芳《藤县方言考》，广西师范大学学报（哲学社会科学版），1987，（4）

42. 马真《先秦复音词初探（上）》，北京大学学报（哲学社会科学版），1980，（5）

43. 马真《先秦复音词初探（续完）》，北京大学学报（哲学社会科学版），1981，（1）

44. 梅祖麟《闽语"若夥"的"夥"》，《境外汉语历史语法研究文选》，上海教育出版社，2013

45. 潘悟云、陈忠敏《释"侬"》，*Journal of Chinese Linguistics*，1995，23（2）

46. 潘悟云《汉语南方方言的特征及其人文背景》，语言研究，2004，（4）

47. 乔治忠《〈越绝书〉成书年代与作者问题的重新考辨》，"中西史学传统的继承和创新"学术研讨会，2013

48. 邵慧君《"侬"字称代演化轨迹探论》，中国语文，2004，（1）

49. 施俊《论婺州片吴语的第一人称代词——以义乌方言为例》，中国语文，2013，（2）

50. 施其生《闽南方言的比较句》，方言，2012，（1）

51. 石锓《论疑问词"何"的功能渗透》，古汉语研究，1997，（4）

52. 汪维辉《唐宋类书好改前代口语——以〈世说新语〉异文为例》，汉学研究，2000，（2）

53. 汪维辉《论词的时代性和地域性》，语言研究，2006，（2）

54. 汪维辉《六世纪汉语词汇的南北差异——以〈齐民要术〉与〈周氏冥通记〉为例》，中国语文，2007，（2）

55. 王东、罗明月《南北朝时期的南北方言词》，中南大学学报（社会科学版），2006，（4）

56. 王东《南北朝时期南北词语差异研究刍议》，长江学术，2008，（3）

57. 王桂波《〈汉语大词典〉失收〈南齐书〉诸词举例》，社会科学战线，2008，（6）

58. 王建设《从口语代词系统的比较看〈世说新语〉与闽南话的一致性》，第二届闽方言学术研讨会，1990

59. 王建设《从〈世说新语〉的语言现象看闽语的来源》，华侨大学学报（哲学社会科学版），1993，（3）

60. 王魁伟《读太田辰夫〈中国语历史文法·跋〉》，中国语文，1995，（2）

61. 王伟深《〈世说新语〉与潮汕话口语》，韩山师范学院学报，1996，（3）

62. 王永诚《〈南齐书〉本纪校注》，台湾师范大学国文研究院集刊，1970，（15）

63. 王云路《中古汉语词汇研究综述》，古汉语研究，2003，（2）

64. 王子今《汉世"胡奴"考》，四川文物，2010，（3）

65. 吴超强《壮族的尊称谦称和昵称》，民族语文，1990，（6）

66. 吴芳、伍巍《广东揭阳闽语的小称"一儿"缀》，方言，2009，（4）

67. 吴福祥《粤语差比式"X＋A＋过＋Y"的类型学地位——比较方言学

和区域类型学的视角》，中国语文，2010，（3）

68. 乌其拉图《〈南齐书〉中部分拓跋鲜卑语名词的复原考释》，内蒙古社会科学（汉文版），2002，（6）

69. 萧红《六世纪汉语疑问词语的时代特征和地域分布——以〈齐民要术〉和〈周氏冥通记〉为例》，合肥师范学院学报，2012，（5）

70. 徐时仪《"侬"的语源义探析》，医古文知识，2003，（3）

71. 严棉《从闽南话到日本汉字音》，中国语文，1994，（2）

72. 叶宝奎、郑碧娇《〈中原音韵〉的文白异读与入声韵的演化》，厦门大学学报（哲学社会科学版），2008，（6）

73. 游汝杰《吴语里的人称代词》，《吴语和闽语的比较研究》第一辑，梅祖麟等著，中国东南方言比较研究丛书，上海教育出版社，1995

74. 俞理明《汉魏六朝的疑问代词"那"及其他》，古汉语研究，1989，（3）

75. 张赪《明代的差比句》，语言暨语言学，2004，（3）

76. 张光宇《论闽方言的形成》，中国语文，1996，（1）

77. 张光宇《罗杰瑞教授与汉语史研究》，语言研究，2014，（2）

78. 张双庆《〈祖堂集〉所见泉州方言词汇》，詹伯慧等编《第四届国际闽方言研讨会论文集》，汕头大学出版社，1996

79. 张振兴《广东海康方言记略》，方言，1987，（4）

80. 曾曼丽《武鸣县马头壮语亲属称谓词研究》，钦州学院学报，2013，（9）

81. 郑张尚芳《吴语方言的历史记录及文学反映》，《东方语言学》第七辑，上海教育出版社，2010

82. 郑伟《从北部吴语几个虚词的来源看古江东方言》，北京师范大学《2007年全国博士生学术论坛——中国语言文学论文集》，2007

83. 赵金铭《汉语差比句的南北差异及其历史嬗变》，语言研究，2002，（3）

84. 赵金文、陈平《〈汉语大词典〉书证勘误——以〈南齐书〉为例》，内蒙古民族大学学报，2011，（3）

85. 赵则玲《宁波方言的三身代词》，宁波大学学报（人文科学版），2008，（6）

86. 周俊勋、吴娟《相因生义的条件》，南京社会科学，2008，（6）

87. 朱庆之《试论汉魏六朝佛典里的特殊疑问词》，语言研究，1990，（1）

88. 祝总斌《素族、庶族解》，北京大学学报（哲学社会科学版），1984，（3）

89. 〔韩〕金裕哲《魏晋南北朝时期江南的少数民族和地域社会》，《黄帝文化研究——缙云国际黄帝文化学术研讨会论文集》，山西古籍出版社，2004

90. 〔美〕罗杰瑞（Jerry Norman）*Chronological strata in the Min dialects*，方言，1979，（4）

91. 〔美〕罗杰瑞著、梅祖麟译《闽语词汇的时代层次》，大陆杂志，1994，（2）

92. 〔美〕罗杰瑞（Jerry Norman）《闽语里的古方言字》，方言，1983，（3）

93. 〔日〕入矢义高著、艾莜钧译《中国口语史的构想》，《汉语史学报》第四辑，上海教育出版社，2004

（二）学位论文类

1. 杜志强《兰陵萧氏家族及其文学研究》，西北师范大学博士论文，2006

2. 高一勇《〈南齐书〉中旧词的新生义和新生双音词词义的初步考察及其分析》，四川大学硕士论文，1991

3. 黎平《〈南齐书〉语体专题研究》，山东大学博士后出站报告，2008

4. 李仕春《汉语构词法和造词法专题研究》，南京大学博士论文，2007

5. 苏艳艳《〈南齐书〉人称代词和疑问代词研究》，曲阜师范大学硕士论文，2011

6. 汤喜平《〈南齐书〉双音词研究》，中南大学硕士论文，2009

7. 吴松《齐梁诗歌词语研究》，南京师范大学博士论文，2014

8. 夏雨晴《〈南齐书〉副词研究》，南京师范大学硕士论文，2004

9. 谢仁友《汉语比较句研究》，北京大学博士论文，2003

10. 阎玉文《〈三国志〉复音词专题研究》，复旦大学博士论文，2003

11. 张亚军《南朝四史与南朝文学研究》，复旦大学博士论文，2002

12. 真大成《魏晋南北朝史书词语论考》，南京大学博士论文，2008

13. 真大成《〈南齐书〉词汇论稿》，浙江大学硕士论文，2004

14. 周超《南朝宋诗词语研究》，南京师范大学博士论文，2012

15. 周煜《〈南齐书〉高频字词汇研究》，北京大学硕士论文，2007

图书在版编目（CIP）数据

《南齐书》词汇研究／洪晓婷著. -- 北京：社会
科学文献出版社，2022.12（2024.2 重印）
（华侨大学哲学社会科学文库. 文学系列）
ISBN 978 - 7 - 5228 - 0456 - 9

Ⅰ.①南…　Ⅱ.①洪…　Ⅲ.①《南齐书》-古汉语 -
词汇 - 研究　Ⅳ.①K239.12②H131

中国版本图书馆 CIP 数据核字（2022）第 129331 号

华侨大学哲学社会科学文库·文学系列
《南齐书》词汇研究

著　　者／洪晓婷

出 版 人／冀祥德
责任编辑／崔晓璇
责任印制／王京美

出　　版／社会科学文献出版社
　　　　　　地址：北京市北三环中路甲 29 号院华龙大厦　邮编：100029
　　　　　　网址：www.ssap.com.cn
发　　行／社会科学文献出版社（010）59367028
印　　装／唐山玺诚印务有限公司

规　　格／开　本：787mm × 1092mm　1/16
　　　　　　印　张：18.75　字　数：292 千字
版　　次／2022 年 12 月第 1 版　2024 年 2 月第 2 次印刷
书　　号／ISBN 978 - 7 - 5228 - 0456 - 9
定　　价／118.00 元

读者服务电话：4008918866